Schreckliche Heimkehr nach Ghana

AFRIKANISCHE AUTOREN
herausgegeben von
Ulla Schild, Gerhard Grohs, Peter Schunck

Kofi Awoonor

Schreckliche Heimkehr nach Ghana

(This Earth, My Brother . . .)

ALLEGORISCHE ERZÄHLUNG
über
AFRIKA

Verlag Otto Lembeck · Frankfurt am Main

CIP-Kurztitelaufnahme der Deutschen Bibliothek

Awoonor, Kofi:
Schreckliche Heimkehr nach Ghana: allegor.
Erzählung über Afrika = (This earth, my brother . . .)/
Kofi Awoonor. [Übers.: Ulrike Goertz].—
Frankfurt am Main: Lembeck, 1985.

(Afrikanische Autoren)
Einheitssacht.: This earth, my brother . . . ⟨dt.⟩
ISBN 3-87476-154-1

Titel der englischsprachigen Orginalausgabe:
This Earth, My Brother . . .
Doubleday & Company, Inc., Garden City, New York, 1971

Übersetzung: Ulrike Goertz

Umschlagentwurf: Studio Rau, Dreieich-Dreieichenhain

Deutschsprachige Ausgabe:

Printed in the Federal Republic of Germany
Gesamtherstellung:
Druckerei und Verlag Otto Lembeck
Frankfurt am Main und Butzbach
ISBN 3 87476 154 1

Für meine Kinder
Sika, Dunyo, Kalape
in der Hoffnung, daß sie diese Worte verstehen,
wenn sie erwachsen sind.

Alle Namen von Personen dieser Allegorie
sind frei erfunden.

Dem Höhepunkt des Lebens war ich nahe,
da mich ein dunkler Wald umfing und ich,
verirrt, den rechten Weg nicht wieder fand.
Wie war der wilde Wald so dicht und dornig,
O weh, daß ich es nicht erzählen mag,
und die Erinnerung daran mich schreckt.
Viel bitterer kann selbst der Tod nicht sein.

Dante, Hölle, 1. Gesang

Und sie sagten: „So ist es nun mal." Ich kenne sie alle. Sie tun so, als sähen sie mich nicht. Sie blicken flüchtig herüber und schließen die Augen wie Habichte, die ihren Jungen nichts geben und sich abwenden. Als ob ich ein Stück von ihren Hintern wollte! Dabei wußten sie, ich verlangte nichts von ihnen. Wenn ich es täte, dann würden sie sanft und heuchelten: „Seid doch nett zu ihm. Er ist ein gebildeter Mann. Er stammt aus einer angesehenen Familie. Er war in England, hat Bücher gelesen, dicke, weise Bücher." Ich pflanzte den Baum der Weisheit. Ich jätete das dornige Feld, sammelte Disteln, verbrannte sie am Rand und pflanzte den Baum. Ja. Als ich zu ihr ging, tat sie so, als ob sie mein Klopfen an der Tür nicht wahrgenommen hätte. Mein Klopfen! Sonst war sie immer aufgesprungen. Schon aus der Ferne erkannte sie meine Schritte. Sie könne mich von weitem riechen, behauptete sie.

„Hattest du heute viel zu tun?"

„Ja."

Schweigen. Schweigen.

Sie trug ihr rosa Nachthemd; darunter drängten sich gewaltig ihre schwarzen, großen, grausamen Brustwarzen. Dann lachte sie, weil ich ihr in die Achselhöhle griff. Ja, ich berührte sie. Es war gar nicht spaßig. Sie lachte, ein schrilles, kurzes Lachen, das ihre Zahnlücke bloßlegte. Als der Zahn gezogen wurde, hatte ich draußen vor der Tür des Zahnarztes auf sie gewartet.

„Hattest du heute viel zu tun?"

„Nein."

Schweigen.

„Nein?"

„Nein.“
„Aber du siehst müde aus. Zieh deine Schuhe aus. Nimm Platz.“
Sie setzte sich zuerst hin, nachlässig, so daß man ihre Scham sehen konnte. Sie trug einen blauen Rock und eine scharlachrote Bluse.
„Bist du hungrig?“
„Nein.“
„Nein?“
„Nein.“
Schweigen.
Nachdem ich das dornige Feld gejätet hatte, verbrannte ich die Disteln und pflanzte den Baum. Ich ging zum Wasserhahn, wusch meine Hände und trank. Dann entblößte sie ihre Scham, das Haar dort war schwarz, dicht und nach oben gekämmt. Sie setzte sich und umfaßte und streichelte ihren linken Oberschenkel mit leerem, starrem Blick.
„Bist du sicher?“
„Wessen soll ich mir sicher sein?“
Ich bin mir keiner Sache sicher. Wirklich nicht. Wie oft muß ich ihr sagen, daß ich mir nicht sicher bin! Sie sagte, daß sie mich gerochen hätte. Jederzeit erkannte sie meine Schritte. Sogar im Schlaf fühlte sie, wenn ich zu ihr ins Zimmer kam. Selbst wenn ich nicht anklopfte, öffnete sie die Tür. Vorige Nacht sagte sie, ihr Fluß liefe. Deshalb könnte ich mein Boot nicht hineinfahren. Ich erwiderte, ich würde es doch tun.
Sie sagte: „Es ist tabu.“
Tabu, du lieber Gott.
Als sie sich ängstlich sträubte, drohte ich wegzugehen. Sie flehte: „Nein, geh nicht fort. Bleib bei mir. Ich habe Angst.“

„Wovor?“
Vor mir natürlich. Sie dachte, ich würde sie verletzen, ihr Arme und Beine verrenken oder ihr ins Gesicht schlagen und sie in einem Wutanfall aus Leidenschaft umbringen. Sie ging zu ihrem kleinen Bett hinüber, das ich mit der Matratze für sie gekauft hatte. Sie legte sich darauf und sagte:
„Ich zieh dir deine Schuhe aus. Komm und ruh dich aus. Du bist sicher müde.“
Ich ging zu dem Bett. Sie streifte mir langsam die Schuhe ab, und ich legte mich neben sie. Sie streichelte mich, und ich drückte sanft ihre Hand. Sanft nahm ich sie, hart und sanft. Sie jammerte, daß es schmerze in ihr. Und ich sagte, daß sei nicht meine Schuld. Man sah nur noch das Weiße ihrer Augen, die Pupillen verschwanden, sie atmete schwer, schrie, kratzte, dann beruhigte sie sich und seufzte. Dann legte ich meine großen Hände um ihren Hals und drückte ihn zu, sanft und fest. Sie stöhnte, weinte, rührte sich nicht. Ihre Augen verdrehten sich langsam, das Braun entschwand, weit weg, bis ans Ende der Welt, dorthin, wo Gräber grün sind und mit weißen Steinen bedeckt. Langsam, ganz langsam ließ ich sie sterben.
Am nächsten Mittag kam ich im Regen zurück. Schlamm an meinen braunen Schuhen, watete ich durch Pfützen und Rinnen, die tagelanger starker Regen in diesem Land hinterlassen hatte. Ich bemerkte nicht, wie bei dem Nieselregen Dunst aufstieg von meinem stechenden Kopfschmerz, den keine Tabletten zu lindern vermochten. Sie lag da und atmete schwach in ihrem leichten Schlaf, wachte auf und blickte mich mit jenen traurigen, von Tränen ver-

schleierten Augen an wie eine, die einen schon längst verdorrten Kaktus in einem fernen, verlassenen Garten meines Freundes und Bruders Jesus mit Tau benetzt. Dann tat es mir leid, daß ich sie getötet hatte. Ich fiel auf die Knie und schwor, daß ich sie nie wieder, so lange ich lebte, töten würde, daß ich an ihrer Stelle sterben wollte, wenn jemand in unserem Land sie in Schande bringen, schlagen oder zu morden versuchte. Ich würde alle Beschimpfungen und Schmähungen für sie ertragen und laut wie ein Mann aufschreien und sagen:
„Der Tod einer Frau ist fern. Der Tod eines Mannes ist nahe, er versteckt sich hinter seiner Tür."
Dann erhob ich mich von meinen Knien, auf denen das Linoleummuster Spuren hinterlassen hatte, und kehrte langsam dorthin zurück, woher ich gekommen war.
Eine Meerjungfrau saß auf meinem Schoß. Wassertriefend. Statt der Füße ein Schwanz, in Fächer gespreizte Flossen. Sie saß auf meinem Schoß. Ihre Augen kreisten wie kleine Feuer, sie hatte Brüste wie Flammenkugeln und hauchte goldenen Blütenstaub und Kaneel über meinen Hals. Ihre Zähne waren Korallen und Saphire. Sie weinte Mondstaubtränen.

„Meine Kraft ist ausgetrocknet wie eine
Scherbe; meine Zunge haftet an meinem
Gaumen; und du hast mich in den Staub
des Todes gebracht."

Ich erneuerte meinen Schwur, mein Versprechen, sie nie wieder zu töten, daß es ein Irrtum gewesen sei. Nein, ich werde sie in mir leben lassen. Sie soll meine Freuden teilen. Meine Qualen aber werde ich von ihr fernhalten im festen Glauben, daß sie nie sterben wird.

„Erlöse meine Seele von dem Schwert
und meine Herzensgeliebte von der Gewalt
des Hundes."

Ich will um ihre Befreiung von dem Schrecken und der Last dieser Freude bitten. Ihre Korallen und Saphire werden auf meinen Hals gedrückt. Diese Eindrücke werde ich bis zu meinem Tode als kleine Kreuzmale der Donnergeweihten tragen.
Dann war sie keine Meerjungfrau mehr, sie wurde zum Aufseher in unserer Station. Ein gedrungener häßlicher Mann mit der Stimme des Hundes, der mich jede Nacht in meinem Schlaf anbellte. Er marschierte mit einem langen Bambusstock auf und ab, im Militärschritt, um uns zu beeindrucken und zu erschrecken. Dabei tat er so, als wüßte er nicht, daß wir da waren.
Sie war es, meine Meerjungfrau, die wassertriefend auf meinem Schoße saß und abwechselnd lachte und weinte. Ich streckte meine Hand nach ihren Brüsten aus, die sich wie Flammen, schwarzblaue Flammen des verbrennenden Geistes, in meiner Hand in Gold verwandelten.
Sie war meine Meerjungfrau, dem Meer entstiegen. Eines Nachts, als der Mond über dem Meer brannte, erschien sie. Seine Strahlen trafen den Kirchturm unserer Holzkirche, die Bremer Missionare 1847 gebaut hatten. Alle sind auf dem Friedhof neben der Kapelle unter Marmorsteinen mit glänzenden deutschen Inschriften begraben.
Der Mond sang in jener Nacht zur Makrelenzeit. Die

Fischer warfen ihre Netze aus, um im Morgengrauen einen guten Fang einzuholen, gerade wenn die Frauen aus der Morgenmesse kämen. Makrelen schrien, die Möwen waren zur Vogelinsel geflogen, und wir lagen wartend im Sand.
Da tauchte sie auf. Zuerst der Kopf. Auf dem größten Mondstrahl, an der Stelle, wo die Dampfer damals anzulegen pflegten, stieg sie aus dem Wasser. Zuerst der Kopf. Sie hatte langes, schwarzglänzendes Haar, das wie pechschwarze Flammen an ihrem langen schlanken Körper herabfloß, an ihrem Körper, der jetzt im Lauf mühevoller Jahre aus der Form geraten war. Einen flammenden Mantel aus zerfallendem Stoff um sich geworfen, entstieg sie dem Meer, schimmernde, aufgerichtete Brüste über dem Wasser. Mehr konnte ich nicht sehen.
In jener Nacht und vielen anderen Nächten wanderten wir über die Sandwege meiner Heimatstadt an der Küste entlang. Sie war mein Geheimnis, niemand sah sie an meiner Seite. Niemand konnte das. Am zweiten Tag sagte mein Vater:
„Du siehst wie ein Schlafwandler aus, du hast deine täglichen Pflichten vernachlässigt, liest nicht mehr in deinem Lesebuch, gehorchst den älteren Leuten nicht."
Sie war bei mir, und ich fürchtete mich nicht. Ich erzählte ihr von dem bitteren Fruchtwasser, das mich genährt, von dem Mutterleib, der mich getragen, und von den Schmerzen, die mich in die Welt gesetzt hatten. Sie hörte mir zu und sagte niemals ein Wort, lächelte nur ein wissendes Lächeln und entblößte dabei ihre Zähne aus Korallen und Saphiren. Wir wanderten am Rand der großen Lagune entlang. Dort

zeigte ich ihr, wo die Möwen des Nachts auf die Vogelinsel zurückfliegen. Wir folgten den Spuren, die die Füße von jugendlichen Tegayifischern hinterlassen hatten, sahen im Schlamm einen schimmernden Fischschwarm und die lange Reihe der Heimkehrer, die den Fang einbrachten und ebenfalls Fußspuren hinterließen. Immer wenn ich sie fragte: „Bist du müde?“, schüttelte sie den Kopf, und aus ihrem langen Haar fielen Millionen goldener Sterne. Wenn ich anhielt, um sie aufzulesen, tadelte sie mich. Dann gingen wir weiter durch das Marschland, immer weiter. Sie wollte wissen, wem welches Gebiet gehörte, was den Besitzern dieses verlassenen Geländes zugestoßen sei. Wem dieses Haus gehörte, dessen Zäune verfielen und dessen helles Holzwerk von Termiten zersetzt war.

In der dritten Nacht sagte ich ihr, ich sei müde. Wieder waren wir die ganze Nacht durch gewandert. Wir saßen am Strand unter dem indischen Mandelbaum, ungefähr zweihundert Meter von der Stelle entfernt, wo sie damals in jener Nacht – ich erinnere mich nicht mehr, wie lange es her war – aufgetaucht war. Meine Füße waren müde vom langen Marsch, mein Kopf schmerzte gewaltig vor Erschöpfung. Die Jungen und Mädchen meiner Familie suchten schon tagelang nach mir. In dieser Nacht hatte sich meine Mutter ihnen angeschlossen. Sie schwenkte eine Sturmlaterne in der Hand und führte eine Schar nörgelnder, schwatzender Kinder an, um mich zu suchen. Immer wieder gingen sie an mir vorüber, ohne mich zu sehen. Manchmal fast nur einen Meter oder einen Fuß von mir entfernt. Sie zogen wie eine Chorsängerschar vorbei, riefen meinen Namen und schauten hinter jede

Blechhütte und jeden Baum. Dabei kamen sie so nahe heran, daß ich sie sprechen hören konnte.
„Wo mag er bloß sein?"
„Er ist nicht zum Essen nach Hause gekommen!"
„Man sagt, er sei nicht in der Schule gewesen."
Sie stand dicht neben mir und hauchte Kaneel über meinen Hals. Wie in jener Nacht, als sie erschien, so stand auch jetzt der Mond am Himmel. Er strahlte als greller Flammenkeil, wie ein gleißendes Schwert, und zerteilte das Meer dort, wo sie ihm in jener Nacht entstiegen war. In der Stille des langen Schwertes loderten Flammen bis an den Fuß des indischen Mandelbaumes. Sie stand neben mir. Ihre Augen spiegelten das Gleißen des brutalen Schwertes im brennenden Wasser wider. Dann begann es.
Zuerst der Wal, Gottheit des steinernen Baumstumpfs, Anbeter des Donners, Dalosu, Seher und Unsichtbarer, Reiter des weißen Windrosses am Himmel über seinen Kindern. Ungehindert rollte er in seiner Herrlichkeit heran. Dann ruhte er aus im Sand am Rand des Silberschaums, dort, wo sie begierig nach Gold suchten in den alten Särgen von Toten, die vor langer Zeit, als mein Vater noch ein Kind war, dort begraben worden sind, wo jetzt Meer war.
Betende entstiegen dem Meer. Ihnen voran ging ein großer Mann in weißen Gewändern, um seinen Kopf ein blaues Band, an dem die Schwanzfeder eines Papageis leuchtete. Er trug die lange Speerrassel. Ihm folgte eine kleine Gruppe Jungen, die ihre Gongs im Takt schlugen zu seiner Rassel, an der Glocken läuteten. Danach erschien eine Schar Frauen, deren nackte Hängebrüste hin- und herschwangen. Im violetten Licht des einzelnen Mondstrahls, der das Meer zer-

teilte, glänzte die Schibutter auf ihrer Haut. Sie sangen nicht, sondern stimmten ein langes Klagen an, das von dem zerfallenen Gemäuer hinter der Kirchenglocke widerhallte. Dann unterbrachen sie sekundenlang ihre lange Klage, indem sie die Hand auf den Mund legten. Sie suchten nach den Toten, in jeder Ecke, jeder Blechhütte, jeder zerfallenen Lehmhütte. Ihnen folgte ein langer Zug Halbwüchsiger. Langgliedrige Knaben setzten ihre kleinen Füße flach auf den Sand. Die Mädchen hatten kaum sichtbar knospende Brüste, ihre Körper glänzten von Schibutter. Um die Taille trugen alle lange bunte Agrey-Perlen, das Gesäß war mit weißer Kreide bemalt und mit schwarzem gemahlenem Sykomore-Weihrauch verziert. Sie sangen nicht. Ihre Häupter gesenkt, hinterließen sie zahlreiche Fußspuren im Sand und folgten dem großen Mann mit der Rassel. Am Ende des Zuges bildete sich ein Kreis um den Körper des Wals. Das Klagen verstummte. Der Anführer hob seine Hand gen Himmel, und das Gefolge neigte die Köpfe. Dann wurde gesungen. Ein leises, wehmütiges Lied von Tod und Verlust. Der Mond schien noch immer. Er sandte ein Schwert herab, das das Meer aufriß und den schwarzen, schimmernden Körper des Wals traf. Darüber schien ein Tag zu vergehen, dann verstummte das Lied. Wieder führte der große Mann den Zug an, ihm folgten die Jungen und Mädchen, dann der Wal in seiner Herrlichkeit. Wie im Traum löste sie sich unter dem indischen Mandelbaum von meiner Seite. Alle folgten dem einsamen Gerassel des Anführers, hinein in das gleißende Schwert des Mondstrahls, der das Meer aufriß. Sie ging als letzte. Und ich blieb allein. Aber nicht lange.

Kapitel 1

Deme liegt an der großen Straße, die durch das hintere Eweland in Richtung Kete Krachi nach Norden führt. Es liegt dreißig Meilen von der Marktstadt Keta entfernt zum Meer hin. Seine Einwohner gehören einem Zweig der Anlo an, der vor vielen Jahren von Notsie übersiedelte. Selbst die Alten erinnern sich nicht mehr, wie lange das her ist.

Diese Straße ist nicht mehr als ein schmaler, roter Trampelpfad, der von den wenigen Lastwagen, die an Markttagen auf ihrem Weg zur Küste darüber rumpeln, ausgefahren worden ist. Sie wurde hauptsächlich aus Schlamm und Kies gebaut – wenn man überhaupt von bauen reden kann –, den Frauen aus der Kiesgrube am Aka-Fluß herangeholt hatten. Bei Regen wurde sie für den Verkehr gesperrt. Wenn es zwei Tage geregnet hatte, erschien der Straßenaufseher, ein dicker Trunkenbold, in seinem Militärregenmantel.

Mit wichtigtuerischem Gehabe stolzierte er mit einem dicken Schlüsselbund herum. Er ging dann in den Nordteil der Stadt, schloß das knarrende Tor unter der hohen Agopalme und kehrte heim in spannungsvoller Erwartung, daß die Pisang- und Yamsfahrer zu ihm kommen und ihm Geschenke bringen würden. Er hatte schon jahrelang, niemand wußte, wie lange eigentlich, diesen Posten inne. Er und das knarrende Tor unter der Palme waren eins. Das Tor war das Zeichen seiner Autorität, die Verkörperung seiner Macht als Angestellter der Regierung in Accra. Auf beiden Seiten dieses Tores standen dann lange Lastwagenschlangen. Fahrer, die keine Geschenke bei sich hatten, lungerten an den Palmweinständen auf dem Marktplatz herum. Ihre Passagiere dösten unterdessen tagelang auf den Holzplanken. Die wenigen, die ein Geschenk bei sich hatten, gingen geruhsam im Haus des Straßenaufsehers ein und aus, teilten mit ihm nie versiegende Flaschen Akpeteshie, ein selbstgebrauter, von der Kolonialregierung verbotener Gin. Er selbst saß auf seinem Lehnstuhl im Wohnzimmer, ein typisches Bild menschlicher Trägheit, das sich in dieser belanglosesten Form von Machtausübung ausdrückte. Wenn einer seiner vielen Gehilfen die Ankunft eines Personenwagens ankündigte, kam plötzlich Leben in ihn. Ein Personenwagen, das bedeutete: ein Weißer; und selbst der geringste Diener des britischen Weltreichs muß dann auf seinem Posten sein. „England erwartet, daß jeder seine Pflicht tut." Dann sprang Herr Attipoe trotz seiner trunkenen Schwere von seinem Lehnstuhl auf. Seine kleinen roten Augen wurden hellwach. Und wie ein Schlafwandler zischte er davon, hinter ihm ein Trupp aufgeregter Fahrer, die jetzt ihre Gelegenheit zur Weiterfahrt nützen wollten. Bei Fehlalarm machte sich Herr Attipoe fluchend über seine Gehilfen her. Diese Hunde, wußten sie denn nicht, daß er sich gerade ausruhte? Jeder, der ein zweites Mal Fehlalarm gab, verlor seinen Job. Denn war es nicht seine Exzellenz Attipoe, Straßenaufseher zu Deme, der darüber verfügte, wer die Straße des Königs befahren durfte?

Die Regenzeit brachte fast alles in Deme zum Stillstand. Der Regen pladderte in breiten weißen Bändern

herab und trommelte tage- und nächtelang sein mißtönendes Lied auf die wenigen Blechdächer. Donnergrollen und feurige Himmelsgeschosse folgten dicht aufeinander. Mit tosendem Lärm schwoll der Regen laut an und prasselte stundenlang hernieder. Jeder blieb zu Hause. Wer eine Hütte mit einem undichten Dach hatte, holte Töpfe und Pfannen herbei, in denen sich das Tröpfeln des Regens zuerst wie vereinzelte Trommelsignale anhörte, bald aber überging in das Blubbern von Tropfen in immer mehr Wasser. Es wurde Feuer gemacht. Die Kinder setzten sich darum und schauten hinein, und die Alten wärmten sich von innen mit selbstgebranntem Gin.
Dann klärte sich der Himmel auf, und eines frühen Morgens kam die Sonne wieder hervor. Der Boden war noch naß, und von Hütte zu Hütte und von Haus zu Haus führten die Schlammspuren derer, die einen trinken gegangen waren. Kinder, die zu Beginn des Regens gespielt hatten, schliefen noch in der seligen Hoffnung, daß es immer weiterregnen würde.
Die Sonne war gerade wieder nach solch einem Regen über Deme aufgegangen. Kodzo Dzide, der Stadtausrufer, hatte die Nacht in Herrn Attipoes Anwesen verbracht. Dort hatte man in der vergangenen Nacht Totenwache gehalten. Dies war seine siebte Wache in den letzten beiden Tagen gewesen; deshalb war er gemütlich in der Ecke neben dem Hühnerkorb eingenickt. Er öffnete die Augen, rieb sich das Gesicht und blickte um sich, um festzustellen, wo er war. Frauen waren damit beschäftigt, ihre Kinder zu baden oder das Feuer zum Wasserkochen anzuzünden. Er hatte einen schweren, einen sehr schweren Kopf. Nur schwach erinnerte er sich an die vorhergehende Toten-

wache in Yenaye. Er konnte sich nicht erinnern, wie er nach Deme gekommen war. Ganz sicher war sein Kopf nur deshalb so schwer, weil er am Abend zuvor nichts gegessen hatte. Seine Frau hatte ihn vor drei Markttagen verlassen. Doch ein Mann muß allen Kummer ertragen können. Kodzo war trotz der Botschaft, die ihm der Häuptling aus dem Dorf seiner Frau geschickt hatte, nicht bereit, sie zurückzuholen. Wäre er doch dem Rat seines verstorbenen Onkels gefolgt. Er hätte die Frau nicht heiraten sollen. Sie hatte in der Bergarbeiterstadt Akwatia, im Landesinnern, gelebt. Jede Frau aus Akwatia sei eine Hure, hatte sein Onkel gemeint. Kodzo stimmte ihm zu und nickte mit dem Kopf, als er auf einem Holzstumpf in Herrn Attipoes Anwesen saß. Nachträglich stimmte er ihm zu. Er hatte sein Pech allein sich selbst zuzuschreiben. Eine Ziege, die in ein fremdes Haus geht, sollte nicht jammern, wenn ihr einer den Kopf mit einer Keule spaltet.
Seine Kopfschmerzen kamen wieder, heftige Stiche hinter der Stirn. Er beugte sich vor und spuckte den bitteren, unangenehmen Geschmack aus, den er noch von der Nacht im Mund hatte. Vor ihm stand ein kleiner nackter Junge, der an seinen Fingern lutschte und seinen linken Fuß mit dem rechten kratzte.
„Wie heißt du?"
„Adonu."
„Warum bist du nicht beschnitten?"
„Mein Vater hat gesagt, daß ich beschnitten werde, wenn ich groß bin."
„Wer ist denn dein Vater?"
„Der Straßenaufseher."
„Ach, du bist der Sohn des Straßenaufsehers?"

„Ja."
„Von welcher Frau bist du der Sohn?"
„Meine Mutter stammt aus Kuli.'"
„Kosiwo?"
„Ja."
„Dann bin ich dein Onkel. Hörst du?"
„Ja."
„Hol mir Wasser zum Gesichtwaschen."

Während dieses kurzen Wortwechsels hörte Kodzo seinen Magen so laut knurren wie das Trompeten von Elefanten. Er wußte, daß sein Leistenbruch in Aufruhr war. Er wusch sein Gesicht, holte sein Zeug zusammen und machte sich durch das Holztor aus Agobalken auf den Weg zu seiner eigenen Behausung. Auf dem Heimweg erinnerte er sich daran, daß Herr Attipoe ihm aufgetragen hatte, heute morgen den Gong zu schlagen. Vor vier Tagen hatte er es ihm gesagt. Er hatte sogar einen Schilling Trinkgeld dafür bekommen. Aber wie die Botschaft lautete, die er der Stadt verkünden sollte, hatte er vergessen. Er eilte mit ruckartigen Bewegungen voran, ohne daß seine Fersen den Boden berührten. Dies war die Folge einer langen Erkrankung an der Himbeerseuche, die er als Kind durchgemacht hatte. Er stieß die Tür zu seiner feuchten, strohbedeckten Lehmhütte in Ablome, dem Ostviertel von Deme, auf. Im Entennapf war kein Wasser mehr. Auf der Feuerstelle lag kein Brennholz. All das hatte Zeit. Er wußte, daß er Strafe zahlen mußte, wenn er seinen beruflichen Pflichten nicht nachkäme. In seiner gesamten Laufbahn als Stadtausrufer hatte er achtmal Strafe zahlen müssen. Diese Strafen waren alles andere als angenehm: Er mußte sich von blöden, alten Männern anstarren lassen, die begierig darauf warteten, freigehalten zu werden. Besonders Topa, mit einem Kopf wie ein Wassertopf aus Kuli und Augen, die wie eine Papageienschwanzfeder leuchteten, der hatte noch nie einen einzigen Tag ehrliche Arbeit geleistet, der konnte doch nur über andere zu Gericht sitzen und sich freihalten lassen!

Er nahm die Khakihose und das Militärbuschhemd, das er täglich trug, vom Haken an der Lehmwand. Als er die Hose anhob, schlüpfte eine Maus darunter hervor. Sie huschte in das Strohdach, und Kodzo konnte gerade noch schnell ihre Ahnen verfluchen. Das Buschhemd war mit der Zeit grau geworden und löste sich stellenweise auf. Der Mann, der es ihm verkauft hatte, hatte ihm erzählt, daß er in Togo und Abessinien gegen die Deutschen gekämpft hatte, im großen Krieg von 1914 gegen den Kaiser. Deshalb hatte er das Hemd aufbewahrt. Nun behauptete Kodzo, daß er selbst im Krieg gewesen sei.

Bei den Totenwachen erzählte er nach ausgiebigen Palmweingelagen von seinem Marsch nach Dahomey, wo er sich vom Fetisch in Abomey Rat holen wollte. Dort gibt es den besten Fetisch im ganzen Land. Dann erzählte er, wie er vom deutschen Gouverneur, der sich Herr Kommandant nennen ließ, gefangen genommen und geschlagen worden war, später auch von Soldaten, weil er ihre Brotbeutel nicht tragen wollte. Jedenfalls war er nicht an der Front gewesen, denn in jenem Jahr hatte er einen schlimmen Husten gehabt. Dann fiel sie ihm ein, die Botschaft, die er in Deme ausrufen sollte. Herrn Attipoes Schwester Dzenawo hatte einen Sohn bekommen. Das sollte ganz Deme wissen.

Er ging ins Schlafzimmer und langte mit der rechten Hand unter das Bett. Es mußte doch noch etwas in der Flasche sein. Sein Magen hatte wieder geknurrt, diesmal so als ob eine Hündin darin Junge geworfen hätte und jeden anknurrte, der sich näherte. Sein Leistenbruch würde ihn noch mal ins Grab bringen. Einmal hatte ihn ein pockennarbiger Straßenhändler, der Arznei verkaufte, kurieren wollen und ihm eine Giftmischung aus seiner alten Arzneiflasche verabreicht. Als er eines Tages wieder etwas holen wollte, sah er, wie der Mann schmerzgekrümmt mit beiden Händen seine Hoden rieb. Er konnte nicht sprechen, weil er wahnsinnige Leistenschmerzen hatte. Von dem Tage an machte sich Kodzo nichts mehr aus seinem Leistenbruch. Irgendwann einmal würde er sicher daran zugrunde gehen, doch was soll's!

Er fand die Flasche im Dunkeln und hob sie gierig an die Lippen. Er spuckte. Kerosin! Er fand die zweite Flasche. Diesmal roch er daran. Er nahm einen großen Schluck. Wie Feuer lief es ihm die Kehle hinab. Als die brennende Flüssigkeit seinen Magen erreichte, gab die junge Hundemutter wieder ein wütendes Knurren von sich, dann gab es Ruhe. „Jetzt ist der Hund still“, sagte er. Er nahm seinen Gong vom Bambusregal an der Feuerstelle und machte sich auf den Weg zum Feigenbaum in Ablome, um seine Botschaft auszurufen.

Es war der achte Tag. Dzenawos Sohn mußte heute an die Öffentlichkeit gebracht werden. Beim zweiten Hahnenschrei öffnete Anakpo, der das Kulthaus der Familie verwaltete, die Hütte, in der die Fetische aufbewahrt waren. Mit einem Lendenschurz bekleidet, vergoß er den Opfertrank. Dann rief er die Götter an, die Ahnen, Managbo, Ashiagbor, Atitsogbui, Letsu, Wotodzo, Afedomeshie, Nyidevu, jeden berühmten Mann und jede Frau der Familie, die ins Jenseits gegangen waren.

„Nehmt dieses Kind an. Es ist euer Kind.
Behütet es. Seid Feuer über seinem Haupt.
Leitet es in dieser Wildnis, die wir Leben nennen.
Leitet es, o Väter, führt es auf sicheren Wegen."

Noch am selben Tag wurde das Kind beschnitten. Sein Vater, Jonathan, Postmeister im drei Kilometer entfernten Dorf Penyie, hatte darauf bestanden. Seine Batawo-Sippschaft hatte es gefordert. Das Gelübde für die Ahnen und Götter wurde abgelegt. Das Kind sollte Zeit seines Lebens ihr Diener und Fackelträger sein. Nachbarn kamen vorbei und schauten sich das Baby an. Für den Fall, daß sein Boß aus Keta zur Inspektion kommen würde, war sein Vater schon früher fortgegangen, um das Postbüro aufzuschließen. Herr Attipoe saß in der Mitte der Runde und vertrat ihn. Alle meinten, das Kind ähnele seinem Großvater Nyidevu, einem Mann, der längst verstorben war, einst ein Baum, auf den sich jeder gestützt und unter dessen Schatten jeder Schutz gesucht hatte. Nyidevu, das Boote kenternde Nilpferd. Die Nilpferde von Agave versuchten, die sandgefüllten Boote zum Kentern zu bringen. Alle nickten zustimmend.

„Kleiner, eifre deinem Vorvater nach.
Eifre ihm nach, lebe und laß dir graue Haare
auf den Zähnen wachsen."

Das Kind nieste, als man ihm die Stirn mit einem Kraut einrieb, das in ein Tuch gewickelt war.

„Seht, er hat geantwortet!
Er hat geantwortet! Es ist gut.
Fürwahr, es ist gut."

Sie nannten ihn Amamu, nach dem Spitznahmen seines Urgroßvaters. Der Mann ist gefallen. Hilf ihm nicht aufzuerstehen. Wenn er aufersteht, wird er sich gegen dich wenden.

Kapitel 1a

Die Frommen haben Palmwedel und trockene Bananenblätter in den Wald gebracht. Irgendwer hat Yewe beleidigt. Dalosu, der Wälder besiegt und Tage, bezwingt die Nacht. Sieben Tage bleiben sie im Wald, sieben Tage verbergen sie sich in den Kassavehainen, zwischen mächtigen Mangos und berstenden Samen von Seidenbaumwolle, zwischen Baobabschoten hoch droben, die an Brüste von Jungfrauen erinnern, wenn sie mit leuchtenden Papageienfedern im Mund auf das Fest warten, an dem sie sich auf dem Marktplatz zeigen dürfen und zu dem sie dann bis zu den Schenkeln mit Perlengehängen aus Saphiren und Korallen geschmückt durch die Marktgassen stolzieren, nachdem ihre Hinterteile in einer stummen Zeremonie mit Schmucknarben verziert worden sind. Im Dunkel der siebten Nacht, wenn des Menschen Mund verschlossen ist, wenn der schreckliche Gott Sakpana umgeht, wie man sich erzählt, manchmal von Wunden übersät und von bellenden Hunden gefolgt, manchmal als reicher Landbesitzer, in Samt gekleidet und mit funkelnden Königssandalen an den Füßen, der überall seinen Segen verteilt, werden sie ganz tief in der Nacht aus dem tiefschwarzen Land der Götter und Göttinnen herauskommen, zuerst die Trommeln to-gu, to-gu, to-gu, to, to, to-gu. Falls sie darauf bestehen und sagen, daß es auf jeden Fall sein muß, falls sie wirklich darauf bestehen, dann werde ich den Bluttod sterben, ich werde den Bluttot sterben. Sie werden mit widerhallenden Trommeln über alle Wege ziehen, niemand weiß, wo sie jetzt sind, niemand weiß es. Vor dem Eingang der Donnerhäuser werden sie verharren. Riesenfrösche aus Kosivis nahem Grundwassertank übertönen das leise nächtliche Klagen der Zikaden. Wenn sie darauf bestehen und sagen, daß es auf jeden Fall so sein muß, wenn sie darauf bestehen, dann werde ich den Bluttod sterben. Das Echo, einsamer Zeuge der ruhelos umherziehenden Götter, verklingt in der fernen Landschaft. Wenn sie darauf bestehen, wenn sie sagen, daß es auf jeden Fall so sein muß, dann werde ich den Bluttod sterben.

Flammpunkt der Schöpfung, Geburt vor der Geburt, lange Tunnel, Tunnel, Gänge regloser Leibesfinsternis, die das geistige Auge nicht sehen kann; vorgeburtliche Vorahnung totaler Finsternis, Vorherwissen des Grabes, Freude und Ungeduld des Herauskommens. Embryonale Gänge, trockene Palmenwinde, trocken im Fruchtwasser der Flüsse, Flüsse, die zur Mündung fließen, Eingang ins Meer. Eindringen eines kräftigen Penis in die Feuchtigkeit einer Vagina, Höhepunkt der Ekstase, Beine in höchster Erregung hin- und hergeworfen. Und ich wurde dir zum Bilde geschaffen.

Schwarz, schwarz, Grabesschwärze, den Kinderaugen undurchdringlich, Geräusche von tosenden Winden. Man sagte, ich hätte die Stirn des Großvaters, der mit leeren Händen in den Krieg zog, die Ohrläppchen meines Großonkels und den spöttischen Mund meiner Mutter. An jenem Morgen an der Traufe der Welt träufelten sie Wasser über mich, auf die trockenen Samen in den Yamlöchern, mit denen das Feld bedeckt war. Wo meine Nabelschnur begraben wurde, weiß ich nicht.

Schwarz, schwarz, die Grabesschwärze, wenn Gespenster in rotem Samt mich zum Lachen bringen, indem sie ihre Finger in meine Achselhöhlen stecken und sagen: „Ich glaube, er lacht; wenn er lacht, geht sein Penis hoch, ganz sicher braucht er eine Frau! Wetten wir, daß er eine Frau möchte?" Festklammern an runde Brüste, Brustwarzen quellen über vom Milchregen, liebes kleines Zicklein, deine Mutter ist nicht daheim, dein Vater ist nicht daheim, warum weinst du, wer hat dir weh getan, liebes kleines Zicklein, spuck in meine Hand, und ich werde ihn für dich schlagen, du liebes Kleines, sei still. Tanten wollen das Kind verhätscheln, Großmutter brachte Brennholz, Mais und Kassave in die Geburtshütte ihres ersten Enkelkindes der ältesten Tochter, das die Stirn vom Großvater, die Ohrläppchen seines Großonkels und den trotzigen Mund seiner Mutter hat.

Die Wohltäter fordern, daß wir ihren Willen befolgen. Man trug mich auf dem Rücken zu den Heiligen der Schreine. Es war noch dunkel, zwar nicht mehr die Schwärze des Urgrabes, aber die Finsternis grellen Lichtes, wenn Augen sich öffnen, aber nicht sehen, eine Dunkelheit, in der rotsamtene Gespenster leben. Vereinzelte Schreie kommen von den Feuerstellen, von den Dachtraufen der strohgedeckten Hütten im Regen, der unaufhörlich herabfiel wie mit Weizenmehl gebleichtes Wasser, das auf die aufgeweichte Erde gegossen wird, damit die Wohltäter davon trinken und ihren Durst stillen können, im Land jenseits der Felder, wo Bäume grün sind und schattig der Hain.

Die Finsternis des Lichts scheint in weitgeöffnete Augen. In Purpursamt gekleidete Gespenster reichen

mich von Hand zu Hand mit dem Ausruf: „Mit wessen Kind macht ihr das, mit wessen Kind?“ Sie erregen mit ihrem Hin und Her mein kindliches Kichern aus Freude über die Dunkelheit des neuen Lichts. Manchmal ritt ich auf dem Rücken kleinerer Gespenster, hoppla, hoppla, hopp, ritt durch Jahrhunderte, an die ich mich nicht erinnere. Mutter, sagte ich dir nicht, daß ich die Sonne haßte? Vater, sagte ich dir nicht, daß ich die Sonne haßte? Der Kleine, den sie gesucht haben, wurde nie gefunden, sie müssen ins Gotteshaus gehen und ihn mit Gaben zurückgewinnen, sie müssen ihn mit Opfergaben kaufen. Paß gut auf ihn auf, Mutter.
Nächtliche Dunkelheit an glühenden Feuern aus dünnen Zweigen, die im Augenblick meiner Empfängnis fern, am Leibesausgang knistern. Die Stimmen sind inzwischen leiser geworden, jetzt ertönen laute Geräusche in den fernen Feldern der Götter, in den Feldern, in den Palmen, in der Baumwolle, in den Baobabs der entlegenen Ländereien.
„Bringt ein Tuch, das Kind hat alles voll gemacht. Ich weiß nicht, was neuerdings mit ihm los ist, es hatte sich doch gerade erst vor kurzem entleert.“
Krabbeln, nach dem Fieber Durchfall, kleine Finger, die ins Feuer fassen. Schreie, Schreie, Schreie.
„Kannst du nicht auf ein Kind aufpassen? Wenn es etwas zu Fressen wäre, hättest du es schon mit beiden Händen in dich hineingestopft.“
Krabbeln, krabbeln. Geschmacklosen Hühnerdreck aufsammeln und essen.
„Paßt denn keiner auf? Das Kind ißt Hühnerdreck!“
Krabbeln zwischen großen Töpfen und versuchen, sich daran aufzurichten.

„Das Kind fällt noch einmal in einen Wassertopf!"
Zur Katze krabbeln, graue durchdringende, ruhige Augen, Händchen, die ihre Augen fangen wollen, ganz langsam schleicht sie davon.
„Die Katze wird das Kind noch einmal kratzen."
Stehen und fallen, schreien, an Mutters Brust schreien, liebes kleines Zicklein, Mutter ist nicht daheim, Vater ist nicht daheim, warum weinst du, wer hat dir weh getan, spuck in meine Hand, liebes kleines Zicklein, ich werde ihn für dich schlagen.
Geräusche wahrnehmen. Es gibt wirklich Gespenster. Wirklich! Aber sie bewegen sich schneller, aufrecht, sie laufen, sie springen. Die Finsternis öffnet sich zum Licht.
Leuchtend helle Tage draußen auf den Feldern, Blumen pflücken, jagen nach regenbogenfarbigen Schmetterlingen in einem verwilderten Garten. Als ich den greifbaren Gespenstern in den Feldern nachjagte, fing ich einen. Er saß, groß wie der Mond, oben auf einer gelben Sonnenblume. Er schillerte in allen Farben. Er saß ganz still. Ich fing ihn. Sie riefen: „Er hat ihn gefangen!" Das war mein erster Fang. Im Schmetterlingsfeld zwischen den wilden Sonnenblumen war ein Jäger geboren worden. Dann flog er davon. Er blieb nicht in meiner Hand sitzen, wo ich ihn sanft hielt, er blieb nicht dort. Er flog davon. Tagelang habe ich ihn im Feld gesucht. Doch ich fand ihn nicht. Ich sah andere, die so ähnlich aussahen. Aber nein, er war nicht da. Er war fort. Die Farben waren anders, die Zeichnung war anders, die Augen waren anders. Er war fort.

Kapitel 2

„*H*at ihn jemand vorbeigehen sehen?"
„Wen?"
„Den Anwalt."
„Welchen Anwalt?"
Vielleicht hat er ihn nicht gesehen, nicht erkannt. Den kann man nicht übersehen, denn er ist selbstsicher und auffallend kühl. Er hat die Universität in England besucht. Unter den wenigen, die im Ausland studiert haben, sticht er als vortrefflicher Anwalt und Gentleman hervor.
Ein Uhr. Dienstag nachmittag. Das Gericht hat gerade die Verhandlung unterbrochen. Mit Perücken und schwarzen Aktenordnern, verschwitzt in schwarzen Anzügen mit Nadelstreifenhosen, ziehen angeregt diskutierende Anwälte durch die Säulengänge des Kolonialgebäudes, in dem jetzt der oberste Gerichtshof von Accra tagt, und schreiten die Treppe hinab. In ihrem Gefolge eine Schar Klienten, Bittsteller, Prozessierende, Winkeladvokaten, alte Männer, müde vom Kampf mit dem Gesetz, und junge, denen man einen kurzen Vollstreckungsaufschub gewährt und deren Termine man vertagt hat. Sie alle lauschen aufmerksam ihren Anwälten, diesen vortrefflichen Söhnen unseres Landes, die dem weißen Mann den Zauber der Weisheit abgerungen haben. Ihre Klienten redeten in allen Sprachen des Landes. Während die Anwälte zu ihren Wagen gingen, die sie zwischen Beeten mit Zinnien, Poinsettien und Bougainvilleen

und der Hauptstraße vor dem Meer abgestellt hatten, neigten sie leicht ihre Köpfe, um sich anzuhören, was ihnen jene Männer und Frauen, von denen sie ja lebten, zu sagen hatten.
Von einer Gruppe Frauen und alter Männer umringt, steuerte Amamu auf seinen grauen Peugeot zu. Er hatte am Morgen viel zu tun gehabt, einen großen Immobilien-Rechtsstreit beendet, den sein Klient gegen eine europäische Diamantenfirma, Allen & Eliot, gewonnen hatte. Auf seinem Gesicht spiegelte sich müde Genugtuung. Er war von ausgesprochen aufrechtem, hohem Wuchs, hatte einen großen Kopf und buschiges Haar wie ein krauses, schwarzes Fell. Seine Augen waren schwarzbraun, lebhaft, klug und etwas hart. Seine ziemlich lange Nase fiel durch einen flachen Rücken auf, der die Augen in dem flächigen Gesicht deutlich voneinander trennte. Er trug einen graumelierten Vollbart, außerdem einen säuberlich gestutzten, borstigen Schnauzbart.
Vor seinem Wagen hielt er an und wechselte noch ein paar Worte mit einem der alten Männer, der zu Boden blickte und ihm aufmerksam zuhörte. Der alte Mann nickte fortwährend mit dem Kopf. Der Anwalt griff in seine Brieftasche und holte ein Stück Papier hervor. Dies reichte er einem jungen, etwa zwanzigjährigen Mann, der hinter dem Alten stand. Seinen Amtskragen hatte er jetzt geöffnet. Er zog seine schwarze Robe aus, faltete sie sorgfältig zusammen, legte sie hinten in den Wagen und machte es sich auf dem Fahrersitz bequem. Er fuhr davon. Die alten Männer und Frauen drehten sich langsam um und machten sich zwischen den Poinsettien und der Bücherei auf den Weg zum Stadtzentrum.

Der Verkehr war stark, besonders der aus dem Norden und der Stadtmitte. Dort lagen Banken und Einkaufszentren. In der Nähe der Kreuzung wartete Amamu geduldig auf ein Nachlassen des Verkehrs, das ihm ein Linkseinordnen ermöglichen würde. Er war geduldig. Nach ein paar Minuten war, wie erwartet, alles frei. Doch er hatte die Geschwindigkeit des Taxis, das vom Zentrum kam, unterschätzt. Als er links in die Straße einbiegen wollte, quietschten plötzlich Reifen, der Taxifahrer bremste mit aller Kraft und kam direkt vor ihm zum Stehen und meinte ohne große Gehässigkeit: „Kannst du nicht fahren, du Arschloch?“ Amamu fuhr weiter. Er hatte natürlich verstanden, was der Taxifahrer gesagt hatte. So etwas gehörte zum täglichen Verkehr in der Stadt. Er lächelte vor sich hin und fuhr weiter. Laut hupend zischte das Taxi davon und bog links ein zu den Parlamentsgebäuden.

Als Amamu an der Kreuzung anlangte, mußte er anhalten, denn der diensthabende Verkehrspolizist hatte gerade seinen Arm erhoben. Er regelte hier regelmäßig den Verkehr. Er hatte ein trauriges Gesicht, wie jemand, der schwer an der Last des Lebens trägt. Jedes überflüssige Lächeln wäre Zeitverschwendung gewesen. Auf ihm lag die ganze Verantwortung, und sein Gesicht hatte ihm sein Schöpfer so zugeschnitten, traurig und still, als habe er trotz der allgemeinen Fröhlichkeit seiner Umgebung innerliche Qualen auszuhalten.

Amamu hatte eine ganz bestimmte Erinnerung an diesen Polizisten. Vor fünf Jahren hatte er am Gericht in Cape Coast zu tun. Als er bei der Heimfahrt gerade die Stadtgrenze erreicht hatte, hielt ihn jemand an,

wahrscheinlich ein Schüler: „Sir, Ihr Nummernschild fehlt, das vordere“, sagte der Junge. Daraufhin beschloß Amamu, zu einem Peki-Monteur, den er gut kannte und der eine Werkstatt draußen im Freien beim Friedhof hatte, zu fahren. Der verlangte vernünftige Preise. Bei der Verkehrsinsel an der Second Avenue wurde er von dem Polizisten angehalten, er stieg von seinem Podest herab und trat ans Auto.
„Wo ist Ihr Nummernschild?“
„Oh, mir wurde gerade gesagt, daß es fehlt, und ...“
„Nun, und warum haben Sie es nicht angebracht?“
„Ich komme gerade aus Cape Coast.“
„Aber Sie hätten es doch anbringen können.“
„Wie soll ich das denn machen? Ich sagte doch, ich komme gerade aus ...“
„Aber Sie hätten es doch mit einem Strick festbinden können.“
„Das ist doch der letzte Blödsinn!“
„Wie bitte? Wie reden Sie denn mit mir? Führerschein vorzeigen!“
Amamu holte seinen Führerschein aus dem Handschuhfach hervor und gab ihn dem Polizisten, der ihn eingehend prüfte. Dann ging dem Polizisten plötzlich ein Licht auf: Das war ja ein Anwalt!
„Verzeihen Sie vielmals, Sir, Entschuldigung.“
„Seien Sie das nächste Mal ein bißchen vorsichtiger!“
„Ja, Herr Anwalt. Auf Wiedersehen, mein Herr.“
Dort stand er nun alle diese Jahre lang täglich auf seinem Podest, das wie alle Podeste in der Stadt aussah, und führte sein ewiges Marionettenspiel auf, Armheben und Hackendrehen, den Verkehr aus der Barnesstraße stoppen, dann wieder herumdrehen und dem Verkehr aus der Paganstraße ein Zeichen geben.

Sein Gesicht hatte stets den gleichen traurigen, verlorenen Ausdruck, als ob er sich noch nie über etwas gefreut hätte, als ob er überhaupt noch nie gelacht hätte.

„Sir, wie geht es dem Herrn heute?“ Kein Lächeln auf seinem Gesicht.

„Oh, danke, gut, und Ihnen?“

„Alles in Ordnung, Sir.“

Diesen Gruß hatten sie in den letzten Jahren fast täglich ausgetauscht. Dann wurde Amamu klar, wieviel Zeit seit ihrer ersten Begegnung vergangen war. Warum wird dieser Mann nie befördert? Es war ganz offensichtlich, daß man ihn in den letzten fünf Jahren nicht befördert hatte. Jahrein, jahraus führte er bei seiner Arbeit dieselben Bewegungen aus, ein zeitloses Verkehrsdenkmal.

Der Polizist gab Amamu das Zeichen zur Weiterfahrt. Er fuhr am Institut für Kunst und Kultur vorbei, wo ein paar verrückte Trommler und Künstler und deren Anführer täglich versuchten, mit äußerster Hingabe afrikanische Kultur ins Leben zu rufen. Links lagen die Gebäude, in denen vorübergehend die Nationallotterie untergebracht war, ein Monument menschlicher Habsucht, das dazu diente, die Geldgier der Arbeiterklasse zu befriedigen. Vor dem Gebäude hing eine riesige Tafel, an die an jedem Wochenende unterernährte Lotteriemädchen mit spindeldürren Beinen und schlecht sitzenden Kleidern rätselhafte Zahlen anschlugen. Jenseits der Nimbäume, rechts hinter den Abflußgräben, die der Regen ausgewaschen hatte, lag das Meer. Seine Wellen schlugen unaufhörlich ruhig an den Strand. Unter den Bäumen schliefen Leute, Arbeitslose aus der Stadt. Bei gutem Wetter schliefen sie hier den ganzen Tag. Als seien sie seit ewigen Zeiten ausgehungert und ohne Freude, strecken sie ihre abgezehrten Körper auf Pappdeckeln und Zementsäcken aus und lassen sich von dem ewigen Lied der Wellen in den Schlaf lullen, der so unruhig ist, daß selbst das geringste Geräusch sie aufschrecken läßt. Für die Armen wird es nie einen tiefen Schlaf geben.

In der Nähe der nächsten Ampelanlage, die vor ein paar Jahren aufgestellt worden war, um der Stadt ein modernes Aussehen zu geben, lagen die alten Kolonialgebäude, in denen die Regierungsdruckerei und das Bauamt untergebracht waren. Gegenüber hausten in ähnlich vernachlässigten Gebäuden die Landwirte, die an holzwurmzerfressenen Schreibtischen voller verdreckter, zerfledderter Aktenbündel die landwirtschaftliche Rettung der Nation entwarfen. Die Planer waren größtenteils ältere Herren mit schwachen Augen, die in der Kolonialzeit emporgekommen waren und sich jetzt als E.O. oder S.E.O. um die Höhe ihrer Renten und Prämien im Pensionsalter sorgten. Jenseits dieser Gebäude unter alten Nimbäumen – an der Goldküste wurde der Kolonialismus unter Nimbäumen angesiedelt – lag das Gebäude des National-Klubs, ein auf wackligen Stelzen gebautes Holzhaus, das vielleicht einmal einem weißen Kolonialbeamten, der in den Atlantischen Ozean vernarrt war, gehört hatte. In den von Ratten heimgesuchten kleinen Räumen hatte man Regale für Getränke aufgestellt. In der Küche war eine Bar und im Wohnzimer stand ein Billardtisch. Hier pflegten mittags und abends höhere Zivilbeamte zum schnellen Imbiß und einem Glas Klub-Bier einzukehren.

Bei Grün bog Amamu rechts ein. Es standen nur wenige Autos unter den Nims. Er schloß den Wagen ab – ein paarmal war hier schon gestohlen worden – und stieg die knarrende Holztreppe hinauf.
Richard, der Barkeeper aus Ijawland in Nigeria, hatte Dienst. Das war noch ein echter Diener. Er hatte jahrelang als Schiffskoch gearbeitet. Als der Klub vor ein paar Jahren gegründet wurde, hatte sich irgend jemand daran erinnert, daß er im Hause eines weißen Kolonialbeamten, der noch für die Regierung arbeitete, einen Drink von einem lächelnden Diener serviert bekommen hatte. Auf diese Weise erhielt Richard den Job. Fünfzehn Pfund im Monat und freies Logis – er schlief im Keller, den man mit Hilfe einer Glühbirne und eines Betts in einen Wohnraum verwandelt hatte. Morgens um elf Uhr öffnete er seine kleine Bar, überprüfte Getränke und Kasse und notierte alles mit langsamen, kühnen Federstrichen in ein kleines Notizbuch, das ihm vom Klub zur Verfügung gestellt worden war. Dann ließ er sich mit einem halben Hinterteil auf dem hohen Barhocker, hinter dem Tresen nieder. Von hier aus schenkte er seinen neuen Herren Getränke ein und beantwortete ihre höflichen und unbeteiligten Fragen nach dem Befinden seiner Familie, bis sie spät in der Nacht betrunken zu ihren dickarschigen Frauen und verwöhnten Kindern in den Vorstädten zurückkehrten. Dann stieg er in den umgewandelten Keller hinab, aß das Essen, das ihm seine Frau zubereitet hatte und träumte von den Bächen und Mooren seiner fünfhundert Meilen entfernten Heimat Nigeria.
Amamu war etwas erschöpft, nachdem er die Holztreppe erklommen hatte. Mit fünfunddreißig merkt

man, daß man nicht mehr der Jüngste ist, wenn man eine Treppe, die man als junger Mensch nur so hinaufflog, jetzt nur mühsam und außer Atem schafft. Einige Klubmitglieder unterhielten sich gerade lebhaft, neben sich das unvermeidliche Klub-Bier.
„Mensch, du siehst aber müde aus."
„Na ja, war auch ein schlimmer Tag."
„Was für einen Fall habt ihr heute gehabt?"
„Diesen beschissenen Immobilienstreit von Oda."
„Ist er entschieden? Wie ging er aus?"
„Nun, wir haben gewonnen."
Diese Nachricht wurde mit Jubel aufgenommen. Selbst Richard lächelte hinter seiner kleinen Bar.
„Mensch, das müssen wir begießen!"
„Richard, bring vier Flaschen rüber!"
Geräuschlos brachte Richard vier Flaschen gut gekühltes Klub-Bier herbei; er ging immer ohne Schuhe. Man füllte die Gläser, und mit einem Ruck des Kopfes nach hinten löschte man den Durst. Ein Trankopferritual.
„Mensch, erzähl! Wie war's?"
Der Mann, der gefragt hatte, hieß Alex. Er war gerade zum Staatssekretär im Landwirtschaftsministerium aufgestiegen. Er war ein Mann von fünfundvierzig Jahren, leicht ergraut, gedrungen, mit rundlichem Bauch, und war vor fünfundzwanzig Jahren als kleiner Angestellter in den Staatsdienst getreten. Hartnäckig hatte er sich nach oben gebracht, schwer gearbeitet, alle Pflichtprüfungen des Staatsdienstes bestanden und war endlich da angekommen, wo er jetzt war. Er sprach ein etwas gespreiztes Englisch. In der Diskussion hatte er genaue landwirtschaftliche Zahlen bei der Hand und bediente sich

landwirtschaftlicher Ausdrücke wie ein Experte. Natürlich war er noch nicht lange im Ministerium für Landwirtschaft, aber er begriff schnell. Seine besondere Stärke lag in seinem Selbstvertrauen, das sich in ungeduldigen Bemerkungen über Akademiker äußerte, die alles zu wissen glaubten.

Neben ihm saß Bob, der fieberhaft seine Brillengläser säuberte. Bob hatte als Wissenschaftler angefangen an einer der ersten Technischen Hochschulen, die von der Kolonialregierung eingerichtet worden waren. Er hatte sich für Physik interessiert und sprach immer noch von Experimenten und Reagenzgläsern. Durch irgendeine unbegreifliche Wendung des Schicksals war er Bankier geworden. Nach mehreren Dienstjahren bei einer Bank für Länder des Britischen Commonwealth und Übersee-Kolonien arbeitete er nun für eine führende Landesbank in der Stadt. Bob hatte eine ausgesprochene Begabung für Albernheiten und war deshalb bekannt als Komödiant und große Stimmungskanone; gut gebaut, athletisch und voller Energie, fest davon überzeugt, daß ein gesunder Geist in einem gesunden Körper wohnt, kämpfte er gegen das Älterwerden, indem er täglich seine Runden um einen Tennisplatz lief. Neben seinem Talent als Komiker und Witzbold wurde ihm nachgesagt, daß er große Chancen bei Frauen hatte. Die meisten seiner Witze drehten sich um die weiblichen Reize, ein Thema, mit dem er sich, wie er behauptete, seit seinem zehnten Lebensjahr, als er eine Schule im Landesinnern besuchte, wissenschaftlich auseinandergesetzt hatte.

Row war nicht mehr ganz nüchtern. Der gute Row war Polizeibeamter. In Zivil. In letzter Zeit hatte man ihn nicht mehr in Uniform gesehen. Er war ein kleiner, scheuer, gebeugter Mann mit flammend rotem Schnauzbart und gerade noch einmal davongekommen, ein richtiger Albino zu sein, nur weil der liebe Gott ein bißchen mit der roten Farbe gespart hatte. Es war allgemein bekannt, daß Row schon seit mehreren Jahren ab zehn Uhr morgens völlig betrunken war. Niemand wußte, was er im Polizeipräsidium machte. Nachdem er seine Polizeipflichtjahre in verschiedenen Städten des Landes abgeleistet hatte, Städte, in denen er jeweils fleißig ein oder zwei Kinder gezeugt haben soll, verschlug ihn das Schicksal in die Hauptstadt. Es hieß, er sei jetzt stellvertretender Polizeikommissar im Präsidium. Hinter ihm lag eine Laufbahn von Polizeiintrigen, Verbrecherfahndungen, Verhaftungen von Aufrührern und jahrelangem, treuem Kolonialdienst. Als die Nationalisten die Macht übernahmen, stand der gute Row pflichtbewußt auf seinem Posten, um mit offenen Armen jene Anführer zu empfangen, die er wenige Jahre zuvor in den Sackgassen und Elendsvierteln von Takoradi und Sekondi zur Strecke gebracht hatte. Ihm standen ein schönes Sümmchen Rente und Prämien zu. Seine Tage, so sagten alle, seien nun vorbei. Man meinte, daß er deswegen ans Trinken gekommen sei.

Amamu hatte seine Robe aus dem Wagen mitgenommen. Als er dastand, unschlüssig darüber, wo er sie hinhängen sollte, kam Richard auf ihn zu, um ihm behilflich zu sein.

„Komm, trink was“, lallte Row, der seine Augen kaum noch offenhalten konnte und beim Rülpsen nach Palmnußsuppe und fufu roch.

„Wie ist es gelaufen?“ fragte Bob.

„Diese verdammte Firma ist ein Verbrechernest. Ich

weiß nicht, wie sie das machen. Unsere Regierung sieht einfach stumm zu und sagt nichts."

„Was sollten sie denn tun?" fragte Alex etwas gereizt. Er hatte noch nie das Gehabe von Anwälten ausstehen können.

„Das Gesetz über die Schürfkonzessionen ändern", antwortete Amamu, ohne selbst davon überzeugt zu sein, daß dies jemals geschehen würde.

„Hm." Es war Bob, der in einen Flüsterton verfiel. Er fügte hinzu: „Kannst du dir denn nicht denken, warum sie es nicht tun können?" Die sitzen doch alle im selben Boot. Die sahnen doch ab, die Minister. Soviel ich weiß, ist der Alte selbst mit von der Partie."

Row rülpste ziemlich laut.

„Meinst du wirklich?" fragte er.

„Na, und du Row, du tust so, als wüßtest du nichts davon. Du bist doch ein Polizist!"

„Wie soll ich denn was wissen? Ich, ich bin doch nur 'n kleiner Polizeibeamter."

Damit wollte er sagen, daß er keinen Ärger wünschte, daß ihm seine Rente und Prämie zustanden und er noch lange saufen wollte, bevor er ins Gras biß. Sie alle verband eine enge Kameradschaft, Verrat kam überhaupt nicht in Frage.

„Aber sie können ein Gesetz erlassen", meinte Amamu. „Das geltende Gesetz ist hoffnungslos unzulänglich. Es bietet dem einfachen Bauern und den Familien, deren Vorfahren die Diamantenfelder für ein Pfund pro Jahr verpachteten, keinerlei Schutz. Es ist ein Verbrechen!" Damit erhob er sein Glas, als ob er auf die Nachkommen jener dummen Vorfahren, die seine Taschen gerade mit Geld gefüllt hatten, anstoßen wollte.

„Und dann ziehen sie herum und reden von Sozialismus“, ereiferte sich Bob. Er hob den Kopf, blickte zu den Nimbäumen, sah seine Freunde an, nahm die Brille ab, begann sie zu säubern und fügte heftig hinzu:
„Sozialismus, das Loch ihrer Mütter.“
Hierüber brach Alex in schallendes Gelächter aus. Obgleich er selbst solcher Grobheiten nicht fähig war, genoß er es, sie aus fremdem Mund zu hören, solange diese Gemeinheiten nicht von seinen Lippen kamen. Aber es stimmte, was Bob sagte. Sozialismus, das Loch ihrer Mütter. Er dachte für sich, Bob hätte die Mehrzahl nehmen sollen, denn ihre Mütter hatten nicht nur ein Loch.
Offensichtlich ging an diesem Nachmittag niemand aus der Gruppe zur Arbeit zurück. Alex hatte den ganzen Morgen eine Besprechung mit seinem Minister gehabt und konnte sich den Nachmittag frei nehmen. Weshalb? Nun, er war müde. Das ging doch niemanden etwas an. Der gute Row hatte am Morgen einen berüchtigten Diamantenschmuggler verhört, der dabei erwischt worden war, wie er versuchte, einen seiner Inspektoren zu bestechen. Das Verhör hatte sich über den ganzen Vormittag hingezogen und endete damit, daß beide bei dem Mann eins tranken. Doch er mußte ihn irgendwie belasten, der Fall sollte abgeschlossen werden. Es wurde gemunkelt, daß dieser Mann beim COP aus und ein ging. Er mußte hartnäckig bleiben. Doch der Dimples Haig-Whisky schmeckte so gut. Aah. Er floß einem wie Wasser über einen Entenrücken die Kehle hinab: süffig, fein, mild. Das war es – mild. Für ihn war jetzt Feierabend, er war müde.

Noch mehr Klubmitglieder schoben sich herein. Einige in Tenniskluft, andere in ihren Straßenanzügen. Es wurden Tische herangerückt, denn niemand wollte Bobs Sprüche verpassen. Unter den Neuankömmlingen waren Staatssekretäre, Richter des Obersten Gerichtshofes, Redakteure von Tageszeitungen, ein oder zwei Berufssoldaten, höhere afrikanische Beamte für ausländische Angelegenheiten, Beamte des Erziehungsministeriums. Frauen waren nicht dabei. Karrierefrauen mieden den Klub wie die Pest, sie sahen darin eine Höhle der Unzucht, in die junge Mädchen gelockt und in geheimen Zimmern von Männern, die ihre Väter sein könnten, vergewaltigt wurden. Ganz so war es nicht. Hin und wieder brachte ein Mann eine Nutte oder ein verschrecktes, abgemagertes Mädchen mit, das in seinem Büro um Arbeit nachgesucht hatte. Eingeschüchtert durch die Gesellschaft und sich seiner dünnen Beine bewußt, trank das Mädchen dann hastig ein Bier und brachte den ganzen Nachmittag nicht ein einziges Wort hervor.

Es wird die Geschichte von der Frau eines Staatssekretärs aus Cape Coast erzählt, die eines Tages in den Klub gestürmt kam. Sie hatte gehört, daß sich ihr Mann dort mit einem Mischlingsmädchen aus dem Ministerium traf. Freunde und Wohlwollende aus dem Ministerium hatten ihr diese Nachricht überbracht. Eines schönen Abends, als sie allein zu Hause war, beschloß sie, diesem Treiben ein Ende zu machen. Gegen 19.15 Uhr nahm sie sich ein Taxi und ließ sich zum Klub fahren. Das Taxi hielt unter den Nimbäumen an. Sie beauftragte den Fahrer, auf sie zu warten, ging um das Haus und konnte im Schutz der

Markise auf den Balkon blicken, auf dem die Klubmitglieder saßen. Ihr Mann war dort, neben ihm saß das Mischlingsmädchen. Während der Unterhaltung tätschelten seine Finger in sanftem Takt ihren linken Schenkel. Oh, Gott, was sie da hörte! Schmutziges Geschwätz, das nur Straßenjungen führen. Da saßen nun all diese Größen und erzählten sich schamlos und lauthals die dreckigsten Zoten! Sie kochte etwa drei Minuten lang vor Wut. Nein! Sie mußte fortgehen. So tun, als hätte sie nichts gesehen, nichts gehört. Dann griff ihr Mann plötzlich mit seiner linken Hand an die rechte Brust des Mädchens und sie, diese Hure, diese Tochter einer Hure, lachte schrill auf. Das typische Lachen einer Hure. Die Männer feixten. Dadurch ermutigt, drehte sich ihr Mann herum und umarmte das Mädchen mit einer unzüchtigen Gebärde. Himmel und Hölle! Wie ein Blitz war sie die knarrende Treppe hinaufgeflogen. Niemand wußte, wie und woher sie gekommen war. Man hörte nur ein lautes, schrilles Aufschreien und Jammern.

„Au, Jehova, hilf mir!"

Sie war dem Mädchen direkt an die Gurgel gefahren und mit Nägeln und Zähnen über sie hergefallen. Ihr Mann, ein wortkarger, sehr würdevoller Mann, war völlig überrumpelt und wie vom Blitz getroffen, als die beiden Frauen einander in den Haaren lagen. Sein Stuhl kippte um, und er selbst wurde beinahe umgeworfen. Mittlerweile hatte sich fast jeder, der an diesem Tag im Klub war, in die Schlägerei eingemischt, um die Rauferei zu beenden. Während die beiden aufgebrachten Frauen wie Zibetkatzen aneinandergekrallt auf dem Holzboden rauften, warfen sie sich obszönes Zeug an den Kopf. Einige Männer, die die

Kämpfenden auseinanderbringen wollten, taten dies nur aus männlicher Lüsternheit nach entblößten Brüsten und in der Hoffnung, noch mehr zu sehen zu bekommen.
Als die Frauen endlich auseinandergebracht waren, stand das hellhäutige Mädchen aus dem Ministerium fast nackt da. Ihr tief ausgeschnittenes rosa Kleid war in zwei Teile gerissen, ein Teil hing am Ärmel, den anderen Teil versuchte sie verzweifelt auf der rechten Schulter festzuhalten. In dem Durcheinander hatte jemand Bobs Brille heruntergerissen. Er lief wild schreiend die Holztreppe auf und ab. „Meine Brille, meine Brille! Hat jemand meine Brille gesehen?" Niemand achtete auf ihn, denn die Frauen hatten nun einen Wettkampf begonnen, bei dem sie sich alle möglichen Schimpfworte und Kränkungen an den Kopf warfen. Jede beschimpfte die Mutter der anderen als Hure, Hexe, Diebin, und gegenseitig betitelten sie sich mit Nutte, stinkende Drecksau.
Unterdessen fuhr unter den Nimbäumen ein Auto mit aufheulendem Motor davon. Es war der Herr Staatssekretär, der mit Richards Hilfe wieder auf die Beine gekommen war und sich in dem Durcheinander heimlich davongestohlen hatte.
Dies lag einige Monate zurück. Der Staatssekretär war seitdem nicht mehr im Klub erschienen, und über die Geschichte war Gras gewachsen. Aber jeder, der ein Mädchen dorthin mitbringen wollte, überlegte es sich nun zweimal.
Die Unterhaltung ging weiter. Amamu blätterte in einem Buch. Er hatte sich plötzlich nicht mehr an der Diskussion beteiligt. Seine Freunde und andere Klubmitglieder waren schon daran gewöhnt, daß er sich

auf einmal zurückzog. Sie sagten, er sei seltsam. Er hatte auch die Angewohnheit, die Rede auf solche abwegigen Themen wie Philosophie und Theosophie zu bringen. Immer, wenn er ein Buch las, versuchte er, im Klub darüber zu sprechen. Letzte Woche war es Descartes gewesen. Einige Wochen davor hatte er Djilas' „Die neue Klasse“ gelesen. Wenn er diese gebildeten Monologe von sich gab, lauschten seine Freunde mit verlegener Hochachtung, bewunderten seine Gelehrsamkeit, doch untereinander sagten sie: „Der Mann ist verrückt.“ Er hörte dann nicht auf zu reden, bis er plötzlich bemerkte, daß niemand etwas sagte, ihn niemand unterbrach, dann verstummte er, zog sich sofort zurück und blickte gedankenverloren auf das Meer. Gewöhnlich nahmen seine Freunde nach einer Weile ihr altes Gespräch wieder auf. Die Stimmen um ihn herum verschwammen. Plötzlich rief er Richard heran, bat um die Rechnung, stieg, ohne sich noch einmal an seine Freunde zu wenden, die knarrende Treppe hinunter und fuhr davon, hinaus in die Nacht. Sie waren sich alle einig: Er war zwar recht gebildet, aber eben doch verrückt.
Gerade jetzt kam ihm eine Wendung in den Sinn, die er heute im Gerichtssaal gehört hatte. Er konnte sich nicht daran erinnern, wer sie gebraucht hatte. Wie ein verworrenes Spinnennetz hing sie vor seinem Auge. Verzweifelt versuchte er, sie festzuhalten. Doch der Wind hatte sie verweht. Fast hatte er den Satz. War es „Die Unwissenheit der Gebildeten“? Die Unwissenheit der Gebildeten. In England hatte er einen Ghanaer gekannt, der fünf Jahre lang Altenglisch und Transformationsgrammatik studiert hatte. Ein paar seiner Freunde hatten in Oxford beim Studium von

Herodot Lorbeeren geerntet. Die Unwissenheit der Gebildeten. Nein so klang es doch nicht.
Er mußte gehen.
„Richard, die Rechnung!"
Nachdem er bezahlt hatte, nahm er seine Aktentasche und ging die Treppe hinunter. Die anderen hatten ihr Gespräch unterbrochen und beobachteten, wie er fortging.
Der Abend war mit der Plötzlichkeit hereingebrochen, die in den Tropen üblich ist: Die Sonne hängt rot wie ein zerbrochener Öltopf über dem Meer, die Wolken treiben ziellos über das Wasser dahin, und ein Schwarm Seemöven segelt an der Küste entlang nach Norden. Das graue Dämmerlicht löst sich so schnell, wie es gekommen ist, in dichte schattige Figuren auf, in farblose Schattengebilde, die dann in die schwarze Tropennacht eintauchen. Er trat aus dem gelben Licht des Klubs unter die dunklen Nimbäume und ging zu seinem Wagen. In den Bäumen schrien Fledermäuse, sie hatten Nimsamen auf seine Kühlerhaube fallen lassen. Auch ein paar gelbe Blätter waren auf das Dach seines Wagens geweht.
Er fuhr an, und als er aus dem Dunkel heraus war, sah er, daß die Straßenbeleuchtung schon eingeschaltet war. Er bog rechts nach Osu ein. Die Lichter am Unabhängigkeitsdenkmal brannten noch nicht, und der Schwarze-Stern-Platz war finster. Man konnte nur sehen, wie schimmernder Schwefeldunst vom Meer aufstieg und schattenhafte Figuren, die zu zweit am Strande spazierengingen, einhüllte.
Er hielt an, um auf den Verkehr von rechts zu warten. Die Straße war frei, doch er befolgte stets alle Vorfahrtszeichen. Am Ende der langen Straße lag rechts,

umgeben von Kokosnußbäumen, das alte Fort. Es war taghell erleuchtet. Vor dem Tor konnte man die Wache mit geschultertem Gewehr sehen. Dies war der Regierungssitz. Der Staatschef soll manchmal dort schlafen, sagte man. Manche wollten sogar von einem U-Boot wissen, mit dem er im Falle einer Revolution durch den Tunnel ins Meer fliehen konnte – derselbe Tunnel, allerdings jetzt verbessert, durch den früher die Sklaven weggeschafft worden waren.
Kleine Boote kamen hereingerudert, um das sogenannte schwarze Elfenbein abzuholen, damit kehrten sie zur See zurück, wo große Schiffe vor Anker lagen, und man hörte Klagen und Weinen, bis die Schiffe auf ihrer langen Reise in die Neue Welt am Horizont verschwunden waren.
Auf der Hauptstraße in Osu war viel Verkehr. Als Amamu zur Kreuzung kam, wo er abbiegen mußte, hatte sich der Verkehr etwas gelichtet. Er parkte sein Auto wie gewöhnlich hinter dem vernachlässigten Müllplatz, schloß die Türen ab, prüfte, ob sie auch wirklich verschlossen waren, und ging auf ein altes, behäbiges Eckhaus zu, vor dem Frauen Schweinefleisch brieten. Er klopfte an eine dunkelblau gestrichene Tür. Sie wurde geöffnet und fiel hinter ihm ins Schloß.

Kapitel 2a

Stein auf Stein. Eine Nation wird erbaut. Furzende, ehrbare Leute plagen sich mit mottenzerfressenen Akten herum, um das fortzusetzen, was die Kolonialherren und Imperialisten hinterlassen hatten.

Unter den Nims schlafen die Armen den Schlaf der Hungrigen. Gütiger, du, der du wünschst, daß wir das tun, was du uns befohlen hast, du, der du uns mit Tränen in den Augen und Staub im Gesicht anflehtest: „Befolgt meine Gesetze, meine Kinder, befolget meine Gesetze; denn ich bin derjenige, der euch aus dem Staub der Erniedrigung erlöst hat."

Und er warf uns zurück in die Erniedrigung. Mit der Wut der Elemente und dem Mißklang aus Saladins Mörsern warf er uns in die Erniedrigung zurück. Mit dem Schrei: „Lang lebe die Partei, die Partei ist das Höchste!" warf er uns in die Erniedrigung zurück.

Weib, siehe, siehe das ist dein Sohn! Sohn, siehe, das ist deine Mutter! Diese rebellische Böswilligkeit ist deine Mutter. Sie hat dich aus ihrem Schoß nach einer Schwangerschaft von hundertunddreizehn Jahren geboren, gebar dich nach langen Geburtswehen, gebar dich in ihren Staub hinein, und du erwachtest nach acht Tagen schreiend auf einem Misthaufen.

Du krabbelst durch den Misthaufen in Nima zu den blauen, rauchverhangenen Hügeln empor, um in unendlicher, maßloser Wonne den Tänzern auf den Gewürzhügeln sagen zu können: „Hebt eure Kleider empor, denn die Nation gehört euch, das Land ist wieder in euren Händen. Das Joch ist von tapferen Rittern zerschlagen worden, die Wege sind frei für neue Füße."

Dann erkannten sie die Macht und die Kraft und die Freiheit, die in der Entscheidung liegt, nicht in völlige Resignation zu verfallen, sondern zum Fürsprecher zu werden, zu einem Feuer zu werden und mit den Zungen zu reden, die in jener dunklen Nacht, die von Fackeln in den Händen Unzähliger erleuchtet wurde, auf sie herabgekommen waren.

In der geheimen Stunde der Geburt erklangen Lieder und Freudensirenen, das Land nahm eine neue Farbe an, als Stimmen einen neuen Gesang zum Himmel aufsteigen ließen. Niemand stand abseits in jener Stunde. Fremde fielen sich um den Hals, selbst jene, die sich nicht verständigen konnten, umarmten sich in der magischen Stunde des Glaubens und seiner Erneuerung.

Aus eigener Kraft kann ich auf alles verzichten und Ruhe und Frieden im Leiden finden. Die Qualen des Heilands in Gethsemane nach der Verleumdung, nachdem der Kelch nicht an ihm vorüberging; laß das Wunder zurückkehren, laß das Wunder mit den Mittagsglocken zurückkehren, in der Betstunde, mit dem Schlagen der alten Trommeln, Husago, Atrikpui; laßt uns zurückkehren zur magischen Stunde unserer Geburt, der wir nachtrauern. Aus allen Teilen der Erde strömten die Menschen zum Fest der Einheit herbei. Sie erhoben ihre Stimmen zum Himmel, zu den Himmelsgewölben; wie die alten Hebräer hatten sie die Küsten des Gelobten Landes erreicht, wie die Anlowanderer waren sie in einem Land voller Sonnenschein, Wasser, Fische und guter Dinge angelangt;

sie brauchten nur noch ihre Matten auszurollen und nicht mehr weiterzugehen. Sie waren endlich zu Hause.

Mein Zuhause ist meine Trostlosigkeit, mein Zuhause ist meine Qual, mein Zuhause ist mein Ysoptrunk und meine Tränen. Wo ist mein zu Hause?

Meine Suche nach Erholung vom Leiden ist keine Glaubenssache. Es ist ein Bekenntnis zu gefallenen Göttern, zu Göttern, die von Kolonialbeamten aufgrund eines Kabinetterlasses des Gouverneurs verbrannt wurden: Alle falschen Götter der heidnischen Afrikaner an der Goldküste sind zu vernichten; Truppen sollen mit äußerster Vorsicht aufmarschieren, und zwar in angemessener Stärke, um keinen Aufruhr anzustiften und nur, wenn man mit Überredungskünsten nichts ausrichtete – die Götter sollten durch die Kraft der Überzeugung vernichtet werden.

Vater, der du bist im Himmel, dein Wille geschehe. Die Bedrohung eines Zahns durch ein Geschwür kann man beseitigen, indem man den Zahn zieht, notfalls durch militärische Macht, das heißt durch Überzeugung. Deswegen müssen die Götter verbannt werden, müssen aus dem Land vertrieben werden wegen ihres Versagens, ihres boshaften und ungerechtfertigten Versagens. Wir hatten unsere ganze Hoffnung in sie gesetzt. Sie haben versagt. Sie müssen verbannt werden. Ganz gleich wohin. Nur müssen sie das Land verlassen, das sie mit ihrem ekelhaften Kot entweiht haben.

„Quis loquetur potentias Domini;
auditas faciet, omnes laudes ejus?“

Wir, die gierigen Bastarde eines neu gegründeten

Landes, kommen hinter klassizistischen Säulen hervor. Wer soll wirklich von den großen Taten des Herrn berichten?
Verzweifle und stirb.
Die Selbsterleuchtung, die daher kommt, daß sich die Vernunft im Zwielicht neuer Empfindungen und neuer physikalischer Dimensionen auflöst, wird den Weg bereiten für das endgültige Eintauchen, für die anhaltende und unveränderliche Notwendigkeit, sich der eigenen Kraft bewußt zu sein. Dann und nur dann werden wir die Kraft von Löwen annehmen und das Wirken unseres Schöpfers in des Herrn gemeiner Herde erkennen.
Neulich ließ ein Mann auf einer Parteikundgebung die ganze Versammlung für Wohlstand, langes Leben des Staatschefs und die Sicherheit aller beten und ging dann dazu über, mit Hilfe von aktiven Parteimitgliedern aus verschiedenen Gemeinden eine Liste all derer zusammenzustellen, die als Parteigegner bekannt waren und verhaftet werden sollten, damit der Partei und dem Staatschef ewiges Leben beschieden sei.
Anschließend wurde ein Kirchenlied gesungen: „Führe mich in der Dunkelheit, Herr, führe mich." Zum Schluß stimmte man die Parteihymne an: „Der Sieg ist unser".
Drei Tage später wurden die parteifeindlichen Elemente in die strengste Sicherheitsstrafanstalt von Nsawam gesteckt.
Nach der Schießerei des berühmten Vierundzwanzigsten wurden die Parteimitglieder zusammengetrieben. Einige jammerten und flehten, einige gingen mit gesenktem Kopf. Dann wurden sie geschlagen, allerdings nur für das Fernsehen. Nicht in Wirklichkeit.

Der Außenwelt wurde das Ganze als eine unblutige Übernahme dargestellt. Manche Frauen haben ihre Männer seitdem nicht wieder zu sehen bekommen, außer denen, die ihre Männer seitdem in Armeeuniformen mit Höchstgeschwindigkeiten in 250er Mercedes zum Fort rasen sahen, zu dem Fort, vor dem die Sklavenschiffe geankert hatten und durch Tunnels ihre Fracht zur Neuen Welt aufgenommen hatten.
Ich erinnere mich, wie eines Tages ein Mann in mein Büro gehumpelt kam: sein Vetter sei angeklagt, Coca-Cola-Geld veruntreut zu haben. Ob ich den Fall übernehmen würde? Es ging um eine Summe von £ 37.18 s. 9 d. Wegen eines derart erbärmlichen Betrags sollte doch niemand hinter Gitter kommen. Das ist doch eine verfluchte Schande.
Auf dem Freiheitsbogen sind die Worte „Freiheit und Gerechtigkeit“ eingraviert. Der schwarze Stern wirft seinen Schatten über den Platz, wo einer hungernden, nackten und verseuchten Nation ungeheure Besitztümer entzogen werden, um die Schlagkraft der Armee zu stärken und um mit höchster Dringlichkeit aus England importierte Stiefel spazierenzutragen, neue Epauletten, neue Bänder, neue Sterne für frisch beförderte Generäle und Uniformen für die Latrinenputzer, und das alles bei Ebbe in der Staatskasse; der Schwindler, der Hund, der das Land verlassen hat, hat alles Geld mitgenommen.

„Fürchte dich vor dem Tod durch die Kugel.
A timore inimici eripe animan meam.“

Kapitel 3

Die Grundschule in Deme war 1936 keine besonders gute Schule. Römisch-katholische Missionare hatten sie erbaut; sie kamen ins Land, lange nachdem ihre christlichen Rivalen, die Methodisten, ihre Kirche auf einem kleinen Hügel errichtet hatten.
Danach kamen die Presbyterianer. Diese Kirchen blühten gemeinsam unter dem Wort Gottes auf und ernährten ihre Pfarrer von der Ernte der Felder und den Fischen im Aka-Fluß. Schule und Kirche waren nicht getrennt. Unterrichtet wurde Rechnen, Lesen und Schreiben. Das wichtigste Fach aber war Katechismus. Der Unterricht in diesen Fächern war lebhaft und vom Rohrstock begleitet und wurde von ziemlich ungebildeten, verdrießlichen alten Männern gegeben, die sich aber dazu berufen fühlten.
„Aufstehen!"
„Guten Morgen, Sir."
„Guten Morgen, Kinder. Setzt euch."
„Kofi Alakpa."
„Anwesend, Sir."
„Yao Avugla."
„Anwesend, Sir."
„Florence Dodzavudzi."
„Fehlt."
„Warum? Ich glaube, ihre Mutter hat wieder ein Baby bekommen."
„Wer hat das gesagt?"
„I, Herr Lehrer."

„Ich habe euch doch gesagt, nicht einfach ‚i' zu sagen! Der Junge neben ihm soll ihm eine herunterhauen. Gut. Wie sollst du sagen?"
„Ich."
„Gut, das nächste Mal denk gefälligst daran, du dumme Ziege, blöde Kuh."
„Aufstehen, setzen! Aufstehen, setzen!"
Nach diesem Drill, der die Kinder wachrütteln sollte, räusperte sich der Lehrer:
„Jetzt, der Katechismus!"
Dies war sein Lieblingsfach. Die Kinder aus christlichen Familien hatten es auch gern, aber die aus heidnischen Familien fühlten sich in dem Fach nicht wohl.
„Wer hat dich erschaffen? Du."
Schweigen.
„Er weiß es nicht. Bleib stehen. Der Nächste!"
„Gott hat mich geschaffen."
„Warum hat Gott dich geschaffen? Nächster!"
„Er hat mich erschaffen, damit ich hier auf Erden seinen Willen erfülle und ihm im Himmel diene."
„Wie heißen die Sakramente? Nächster!"
„Taufe, Beichte, Kommunion, eh, eh, eh . . ."
„Er weiß es nicht. Bleib stehen."
„Welches sind die heiligen Sakramente? Nächster!"
„Nächster!" „Nächster!"
„Gut. Alle, die die Fragen nicht beantworten konnten, vorkommen!"
Dann brachte der Klassensprecher ein Bündel dünner Rohrstöcke, und die Faulpelze bekamen sechs Hiebe auf den Rücken.
Es klingelte zur Pause. Darauf hatten alle Kinder gewartet. Wer ein paar Kupfermünzen dabei hatte, lief zu den Frauen hinüber, die Bohnen, Gari, Reis

und Eintopf und viele andere Leckereien verkauften. Wer kein Geld hatte, bettelte mit hohler Hand.
„Gib mir was, oder deine Mutter bekommt ein Baby mit verkrüppelten Händen."
Dann ließen sie sich Reis, Bohnen, Palaver-Soße, abolo in die hohle Hand geben und zogen sich hinter die großen Nimbäume zum Essen zurück.
Das waren Kinder, die zu Hause nicht richtig erzogen wurden. Die, die wohlerzogen waren, aber kein Geld mitbekamen, brachten entweder gerösteten Mais oder Gari und ein Stückchen Zucker in der Tasche mit. Wenn es zur Pause klingelte, zogen sie sich hinter die Toiletten zurück, wo sie dann Mais oder Gari in ihre Münder schaufelten. Nachdem die Mahlzeit beendet war, holte man sich von den Frauen Wasser zum Trinken. Manchmal bekam man etwas, manchmal nicht.
Im Jahr darauf durfte die Schule eine Sekundarstufe einrichten, nachdem der Inspektor die Schule und die neuen Klassenräume, die im vorhergehenden Jahr angebaut worden waren, besichtigt hatte. Die Klassenräume waren fertig geworden, weil die Kinder tüchtig mitgeholfen hatten, Steine zu brechen, Wasser zu holen, Brennholz, Stroh und Matten zu sammeln und zu verkaufen, um das Geld für die Maurer und die Dachplatten vom U.A.C.-Laden am Markt zusammenzubekommen.
Herr Smith, der Schulinspektor, besichtigte die Schule ein halbes Jahr, nachdem die Sekundarstufe eingerichtet worden war. Er hatte vier Jahre lang in Cambridge Geschichte studiert, war jung, zweiundzwanzig, und dynamisch, mit guten Aussichten im kolonialen Erziehungswesen. Er war jetzt das zweite Jahr in Afrika. Er wohnte in Keta in einer großen

Villa am Meer mit vier Bediensteten, einem Koch, einem Zimmerjungen, einem Fahrer und einem Nachtwächter, den er aber für einen Dieb hielt. Regelmäßig schrieb er seiner Mutter, die in einem Dorf in Suffolk lebte, Briefe, in denen er von der Schönheit des Landes und von den Eingeborenen schwärmte, wie lernbegierig – nun ja – einige unter ihnen waren. Doch ihr höllisches Trommeln nachts, das könnte er einfach nicht ausstehen. Er lerne einiges über die Stammessitten, besonders über jene aus der Gegend, in der er zu arbeiten hatte. Sie verehrten den Donner! Es gäbe Eingeborenenschulen, eine Art Seminare, die jedes Jahr Kultpriester ausbildeten. Er hatte ihre Umzüge durch die Stadt gesehen, eine eigenartige Sache, bei der junge Eingeweihte den ganzen Tag bis zur physischen Erschöpfung tanzten.

Das Konzept von der Bürde des weißen Mannes war ihm unklar und unbestimmt. Für ihn war das Ganze ein gut bezahlter Job, ein schönes Haus und die Aussicht, nach oben zu kommen – falls das Kolonialreich weiterhin existieren würde. Was sollte dem Weltreich auch schon passieren?

Susanne bekam auch regelmäßig einen Brief. Sie hatten sich in Cambridge kennengelernt. Bislang hatte er noch nicht den Mut gehabt, ihr einen Antrag zu machen. Doch das würde schon noch kommen.

Während Herr Smith eines Morgens in Deme aus seinem Dienstwagen stieg, befahl der Rektor der römisch-katholischen Schule, Herr Agbodzan, alle Rohrstöcke aus den Klassenzimmern zu entfernen. Herr Agbodzan hatte keine pädagogische Hochschule besucht und war durch eigene Kraft und harte Arbeit nach oben gekommen. Sein Lieblingsausspruch war:

„Laßt es hell um euch sein." Laßt es hell um euch sein, Jungs.

Als die Pädagogische Hochschule in Hohoe eröffnet wurde, war er schon zu alt für die Aufnahmeprüfung gewesen. Doch er machte sein Examen als Externer. Fast jedes Jahr verschwand er nach Accra, wo er das Abitur für London machen wollte. Nach dem achten Versuch erzählten sich die Kinder untereinander, die Prüfer in der Hauptstadt hätten ihm geraten, nicht wieder zu erscheinen. Sollte er es dennoch tun, so würde man die Kreisschulbehörde benachrichtigen. Danach ging er nicht mehr zu den Londoner Abiturprüfungen mit so ungewöhnlichen Fächern wie Algebra, Geometrie, Trigonometrie; Latein soll auch dabeigewesen sein. Sonntags wirkte er als Übersetzer in der Kirche, besonders an hohen Festtagen, zum Beispiel am Fest der Schutzheiligen Peter und Paul, sein weißer Drillichanzug war dann sorgfältig gestärkt und gebügelt, sein Haar geschnitten, und er trug dann eine schwarze Krawatte, die er vor vielen Jahren bei einer Rektorenkonferenz im St. Augustin College in Cape Coast gekauft hatte. Er kam jedem Schritt von Vater James zuvor und bewegte sich lautlos am Fuß des Altars, um ihm zu folgen und das Wort Gottes zu hören und zu übersetzen.

Er war ein angesehenes Mitglied der Gemeinde. Manchmal wurden ihm Streitfragen vorgetragen, weil er sowohl die Weisheit der Alten als auch die des weißen Mannes besaß.

Groß, stattlich und kahlköpfig, war er ein Mann der Disziplin, der sein Haus mit fester Hand führte. Wehe dem Jungen, der wegen eines schweren Vergehens gegen die Schulordnung zu ihm gebracht wurde! Er leitete die Schule mit der inbrünstigen Stimme eines Laienpredigers und mit einem Bündel von zwölf dünnen Rohrstöcken, die in seinem Büro hinter dem Schrank standen.

Herr Agbodzan begrüßte Herrn Smith, den Schulinspektor des Ketabezirks, nervös und reichte ihm die Hand. Herr Smith übersah sie. Den Luxus von Vertraulichkeiten konnte er sich nicht leisten. Diese Burschen mußte man in ihre Schranken verweisen.

„Guten Morgen, Herr Smith, ich hoffe, Sie hatten eine angenehme Fahrt. Unsere Straßen sind nicht gut, Sir."

„Guten Morgen. Könnte ich den Schuljahresbericht sehen?"

„Ja, gewiß, Herr Smith. In meinem Büro, Sir."

Der Rektor ging schweißgebadet voran, Herr Smith, von kleinem Wuchs, folgte mit selbstbewußter Würde als Stellvertreter des Königs und eines Weltreichs. Der Schuljahresbericht wurde ordnungsgemäß begutachtet, und Herr Smith schrieb mit roter Tinte etwas hinein.

„Herr Rektor, könnte ich eine Klasse beim Unterricht sehen?"

„Ja, gewiß, Herr Smith. Die fünfte Klasse, Sir."

„Wie wäre es mit der vierten Klasse?"

Darauf war der Rektor nicht gefaßt. Er hatte die fünfte Klasse für eine Visitation vorbereiten lassen, denn Herr Kwawu, der die fünfte Klasse unterrichtete, war ein verläßlicher alter Lehrer, der guten Unterricht gab und die Klasse fest in der Hand hatte. Herr Adama, der neue Lehrer für die vierte Klasse, war noch jung und unerfahren, gerade erst von der neuen Pädagogischen Hochschule gekommen. Der

Schweiß tropfte nur so von seiner Stirn.
„Aufstehen! Zugehört! Dies ist Herr Schulinspektor Smith.“
„Guten Morgen, Herr Rektor, guten Morgen, Herr Inspektor“, riefen die Kinder.
„Fahren Sie doch mit dem Unterricht fort, Herr Adama. Der Herr Inspektor möchte dem Unterricht zuhören.“
Herr Adama unterrichtete im ersten Jahr. Er war völlig überrumpelt. Wie konnte ihm der Rektor dies antun? Adama zuckte mit den Mundwinkeln, holte ein großes, rotes Taschentuch hervor und wischte sich über das Gesicht.
„Könnte ich das Klassenbuch sehen, bevor Sie fortfahren?“
„Ja, Sir.“
Herr Smith blickte flüchtig in das Klassenbuch und zeichnete es auf der Tagesseite mit roter Tinte ab.
„Sie können fortfahren.“
„Ja, Sir.“
„Aufstehen, setzen! Aufstehen, setzen!“
Nach dem Drill räusperte sich Herr Adama, ihm war der Hals wie zugeschnürt.
„Welches Insekt überträgt Malaria?“
Einige Kinder, die sich sonst immer meldeten, unterließen es aus Angst. Ein kleiner Junge in der vorderen Reihe, mit ewig laufender Nase, hob schüchtern seine Hand und sagte mit piepsender, fast flüsternder Stimme:
„Tsetsefliege.“
„Falsch. Der Nächste!‘
„Mücke.“
„Ja, welche Mücke?“

„Anopheles."
„Gut. Nun, wer entdeckte die Bazillen? Du, Kofi Alapka."
„George Stevenson."
„Falsch. Der Nächste."
„Florence Nightingale."
„Falsch. Der Nächste."
Herr Adama begann zu verzweifeln. Er triefte vor Schweiß. Sein Taschentuch hing unordentlich aus seiner Brusttasche, in die er es in seiner Nervosität gestopft hatte.
„Nächster!"
„Louis Pasteur."
Ein müdes Lächeln legte sich auf Herrn Smiths Gesicht. Langsam ging er zwischen den Schulbänken auf und ab und musterte die Kinder mit dem strafenden Blick eines strengen Onkels.
„Aufstehen, setzen! Aufstehen, setzen!"
Die Inspektion war vorüber. Herr Smith schrieb etwas mit roter Tinte in Herrn Adamas Notizbuch. Beim Hinausschreiten stand die Klasse noch einmal stramm. Smith ging in die Morgensonne hinaus und zündete sich eine Zigarette an. Herr Agbodzan begleitete ihn zum Wagen. Der Schulinspektor setzte sich nach hinten und sagte: „Guten Morgen."
„Guten Morgen, Sir, und recht gute Fahrt, Sir."
Die Schule konnte wieder aufatmen, aber Herr Agbodzan war verärgert und sehr wütend.
„Ich bin älter als er, bin ich ihm etwa gleichgestellt?" murmelte er vor sich hin. „Was soll das? Ha! Der wird seinen Bericht schreiben, der sehr nachteilig für die Schule ausfallen wird. Und für mich."
An dem Tag ging es an der römisch-katholischen

Schule von Deme traurig zu. Bei der kleinsten Herausforderung und unter geringstem Vorwand züchtigten die Lehrer ganze Klassen mit dem Rohrstock. Alte Vergehen wurden wieder ausgegraben und gebührende Hiebe prompt verabreicht. Wer den Gottesdienst vor drei Wochen versäumt und es schon längst vergessen hatte, wurde von stämmigen Jungen aus dem Dorf übers Knie gelegt und wie ein Hund verdroschen. Niemand in der vierten Klasse ging an dem Tag leer aus. Es war ein trübseliger Tag mit viel Lärm, mit Stockhieben, Geschrei, Tränen und ohne Freuden. Einige der kleineren Kinder machten in die Hosen, und mußten Wischtücher suchen, um die Pfützen vom Boden aufzuwischen. Während der Suche nach den Tüchern rieben sie sich mit der linken Hand ihre Hinterteile, während die rechte versuchte, die Tränen wegzuwischen. Es war ein trübseliger Tag. Herr Agbodzan, der Rektor, war sehr verärgert. Hastig rief er das Kollegium zu einer Konferenz in sein Büro.

„Meine Herren", sagte er und blickte dabei Herrn Adama an. „Sie können sich alle Herrn Smiths Bericht vorstellen. Er muß ungünstig ausfallen. Und die Verantwortung, der Schulbehörde Rede und Antwort zu stehen, lastet auf meinen Schultern." Er genoß diesen Ausdruck. „Ja, auf meinen Schultern." Er betonte nachdrücklich jedes Wort, legte dann eine Pause ein und starrte boshaft auf Herrn Adama.

„Was sollen wir tun? Ja, meine Herren. Was sollen wir tun?" Er brachte nur noch ein Flüstern hervor, seine Stimme versagte plötzlich, und kraftlos fügte er sich in sein Schicksal. Er drehte sich um, zog seinen Stuhl heran und setzte sich. Das Kollegium saß trübsinnig, stumm und völlig verloren da.

Die Geschichte des kolonialen Erziehungswesens ist ein einziger langer Krieg zwischen jungen, arroganten, weißen Schulinspektoren und den Lehrern. Das übertrug sich auch auf die Missionsschulen. Es war ein elender Krieg, in den die jungen Schüler mit hineingezogen wurden; sie waren wirklich die ersten Opfer bei jedem Schlagabtausch der Pädagogen.

Herr Smith traf müde und durstig zu Hause ein. Sein Hausboy, Seidu, stand treu vor dem Eingang. Der Nachtwächter hockte auf dem Boden und schärfte sein Messer, während er an einem langen Stock herumkaute.

„Diese Eingeborenen haben widerliche Angewohnheiten, auf Holz zu kauen!“

„Seidu!“

„Sah!“

„Bin da. Koch Kotelett gemacht?“

„Ja, Sah, Masa.“

„Bier im Eisschrank?“

„Nein, Masa. Masa Anginia trinken kommen. Er hat Frau gebracht, sie alles getrunken, Masa.“

Gemeint war Geoffrey Allen, der Bezirksingenieur, ein heruntergekommener und verblödeter Kerl, der es mit Eingeborenenmädchen trieb. Das passiert, wenn man zu lange hier ist. Dann läßt man sich mit Eingeborenenmädchen ein. Allen ist ein eingefleischter Trunkenbold und Narr. Versumpft ist er, genau das, versumpft. Irgendwie mag man diesen Kerl aber doch. Auf jeder Party kommt er groß raus. Hat eine Menge irre Geschichten auf Lager. Zum Beispiel die von dem Fahrer des nächtlichen Fäkalienwagens, der einen Ein-Mann-Streik anfing, weil er mehr Lohn haben wollte. Hat den Laster direkt vor das Büro des

Gesundheitsamts gefahren und dort stehen lassen. Fuhr einfach nicht weg. Der hat seine Erhöhung gekriegt.

Herr Smith lächelte über den Spaß, und Seidu lächelte ebenfalls erleichtert, als er seinen Herrn lächeln sah.

„Seidu!“

„Sah!“

„Wo ist Koch?“

„Weiß nicht, Sah. Vielleicht im Puff.“

So sind sie nun mal. Sie können ihre Nuttenfrauen nicht zufrieden lassen.

„Was für Kotelett er gemacht?“

„Lammkotelett, Sah.“

„Deck Tisch, Seidu.“

Smith ruhte sich in seinem Sessel aus. Seidu zog ihm die Schuhe aus und brachte Pantoffeln und eine Flasche Ginger Ale. Der Essensgeruch drang ins Zimmer. Smith schloß die Augen und träumte von England.

Der 24. Mai 1940. Empire-Tag. Geburtstag Königin Victorias, der großen englischen Königin, in deren Schatten und unter deren energischer Aufsicht das britische Weltreich errichtet wurde, das Reich, in dem die Sonne nie unterging. Ganz Deme hatte sich im Victoria-Park versammelt. Die Blasorchester der drei Schulen spielten die neuesten Melodien. Die Schulkinder standen blitzsauber in ihren gestärkten und gebügelten Khakianzügen in der brennenden Sonne und warteten mit kleinen Union Jacks in der Brusttasche auf den Stellvertreter des Königs, den Bezirkskommissar.

Auf den Empire-Tag freuten sich die Kinder immer. In diesem Jahr hatten sie neue Lieder gelernt. Der neue Lehrer der vierten Klasse, der auch Gesangsunterricht gab, hatte sich vorgenommen, aus der römisch-katholischen Schule in Deme das leuchtendste Beispiel im ganzen Weltreich zu machen und hatte den Schülern und dem Orchester in diesem Jahr viele neue Lieder beigebracht. Das beliebteste war „Manche erzählen von Alexander". Sie wiederholten „Herrsche, Britannien" und „Männer von Harlech in der Schlucht" und alle Strophen von „Gott schütze den König". Bei sengender Hitze warteten die Kinder auf die Ankunft des Repräsentanten des großen Königs.

„Als Britannien auf des Himmels Geheiß
sich erhob aus blauem Meer,
war dies des Landes Vermächtnis,
dessen Weise Schutzengel sangen:
Herrsche, Britannien, Britannien, herrsche auf Erden!
Und laß Briten niemals, niemals zu Sklaven werden."

Sie sangen mit Eifer, fanden Gefallen an der kriegerischen Inbrunst des Liedes und dem Bewußtsein, daß auch sie als Briten niemals, niemals Sklaven sein würden. Britannien, herrsche auf Erden! Deme gehörte zu dieser Erde, weit entfernt vom heidnischen Land, das noch in tiefster Dunkelheit lag.

„Und laß Briten niemals, niemals zu Sklaven werden." Der großartige Refrain erscholl durch ganz Deme. Alle, die an dem Tag auf ihren Feldern arbeiteten, hörten es. Weit entfernt von den gütigen Augen und Ohren ihres großen Königs bekannten Kinderstimmen dreier Schulen ihre Zugehörigkeit zum britischen Weltreich. Sie erwarteten seinen Stellvertreter. Herrsche, Britannien, Britannien, herrsche auf Erden, mit Hilfe der kräftigen Arme asthmatischer Offiziere, Abenteurer, Trunkenbolde, Homosexuellen, Träumer und Soldaten mit dröhnender Exerzierstimme und feurigen Schnauzbärten. Männer – und ihre Frauen – ergriffen im Namen des Königs Besitz von fernen Ländern, sie kämpften im Namen des Königs und starben in seinem Namen, damit das große Weltreich, in dem die Sonne nie untergeht, tausend, nein, millionen Jahre bestehe.

Deme schwitzte und wartete auf die Ankunft des Stellvertreters seiner Majestät, des Königs. Nach einigen inbrünstig gesungenen Refrains von „Herrsche, Britannien“ stimmten die Kinder „Manche erzählen von Alexander und manche von Herkules“ an. An dem Tag wurden alle großen Männer in einen Topf geworfen. In Herkules' unfaßbarer Tapferkeit sahen sie Alexander – leider war er Grieche! – Cecil Rhodes, Robert Clive und Lord Lugard, die unsterblichen Helden der Kolonialzeit.

Dann besang Deme die Tapferkeit der britischen Grenadiere:

„Mit einem Ruck-Ruck-Ruck
zu den britischen Grenadieren.“

Eine halbe Meile voran, eine halbe Meile voran. Diese Männer ritten wie die Verrückten von Balaclava, über sechshundert von ihnen ritten in das Tal des Todes, damit das große Weltreich, in dem die Sonne nie untergeht, für immer bestehe.

Herr Henry Douglas, der Bezirkskommissar, frühstückte noch. Seine Uniform war am Tage zuvor schön gebügelt worden. Sein Federbusch war in Ordnung. Wenn der Gouverneur doch bloß nicht auf der Berichterstattung über die Empire-Tage bestehen würde, Berichterstattung darüber, wie die treuen Diener des Königs die Ansprache seiner Majestät aufgenommen hatten. Diese Hitze. Diese fürchterliche Hitze. Herr Douglas hatte jetzt acht Empire-Tage miterlebt, und er machte sich Hoffnung auf eine baldige Beförderung.

Mary, seine Frau, trat ins Eßzimmer. Man konnte ihr sofort anmerken, daß sie lange Zeit vernachlässigt worden war. Sie trug ein hübsches, langes, geblümtes Kleid, das ihr Harry letztes Jahr während ihres Heimaturlaubs gekauft hatte. Sie war eine große, sehr schlanke Frau, die aus ihrem gutbürgerlichen Dasein in diese schlechte Umgebung gestoßen worden war. Ihr Gesicht erinnerte an einen Halbmond, der absichtlich schräg am Himmel steht, um einen lustigen Eindruck auf kleine Kinder zu machen. Sie hatte eine lange Nase, die ihr ein habichtartiges Aussehen verliehen hätte, wären nicht ihre großen türkisfarbenen Augen gewesen, die dies ausglichen und die Stille der Seen in ihrer Heimat widerspiegelten. Ihre Lippen waren voll und sinnlich. Wenn man sie ansah, war einem klar, daß das Gesicht auf diesem schwachen, mageren und zerbrechlichen Körper nur ausgeliehen war. Sie haßte es, hier zu sein. Man konnte es in ihren Augen lesen. Ihre einzige Hoffnung war der dreimonatige Heimaturlaub in England; dann erzählte sie gescheite Dinge über Afrika, plauderte über die dunklen Nächte, die Bequemlichkeit, Dienstboten zu haben, und die Eingeborenen, die des Nachts unaufhörlich die Trommeln schlugen. In England blühte ihre Liebe zu Henry wieder auf wie Frühlingsblumen nach einem kalten Winter. Allerdings war ihr zuwider, wie er sich in England kleidete. Sie hatten sich ineinander verliebt, als sie in einem Kaffeestübchen gegenüber dem Kristallpalast arbeitete. Mary wohnte in Stockwell, fuhr morgens mit der Linie 37 auf die Hügel, die es nicht mehr gibt, um fünfmal wöchentlich für ein paar Pfund einen trostlosen Tag hinter sich zu bringen. Henry war bei der R.A.F. und hatte gerade wegen seiner schlechten Augen seine Entlassungspapiere erhalten. Er war hochaufgeschossen und heiter, es war eine romantische Liebe auf den ersten Blick gewesen. Was von ihrer Familie noch lebte und eine alternde Mutter, die an akuter Arthritis litt, kam aus Cornwall. Henry stammte aus Aberdeen. Nach einer kurzen vergnügten Zeit des Kennenlernens heirateten sie in einer kleinen presbyterianischen Kirche im Norden von London. Ihre Angehörigen kamen, und ihre Mutter weinte ein paar Tränen, als sie hörte, daß das junge Paar nach Afrika gehen würde. An dem Tage brach Marys Welt zusammen. Henry hatte ihr nicht einmal angedeutet, daß er in den Kolonialdienst getreten war. Auch hatte sie nicht geahnt, daß ihre Flitterwochen nur eine hastige Angelegenheit in Brighton sein würden. An Bord der M.V. Apapa reisten sie nach Afrika, unterwegs weinte sie die meiste Zeit. Sie landeten in Takoradi und wurden von einer Gruppe schäbig aussehender Regierungsbeamten empfangen. Sie hatte davon gehört, daß das Leben in den Kolonien den Leuten den Kopf verdrehte und sie eigenartig machte. Im Lauf von acht Jahren war ihre Laune immer schlechter geworden. Sie zog sich mehr und mehr von ihrem Mann zurück. Sie bekamen auch kein Kind, was alles natürlich verändert hätte, so ein fröhliches, blauäugiges Mädchen, dem sie Schleifen ins Haar gebunden hätte. Andere Frauen und deren Männer sahen so glücklich aus. In ihrer schrecklichen Einsamkeit begann sie zu trinken, nicht sehr stark, es war ein rührender Versuch, sich selbst zu trösten. Ihr Mann wurde immer unzugänglicher, seine Arbeit nahm ihn völlig in Anspruch. Man warf ihr mitleidige Blicke zu und munkelte, daß er auf dem Lande mit einer schwarzen Nutte schlief.

„Hallo, liebe Mary! Harry ist sicher auf Tour.“

„Liebste Mary, ist Harry noch nicht zurück?“

„Arme Mary, Harry fehlt dir doch sicher, wenn er immer so lange unterwegs ist.“

Ständig stichelte Frau Higgins, die Frau des Gesundheitsinspektors mit ihrem Eulengesicht.

Sie fühlte sich matt und niedergeschlagen. Ihr Geschlechtsleben verkümmerte. Dann kam Gary Arnold nach Keta. Er war bei der Polizei, jung, dynamisch und verführerisch gutaussehend. Als er sie ansah, fühlte sie, daß er auch einsam war. An einem langen, dunklen Abend, als Harry wieder fort war, lud sie ihn zum Essen ein. Seit der Nacht begann sie wieder zu leben, sie taute auf wie ein Fluß, der nach langem, trübem Winterschlaf von der Frühlingssonne erweckt wird. Garys kraftvollen männlichen Körper in ihren schwachen Armen zu spüren und Freudenschmerzen zu weinen, wenn er sie nahm, das war Leben. Sie machten lange Nachmittagsausflüge mit dem Auto und suchten Blumen. Dann setzten sie sich in den Schatten des großen Leuchtturms in Woe, beobachteten, wie die Sonne über dem Atlantik unterging,

und träumten gemeinsam von England, das weit hinter dem Meer lag.
Dann bekam Gary Heimaturlaub. Sie wartete auf ihn, träumte von ihm und betete, daß er heil zurückkehre. Eines Tages hieß es, Gary sei zurückgekehrt – mit einer Frau! Ein süßes Kätzchen mit Sommersprossen und dem Lachen eines Schulmädchens. Mary alterte von einem Tag zum andern. Ihr Leben war zu Ende. Wie das kleine Blatt, das in der Frühjahrsschmelze dahintreibt, bis es an ein einsames Ufer angeschwemmt wird, so hatte man sie liegenlassen. Doch sie biß die Zähne zusammen und weinte nicht. Es hieß, ihre Augen hätten einen wilden Ausdruck bekommen, wie den einer Zibetkatze, die ihre Jungen verloren hat. Sie gab nicht auf. Das war nötig, wenn Harry seinen Job behalten wollte. Er hatte seine schwarze Nutte, sie hatte nichts, nicht einmal mehr einen Traum.
„Liebling, bist du fertig?"
„Ja. Können wir gehen? Die armen Teufel müssen es leid sein, so lange in der Hitze zu warten."
„Liebling, in Afrika geht die Zeit nicht voran. Diese Burschen da draußen wissen nicht einmal, was Zeit ist. Das habe ich dir schon immer gesagt."
Mit flatterndem Union Jack verließ der Regierungswagen das Anwesen des Bezirkskommissars und startete zu der dreißig Meilen weiten Fahrt nach Deme. Herr Henry Douglas fühlte in seiner Jackentasche nach dem Zettel, auf dem die Rede stand. Er hatte ihn bei sich. Er dachte daran, daß er nach der Parade beim Empfang, zu dem die Häuptlinge und Ältesten der vier Dörfer eingeladen hatten, eine kurze ungezwungene Rede halten sollte. Er brauchte immer

drei doppelte Whiskys, um sein Unbehagen über die Zwanglosigkeit dieses Anlasses zu verbergen. Am wohlsten fühlte er sich auf einer Tribüne. Dann waren die Zuhörer weit genug von ihm entfernt, und er konnte die Ansprache im Schutz des öffentlichen Podests vorlesen. Aber der Empfang im Anschluß daran war immer ein Greuel. Er erinnerte sich noch an eine Begebenheit vor vier Jahren, als der stellvertretende Häuptling laut herumfurzte. Jeder drehte sich nach ihm um. Verzweifelt versuchte er zu verbergen, wie peinlich es ihm für diesen armen Mann war, der kaum vier Fuß von ihm entfernt stand. Die anderen verhielten sich sonderbar, sie starrten ihn an, als ob er etwas über das Furzen sagen sollte. Als er später den Bezirkssekretär, einen prahlerischen Trunkenbold mit schmutzigem Kragen, fragte, meinte der, daß es bei seinen Leuten üblich sei, daß jeder, der vor einem Weißen furzt, von ihm Geld geschenkt bekommt. Unglaublich, diese Afrikaner!

Inzwischen warteten Deme und die Dörfer der Umgebung auf den Stellvertreter seiner Majestät. Herrsche, Britannien, Britannien, herrsche auf Erden! Häuptlinge und Dorfbewohner waren versammelt. Einige kamen aus Neugierde. Sie hatten die Maisaat ausgelegt. Warum sollten sie sich nicht den Unsinn anhören, den der weiße Mann über irgendeinen König weit weg erzählen sollte? Ist es nicht so, daß Krüppel sich nach einem Rennen sehnen, wenn der Mond scheint? „Manche erzählen von Alexander und manche von Herkules." Die Schulkinder sangen kräftig, denn die Pfadfinder, die drei Meilen entfernt aufgestellt waren, kündigten die Ankunft des Bezirkskommissars an.

„Herrsche, Britannien, Britannien, herrsche auf Erden!
Und laß Briten niemals, niemals zu Sklaven werden.“

Die schwarze Limousine fuhr durch das Bambustor des Victoria-Parks von Deme. Die Polizisten eilten herbei; einer öffnete die Tür, und Herr Douglas O.B.E.,D.C. stieg, von seiner Frau Mary gefolgt, aus dem Wagen. Er stand stramm, ganz Deme stand stramm. Alte Männer zogen ihre Hüte, Häuptlinge nahmen ihre Kaustöcke aus dem Mund. Jeder stand unbeweglich und schweigend stramm.

„Gott schütze den edlen
gnädigen König,
lang lebe er.
Wollest ihm Sieg verleihn,
Laß ihn in Ruh gedeihn,
lang unser Herr sein,
Gott schütze ihn!“

Herr Douglas brach als erster den Bann der Nationalhymne, als er den Helm mit Federbusch und allem Drum und Dran aufsetzte und mit großen Schritten das Podium bestieg. Es war mit Flaggen und Fahnen geschmückt, die lustig im Maiwind flatterten. Die örtliche Pfadfindergruppe rief zum Appell. Die Ältesten nahmen Platz, setzten ihren Kopfschmuck auf, die Häuptlinge griffen zu ihren Kaustöcken. Die würdevollen Häuptlinge lächelten dem Bezirkskommissar zu, während die Frauen seine Ehefrau, die man eine Dame nannte, freundlich anstrahlten, die einzige weiße Frau in der Gegend, die nicht in lange weiße Kleider gehüllt war und deren Beine und Haare man sehen konnte, im Unterschied zu den Klosterschwestern, die sich in meterlangem weißem Stoff versteckten. Der Staatssekretär des alten Deme-Gebietes beugte sich über den Bezirkskommissar und unterhielt sich mit ihm. Man hält ihn für einen einflußreichen Mann, weil er sogar mit Weißen spricht. Die Schulkinder wurden ungeduldig. Niemand durfte aus der Reihe treten. So lautete die Anweisung, die sie in der Schule erhalten hatten, bevor sie in Marsch gesetzt worden waren.

Herr Douglas fing an zu schwitzen, er raffte sich dazu auf, die Feuerprobe zu bestehen und die Ansprache im Auftrage des Buckingham-Palastes zu halten. Als er sich erhob, wurde „Gott schütze den König" gespielt. Er ging ans Mikrophon und holte die Rede hervor.

„Nananom, meine Damen und Herren, mit großer Freude verlese ich wieder einmal zu diesem denkwürdigen Anlaß die Botschaft seiner Majestät an Sie alle. Wieder einmal senden wir Ihnen freundliche Grüße in der festen Hoffnung, daß die Flamme der Treue zur Krone und Ihre patriotische Hingabe für unser Weltreich so hell wie je in Ihren Herzen und in Ihrem Leben brenne. Besonders sollte der Wunsch, ihm zu dienen, alle bewegen, die zu unserem britischen Staatenbund gehören und die stolz auf seine Geschichte, seine Ideale und seine unvergleichliche Bestimmung auf Erden sind. Dieser Dienst schließt den Dienst an Gott, den Dienst am Staat und den Dienst an unseren Nächsten ein, besonders an denen, die das Erbe unseres Weltreichs teilen, gleich welcher Rasse, Farbe und Glaubenszugehörigkeit. Unser britisches Volk ist mit dem unschätzbaren Gut von Freiheit, Gerechtigkeit und gegenseitigem Vertrauen, den Früchten unserer

freien Demokratie, reich beschenkt. Doch mit unseren Privilegien wachsen auch unsere Verantwortungen. Stärke und Wohlergehen unseres britischen Weltreiches, und damit Zukunft, Glück und Frieden der Welt, hängen davon ab, daß diese Verantwortungen tapfer getragen werden. In der Konfrontation mit Feinden, Mißverständnissen und weltweitem menschlichem Leiden und mit weltweiten Unruhen laßt uns getreu zu unseren Traditionen und Idealen stehen und bereit sein, mit unerschrockenem Mut unsere Pflicht, wohin sie uns auch führen mag, zu erfüllen. Noch nie waren die verschiedenen Teile des Weltreichs enger in brüderlicher Liebe und fester Freundschaft und mit mehr gegenseitigem Vertrauen vereint, als sie es heute sind, und die gesamte Menschheit hat aus ihrer Gemeinsamkeit Nutzen gezogen. Laßt uns vor allem fest an dem Grund der Treue und der Rechtschaffenheit festhalten. Wir wollen uns, jeder einzelne und alle miteinander, Jung und Alt, angesichts einer Tendenz in vielen Ländern, einen niedrigeren Standard in Glauben und Führung anzunehmen, als den der bisher die zivilisierte Welt leitete, tapfer zum Glauben unserer Väter bekennen und an jenen hohen Grundsätzen festhalten, auf die das britische Weltreich gebaut wurde und ohne die es nicht überdauern kann. Als wirkliche Imperialisten müssen wir unerschütterlich sein in unserem Glauben an Gott, an das Weltreich und an uns selbst. Gott segne Sie alle.“
Herr Douglas hatte die Ansprache zu Ende gelesen und nahm miliärische Haltung an. Das Schulorchester spielte „Gott schütze den König.“ Die Pfadfinder riefen zum Appell. Der Staatssekretär hob seinen Helm an und rief ein dreimaliges Hoch auf den König: „Er

lebe hoch, hoch, hoch!“

Deme erwiderte mit einem ohrenbetäubenden Hurra, das bis zu den fernen Gehöften hallte. Die Bauern hielten inne beim Jäten ihrer Felder, blickten zum Dorf hinüber, lachten ein wenig und arbeiteten weiter.

Dann trat der Staatssekretär vor, um die Ansprache im Namen des Volkes und der Häuptlinge zu verlesen. Seit April hatte er daran geschrieben und mehrere Reden verfaßt. Er traute zwar seiner Feder, am Ende übergab er sie jedoch O.M.D. Dawson, dem staatlich geprüften Briefschreiber von Deme und Umgebung, der der Rede den letzten Schliff gab und ein wunderschön maschinengeschriebenes Manuskript mit abwechselnd roten und blauen Großbuchstaben und hs, ts und ds anfertigte.

Er räusperte sich. Es wurde ruhig. Er blickte um sich und verbeugte sich vor dem Bezirkskommissar.

„Sehr verehrter Herr Bezirkskommissar, Stellvertreter von König Georg von England, wir heißen Sie in unserem Dorf wieder einmal zu diesem glücklichen Anlaß in aller Aufrichtigkeit und Demut willkommen. Die Worte unseres großen Königs und Vaters Georg haben uns in der Tat beglückt, und wir möchten darauf antworten. Sagen Sie auch dem großen erlauchtesten König von England, den Kolonien und Ländern des britischen Weltreichs, daß uns seine Worte auch sehr, sehr traurig stimmen, weil einige Völker England Kummer bereiten und dem König den Krieg erklären wollen. Das wurde uns letzten Sonntag von Hochwürden Vater Bakers überbracht. Er sagte, daß Hitler einen Krieg plant. Wir sind dagegen, daß die Deutschen einen Krieg beginnen. Das hat Vater

Bakers gesagt. Er sitzt hier unter uns. Jeder kann ihn fragen. Er meint, daß sie hierher kommen und unsere jungen Männer als Soldaten nach Accra holen wollen. Das ist eine ernste Angelegenheit. Wir werden die Ältesten zum Bezirkskommissar schicken, damit sie die Sache am frühen Morgen besprechen. Ja, das ist eine Angelegenheit der frühen Morgenstunde und betrifft die Ältesten und die Weißen. Wertester Herr Bezirkskommissar, sagen Sie dem Gouverneur von Accra, er möchte dem König von England, unserem Vater, mitteilen, daß wir eine Wasserversorgung wie die Ho-Leute brauchen. Wir benötigen einen ordentlichen Markt und sechs Toiletten. Unsere Leute verrichten ihr Geschäft im Busch. Das ist nicht gut. Wir schätzen uns glücklich, unserem edlen großmütigen König zu dienen. Gott schütze den König."
Die Ältesten verstanden kein Wort von dem, was ihr gebildeter Sekretär gesagt hatte, und hatten während der Ansprache hin und wieder zustimmend mit dem Kopf genickt. Zum Schluß meinten sie, ja, sie hätten fürwahr einen gebildeten Mann, einen Mann, der für sie sprechen könnte und die Weisheit der alten weißen Leute kannte. Nicht wie die Jüngelchen von heute, die nicht einmal ein Telegramm zu entziffern wüßten. Dann nannten sie ihn untereinander bei seinen Spitznamen. Darauf schüttelten sie sich die Hände und kehrten zu ihren Pfeifen und Kaustöcken zurück. In der Zwischenzeit stellten die Rektoren ihre Schulen für die Parade auf. Jedes Jahr wurde darüber entschieden, welche Schule in äußerer Aufmachung, Uniform und Schneidigkeit führend war. Jede Schule versuchte ihr Bestes. Jungen, deren Schuluniformen zerschlissen oder die in irgendeiner Form körperlich

behindert waren, durften nicht mitmarschieren. Mit winzigen Union Jacks in den Taschen zogen die Schulkinder forsch vorüber. Augen rechts! Geradeaus! Grüßend und im Gleichschritt zogen sie an Herrn Douglas vorüber, der schneidig die Hacken zusammenschlug und die treuen Untertanen des Weltreichs mit einem Lächeln auf den Lippen vorbeimarschieren ließ. Nach den Schulen kamen Wölflinge und Pfadfinder, die mit Rufen und Spruchbändern das Beste zu tun versprachen. Als die Parade vorüber war, fuhr der Bezirkskommissar davon. Jeder ging nach Hause, um sich auf das Nachmittagsprogramm mit Sport, Spielen und Gymnastikvorführungen vorzubereiten. Es sollte Eierlauf, Sackrennen und Brotwettessen geben, bei dem die Kinder mit der Stoppuhr gemessen wurden, und wer einen Brotlaib am schnellsten essen konnte, gewann einen Sixpence, die jeweils nächsten erhielten einen Threepence und einen Penny.

Dies war Herrn Tamakloes Tag. Er war der Sportlehrer. Es wurde gemunkelt, daß er in Takoradi in der Armee gewesen und aus Ärger darüber, daß der Offizier seine Mutter beschimpft hatte, ausgetreten war. Nachdem er sich mit dem Offizier geschlagen hatte, kehrte er nach Hause zurück, und als die Schule jemanden brauchte, der Bockspringen unterrichten konnte, bewarb er sich und wurde als Sportlehrer mit einem Gehalt von fünf Pfund im Monat eingestellt.

Kapital 3a

Hier beginnt der lange Weg, er beginnt im Mutterschoß, schlängelt sich durch das Gras, den Fluß und die Sonne, denn es wird ein Bündnis geschlossen, das niemals gebrochen werden soll, ein Schwur abgelegt, Samenkörner des roten Pfeffers werden über dem Kadaver eines Chamäleons gegessen. Das Veränderliche bleibt ewig unverändert. Der Weg windet sich durch die Zukunft, denn es gibt kein Gestern, und die Zukunft wird weggeschwemmt von Tränen in den Augen von Waisenkindern, in den Augen von Witwen, in den Augen von Männern, die ihre Frauen im Kindbett verloren haben, im Kloster, wo weiße Schwestern in langer Tracht Äther verabreichen und Leiber mit Schneiderscheren aufschneiden.

Prüfsteine, Tafeln, Holzverschläge, auf denen leuchtende Botschaften angeschlagen sind, die das Bündnis verkünden.

Die Geburt war langwierig, die Wehen qualvoll, als der Kampf um Leben und Tod wütete, dann kam ruhig die Befreiung in der Stunde der Ewigkeit, der Stunde des Rosenkranzgebets und des Kreuzwegs.

Seht her, hier nahmen sie ihn gefangen, Judas zeigt auf ihn, und hier, hier küßt er ihn, meinen Erlöser. Mein Erlöser, du wurdest für dreißig Silberlinge mit einem Kuß verkauft. Hier, hier schleppten sie ihn vor Herodes, der sagte, er verstünde nichts von diesen Dingen, und er müsse zum Kaiser gehen. Hier, hier wäscht Pilatus seine Hände in einer Emailleschüssel

mit rotem Rand, als die Menge schrie:
„Kreuzige ihn, kreuzige ihn, gib Barrabas frei!" Dort, dort laden sie das Kreuz auf Josefs Rücken, auf den Rücken des Mannes aus Afrika, der trug es unverdrossen für seinen Erlöser. Und hier trägt der Erlöser das Kreuz den Berg hinauf, Schweiß tropft von seiner Stirn und Blut aus den Wunden, die sie ihm schlugen, tropft auf dreieckige Herzblätter, auf denen sie sich bis heute vor der kleinen Peter-Pauls-Kirche vermischen. Dort, dort stürzt er, mein Herr stürzt hin, und sie peitschten ihn mit Peitschen.

„Und schlugen ihm das Haupt mit einem Rohr
und verspeiten ihn
und fielen auf die Knie
und beteten ihn an."

Markus

Dort stürzt er, er stürzt noch einmal, zehnmal stürzt er, als sei er tödlich verwundet, doch er sollte dort nicht sterben, sein Weg mußte vollendet werden. Er mußte Golgatha erreichen. Dort, dort reichen sie ihm mit einem Schwamm einen Trank, Wein und Ysop. Er muß ihn trinken, denn er ist für ihn bestimmt; dieser Kelch kann nicht an ihm vorübergehen.

„Mein Gott, mein Gott,
warum hast du mich verlassen?"

Und sie sagten: „Er ruft Elias!" Und er rief laut und sprach:

„Vater, ich befehle meinen Geist in deine Hände!"

Lukas

Selbst er in seiner Göttlichkeit begibt sich in die

Hände seines Vaters, der ihn verlassen hat, seines Vaters, der ihn mit seinen Lenden zeugte im Schoß der heiligen Maria, der Mutter Gottes, bete für uns jetzt und in der Stunde unseres Todes.

„Santa Maria ora pro nobis.
Fuerunt mihi lacrimae meae panes die ac nocte
dum dicitur mihi per singulos dies.
Ubi est Deus Tuus?“

Ich verlor ihn auf dem Weg zu den zermürbenden Gefilden des Wissens, einem Weg, auf dem Yewe-Gläubige den Baobab, dessen Früchte den Brüsten ehrbarer Jungfrauen gleichen, umkreisten, um das Wunder seiner Niederkunft, die Erscheinung aller Götter zu verkünden.
Vater unser, der du bist im Himmel, dein Wille geschehe. Die frühe Morgendämmerung dieses Beginns hängt noch wie ein Schleier von Spinnenweben über dem Okra schneidenden Messer, mit dem gerade der Katze ein Schlag auf den Kopf versetzt wird. Unsere Spur wird breiter und verschlammt den Weg zum uralten Aka-Fluß, den wir nach Hause holen wollen, damit alle zu trinken haben. Unterwegs sahen wir eine Meile vom Fluß enfernt Zachäus im Feigenbaum, er verkündete, er hätte alle seine Güter den Armen gegeben, und einer von uns sagte: „Wir sollten ihn steinigen, damit er mit solchen Lästerungen aufhört.“ Aber keiner von uns vermochte den ersten Stein zu werfen, denn wir waren Sünder.
„Zachäus, steig vom Baum herab, denn heute wird deinem Hause Heil widerfahren.“ Er kam herunter und führte uns zum Fluß. Wir legten unsere Khakihosen und Hemden ab und schwammen in dem schlammi-

gen Wasser. Doch seht, da steht mein Vater mit einem langen Stock und droht, uns das Genick zu brechen, wenn wir nicht vom Rücken des Krokodils heruntersteigen und unsere Wassertöpfe nach Hause tragen. In einer langen Schlange gingen wir durch das Gras, an der großen Agopalme mit roten Früchten vorbei, schnupperten daran mit unseren feuchten Nasen, die wir wie die Ziegenböcke in die Luft streckten. Der Vater schritt hinter uns wie ein Gefängniswärter, der die Gefangenen zum Haus des Bezirkskommissars abführt, wo sie im herrlichen Monat Mai, wenn das Gras grünt, seinen Rasen jäten und schneiden müssen. Dann kam der Bezirkskommissar mit seinem großen Hund heraus, einem riesigen Tier, so groß wie ein Pferd, dem beim Herumspringen und Toben im grünen Gras der Schleim aus der Nase triefte und wenn er hochsprang, sich auf die Hinterbeine stellte und seinem Herrn das Gesicht ableckte. Er sieht aus wie der Hund auf den His Masters Voice-Schallplatten, der in einen Trichter singt, der so groß ist wie der von unserer Mutter, mit dem sie für den Markt am Sonntag, an dem wir den Gottesdienst versäumen müssen, jeden Tropfen Öl in Flaschen abfüllt. Vater fährt mit seinem Stock durch das Gras, und Ratten huschen eilig in alle vier Himmelsrichtungen, während wir uns an diesem frühen kalten Maiabend dicht aneinanderdrängen, weil wir naß und kalt sind vom Aka-Fluß, huschen sie in alle vier Himmelsrichtungen.

„Gib uns ein Zeichen“, sagten sie. Es wird kein Zeichen für euch geben, außer dem von Jonas im Bauch des Wals.

Der Bezirkskommissar und sein Hund verschwanden,

wohin wissen wir nicht. Die Füße meines Vaters stampften und stampften, und seine Gerte zischte, als fiele sie auf unsere nassen Rücken, als wir den Pfad heimwärts zogen.
Wir sind fast zu Hause.
Dann fallen die Gerten auf uns nieder, giftig wie gereizte Bienen im Palmenhain auf Töpfe mit jungem, süßem, betäubendem Wein, der im Morgengrauen, wenn sich der Tau auf meinen Körper legt, stets zu heftigem Durchfall führt; denn Vater sagte, niemand solle mich ins Haus lassen. Die Gerten hieben und schlugen geschwind, brennende Wunden, bissen sich mit unnachgiebiger Wut in meine Haut. Da zerbrach ich meinen Wassertopf. Leute, hört, ich zerbrach meinen Wassertopf auf dem Sandweg, der an der mächtigen Agopalme durch das singende Gras führt, als ich an einem Maiabend vom Fluß heimkam, als ich von einem Ritt auf dem Rücken der alten Krokodile heimkehrte.
Dann hörte ich den Hund bellen. Klar und deutlich wie Gewehrschüsse von Jägern in Iefo, die im tiefdunklen Wald über gestürzte Bäume springen. Ich bückte mich, um die Scherben meines zerbrochenen Kruges aufzusammeln. Die Gerte sauste erneut auf mich nieder, diesmal schlimmer als das erste Mal, und der Hund bellte zum dritten Mal. Ich wußte, daß mein Verrat vorüber war.
Die anschließende Stille entzieht sich jeder Beschreibung, läßt sich nicht ausdrücken. Meiner bereits verwundeten Haut werden mit rachsüchtiger Bosheit neue Wunden zugefügt. Ich schrecke auf, erschrecke, weil ich die Gebetsstunde verpaßt habe, ich habe die Mittagsglocken überhört.

Sie waren Brüder, die auf einem längst von Ameisen verlassenen Ameisenhügel den Buschratten Fallen stellten, diesen kleinen Nagetieren, die sich von Mais und Erdnüssen – und böse Zungen behaupten sogar von menschlichem Fleisch – ernähren. Deswegen schmecken sie so gut. Die Falle des älteren Bruders erbrachte nichts, darin war nur eine Buschmaus, die nicht einmal für eine einzige Mahlzeit ausreichte; in der Falle des jüngeren Bruders lag eine riesige Buschratte, sie starrte mit großen Augen, als würde sie die Falle um etwas anflehen. Der Ältere wollte als erster die Fallen prüfen. Als er sah, daß in der Falle seines jüngeren Bruders ein guter Fang war, in seiner aber nur eine nutzlose kleine Maus, die nicht einmal für eine Mahlzeit langte, kam ihm ein Gedanke: Wie wär's, er würde die Maus in die Falle seines Bruders legen; wie wär's er würde die Buschratte in seine Falle legen. Er bückte sich und führte seinen Plan aus. Sein Bruder jedoch, der in einen hohen Baum gestiegen war, beobachtete den Tausch, lief schnell wie das Wild herbei und schlug seinen Bruder auf den Kopf, der tot umfiel, tot einer Maus wegen. Er kehrte heim und hielt einen Festschmaus. Immer wenn jemand fragte: „Wo ist dein Bruder?“, sagte er: „Er ist auf einer Reise nach Dahomey, um den Fetisch zu befragen.“ Wenn sie ihn an den folgenden Tagen fragten, sagte er: „Er muß auf dem Heimweg von Dahomey sein, wo er den Fetisch befragt hat.“ Eines Tages witterte dann ein Hund – es ist immer ein Hund – den verwesenden Kadaver auf einem Ameisenhügel. Sein Herr, der Jäger, verfolgte gerade eine Fährte. Er rief mehrmals nach seinem Hund. Als er nicht kam, kehrte er um. Der Hund labte sich unterdessen an den verwesten Eingeweiden eines Mannes, dessen Nasenlöcher, Mund und Augen von Stubenfliegen wimmelten – gewöhnlichen Stubenfliegen, die man in jedem Haus und auf jedem Markt antrifft. Man verhaftete den jüngeren Bruder und band ihm die Überreste des Kadavers auf den Kopf. Er mußte ihn zu Fuß dreißig Meilen weit zur Obduktion ins Krankenhaus nach Keta tragen. Danach wurde er nach Accra gebracht und für den Mord an seinem Bruder einer Maus wegen gehängt.

Kapitel 4

Er trat in das dämmrige Wohnschlafzimmer. Auf dem Bett lagen Kleidungsstücke herum, am Kopfende hing einer dieser neuen Kleiderschränke aus Plastik, vollgestopft mit Kleidern. Zwei hellviolett bezogene Sessel standen um einen niedrigen Mitteltisch, auf dem eine Glasvase mit verblichenen künstlichen Blumen stand. In der Ecke neben dem ersten Fenster hing ein großer Frisierspiegel, wie er in der Gegend dort hergestellt wurde, mit einer kleinen Kommode darunter. Am zweiten Fenster, um Einbrecher abzuhalten, ebenfalls mit Eisengittern versehen wie das erste, stand ein runder Tisch mit einem Schallplattenspieler darauf. Auf dem verstaubten Plattenteller lag eine Schallplatte. Das Zimmer war ungefegt, die Matte am Eingang voller Sand.

Adisa hielt die Tür auf. Ein Tuch, das sie um sich geschlungen hatte, entblößte halb ihre Brüste. Sie hatte gerade ihr abendliches Bad beendet und hielt eine Dose Bint-el-Sudan-Puder in der Hand.

„Hallo! Schön, daß du kommst."

„Danke."

Er setzte sich und streckte seine Beine aus. Adisa stellte den Puder auf den Tisch, bückte sich und begann, seine Schuhe aufzuschnüren. Sie tat dies mit einer unendlichen Grazie. Behutsam löste sie mit ihrem langen Zeigefinger die Schnürbänder, hob seinen Fuß – und zwar den linken; sie fing immer mit dem linken Fuß an – und streifte den Schuh ab. Sie drehte sich um, zog vorsichtig den Mitteltisch heran, auf den sie seinen Fuß legte, bückte sich wieder und wiederholte die gleichen Bewegungen. Als der rechte Fuß ebenfalls auf dem Tisch ruhte, stand sie auf, hob den Kopf und blickte ihm in die Augen. Er lächelte schwach, ein Lächeln voller Liebe und Dankbarkeit.

„Wie war's heute?“

„Oh, ganz gut. Und bei dir?“

„Ich war auf dem Markt, und ich habe dein Lieblingsessen gekocht.“

„Wirklich?“

Diese Frage, wenn es überhaupt eine war, stellte er immer. Er erwartete und erhielt auch nie eine Antwort.

Sie ging zum Plattenspieler. Unter dem Tisch waren Schallplatten, sie suchte nach seiner Lieblingsplatte, drehte dann am ersten Knopf, der Apparat setzte sich in Bewegung. Sie hörten einen modernen Schlager, eines dieser sentimentalen Liebeslieder, die selbst seriöse Leute wie er genossen. Man konnte sich dabei hinwegtragen lassen in eine andere Welt mit intimen Cafés, Liebespaaren, Liebe, körperlicher Nähe und sinnlichen Freuden, in eine Illusion, die das Tageslicht scheut, die vom gelobten Land, von Liebesfreud und Liebesleid singt. Das Lied ging in ein Katzenschnurren über und endete mit einem Summen. Seine Augen waren geschlossen, müde Augen, die aber erst wußten, daß sie müde waren, wenn er sie schloß. Adisa setzte sich zu ihm auf die Armlehne. Er streckte instinktiv den rechten Arm nach ihr aus und hielt sie in halber Umarmung, während das Lied von Liebe und dem gelobten Land erklang.

Plötzlich erhob sie sich. Er hörte Gläser klirren, es

wurde etwa zum Trinken eingegossen. Wenn er die Augen öffnete, würde er es sehen. Doch er konnte es sich auch in der Dunkelheit seiner geschlossenen Augen vorstellen, das hohe Glas, auf dem ein grinsender schwarzer Küchenchef mit seiner Mütze abgebildet war. Er spürte den Geruch von Bier, das zischend zum Rand aufschäumte.

„Hier..."

Er streckte seine Hand aus und griff mit geschlossenen Augen nach dem Glas, hob es an seine Lippen und nahm einen Zug, einen langen Zug von bittersüßem Hopfen und Malz, das in seinem Schnauzbart schäumte. Die Flüssigkeit lief ihm eiskalt die Kehle hinab, er hielt an und holte Luft, bevor er einen weiteren Zug nahm. Als er ihr das Glas zurückgab, öffnete er die Augen, atmete tief und zufrieden ein und blickte sie noch einmal an. Draußen fuhren die Autos mit quietschenden Reifen um die Ecke. Der Straßenlärm drang nur schwach zu ihnen. Er war mit sich und der Welt zufrieden.

„Möchtest du jetzt etwas essen?"

„Ja."

Sie ging zum großen Tisch hinüber. Er blickte ihr nach. Sie hob den Deckel von einem Topf, prüfte seinen Inhalt und stellte ihn auf den Tisch. Sie holte einen weiteren Topf, größer als der erste, blickte hinein und stellte ihn neben den ersten. Sie bückte sich und zog unter dem Bett eine elektrische Kochplatte mit lose herunterhängenden Drähten hervor und stellte sie auf den großen Tisch, steckte den Stecker in die Steckdose und wartete. Dann setzte sie den ersten Topf auf die langsam rot werdende Kochplatte. Aus einem Karton unter dem Tisch brachte sie einen großen Löffel zum Vorschein. Bald stieg Dampf auf. Sie rührte den Inhalt langsam um, dann ging sie zum Bett, setzte sich und sah zu, wie das Essen langsam vor sich hin kochte. Der Geruch hatte sich inzwischen im ganzen Zimmer ausgebreitet. Er hielt das frisch mit Bier gefüllte Glas in der Hand, nippte ab und zu daran und blickte sie an. Das Lächeln war verschwunden, doch der zufriedene Ausdruck, den Bier und Musik in ihm bewirkt hatten, lag noch auf seinem Gesicht. Sie erhob sich, ging zum Tisch, rührte das Essen noch einmal um und nahm es von der heißen Platte. Dann setzte sie den zweiten Topf auf die rote Platte. Aus dem Karton auf dem Boden kramte sie zwei Emailleteller mit rotem Rand hervor. Mit einer weißen Serviette, die auf einer Wäscheleine über dem Bett hing, wischte sie die Teller aus. Dann holte sie zwei Gabeln und zwei Löffel hervor und trug sie zu dem runden Tisch, auf dem seine Füße ruhten. Sie schätzte mit den Augen ab, wieviel er essen würde und teilte das Essen aus. Gewöhnlich aß er sehr wenig. Meistens. Manchmal verwöhnte er sich ein bißchen und bat um einen Nachschlag. Doch das war selten. Jetzt saßen sie sich schweigend gegenüber. Es gab immer eine Zeit, in der gesprochen, und eine andere, in der geschwiegen wurde. Sie aßen schweigend. Das Schweigen der Liebe, der Gemeinsamkeit zweier Menschen, die über die Leidenschaft der Worte hinaus noch mehr verbindet. Sie aß langsam, fein und zierlich, pickte wie ein Vogel und schluckte in stillem Genuß die Bissen hinunter. Er aß anfangs etwas schmatzend, aber nach einigen kräftigen Happen jetzt geräuschlos. Seine Augen baten um ein weiteres Bier. Der Abend brachte ihm das zufriedene Glück eines inneren Friedens. Als sie mit dem Essen fertig waren, trank er ein weiteres Bier, das sie ihm eingegossen hatte. Er legte seinen Kopf auf das Kissen zurück und begann sein und ihr Leben von der weißen Zimmerdecke abzulesen, über die Regenwasserfurchen wie eine Schlange von einer Ecke zur anderen liefen. Unterhalb des Holzbalkens, der die Decke stützte, konnte man sich den schlafenden Kopf der Schlange vorstellen. Als er diese Schlange vor ein paar Monaten zum erstenmal entdeckte, erschrak er, obwohl er wußte, daß es keine richtige Schlange war. Das Bewußtsein der Schlange über seinem Kopf war ihm immer gegenwärtig, ob er kam oder auf dem Bett schlief, ob er Adisa küßte oder ob er sich tief in der Nacht fertigmachte, um fortzugehen.

Jetzt sah er sich die Schlange genau an. Ihre braune Farbe war von dem vielen Regen der letzten Zeit dunkler geworden, und in der Mitte war sie dicker geworden, als habe sie ein Tier verschluckt. Wie bei einem Tausendfüßler begannen ihr sogar Füße zu wachsen.

Adisa hatte sich einmal beim Hausbesitzer, einem versoffenen Rentner, der nebenan wohnte und nach jeder Mahlzeit dasselbe Lied sang, beschwert, als er die Miete abholte, und zwar wegen des Dachs, das undicht war, doch hauptsächlich wegen der Schlange. Der Mann sah sie an, lächelte, steckte das Geld ein, sagte: „Monya wo aye“ und ging davon.

Sie ging zum Bett und fing an, die Kleidungsstücke davon abzuräumen. Sie faltete sie zusammen und legte sie auf den großen Tisch. Dann machte sie das Bett, glättete das Bettuch, legte die Bettdecke wieder darauf, nachdem sie sie ausgeschüttelt hatte. Sie setzte sich wieder zu ihm auf die Armlehne. Schweigend legte er wieder den rechten Arm um sie. Dann stand er auf und begann sich zu entkleiden. Zuerst zog er seine Hose aus. Sein Hemd hing lose über seiner Unterhose. Er lockerte den Halskragen, zuerst am Bündchen, und nahm die Manschettenknöpfe heraus. Dann zog er das Hemd über den Kopf, eine alte Angewohnheit aus seiner Schulzeit, als er als Junge Hemden trug, die nur über den Kopf zu ziehen waren, weil sie vorne keine Knöpfe hatten. Er faltete sein Hemd und legte es auf die Lehne des zweiten Stuhls. Er bückte sich und zog seine Socken aus, die etwas rochen.

In der Zwischenzeit hatte sie behutsam die Tür geschlossen und den Verschlußknopf umgedreht. Vor dem Spiegel legte sie langsam ihr Lendentuch ab, darunter trug sie einen rosa Schlüpfer. Ihre Brüste belebten und hoben sich, sobald sie von den Fesseln des Stoffes befreit waren. Die Brustwarzen waren dick und schwärzer als die übrige Brust. Sie betrachtete sich im Spiegel, lächelte ihrem Spiegelbild zu, drehte sich um und näherte sich dem Bett. Er hatte sich am Rand des Bettes ausgestreckt, die Hände hinter dem Kopf verschränkt und betrachtete die Schlange. Erst mit dem rechten, dann mit dem linken Bein stieg sie über ihn hinweg und streckte sich lässig im Bett aus. Sie drehte sich zu ihm hin, und er wandte sich zu ihr, weg von der Schlange, weg von der Welt, weg von allem. Langsam zog sie ihm die Unterwäsche aus, dies gehörte zu ihrem Ritual. Sie hielt ihn so gerne in der Mitte, während sie seine Unterhose abstreifte. Dann schlüpfte sie aus ihrer. Er war heiß und bereit und brannte wie tausend Feuer in einem verdorrten Wald.

Mit dem linken Zeigefinger fuhr er wie eine Schlange ihren Leib hinab bis zu ihrem harten, glänzenden Schamhaar – sie spielte sanft mit dem Haar auf seiner Brust. Sie kam näher. Er kam näher. Und sie verloren sich in den Tiefen ihrer vereinten Seelen. Seine Bewegungen waren sanft, langsam und bedächtig, ihre waren schnell. Sie weinte. Ein sanftes, tiefes Stöhnen. Er bemerkte, wie ein kleines Rinnsal an seinem linken Auge vorbeifloß. Auch er weinte. Beide hatten dieselben Träume bei Tag und bei Nacht. Dies war die Stunde ihrer Erlösung, reingewaschen von den Tränen, die die Qualen ihrer vereinten Seelen hervorriefen.

Kapital 4a

Der Geruch von Sperma in der trockenen Hitze eines kleinen Zimmers entspannt die aufgebrachten Nerven.

Meine Tante starb bei der Geburt meiner Kusine Dede, meiner ersten Liebe in den Feldern zwischen Blumen und Schmetterlingen. Vor langer, langer Zeit stand sie als Meerjungfrau von den Toten auf. Dort, wo der Mond mit seinem feurigen Schwert vor vielen Jahren das Meer zerteilte, tauchte sie auf unter dem indischen Mandelbaum. Sie führte mich durch die Grasebenen unserer Kindheit, durch Regentage, durch meine Birken- und Kiefernsommer in Middlesex, zu den Stränden von Tun Hu in China, durch die weiten Traumländer der Sowjetunion, die Zuckerrohrfelder der Ostprovinz auf Kuba, zu den Hügeln, den Hügeln von Mexiko – von den Einheimischen Mehico ausgesprochen –, fuhr mit mir mit dem Ein-Uhr-Fünfundvierzig-Zug an gepflegten Bauernhöfen vorbei nach Oxford, um dabeizusein, wenn Neville und Kodzo beim Rattern der Eisenbahn in aller Ruhe von der Revolution plauderten.

Dann starb sie. Sie kehrte wieder zurück, meine Meerjungfrau mit den schwarzen Brustwarzen, der der Zahnarzt, der ihre Brust angefaßt hatte und den sie in die Hand gebissen hatte, einen Zahn gezogen hat. Sie kam wieder in der Gestalt des anmutigen, großen, ockerfarbenen Mädchens, das weder lesen noch schreiben konnte und täglich, wenn ich in den Ferien zu Hause war, gegenüber von unserem Haus saß und Brot verkaufte. Wir wechselten nie ein Wort miteinander, doch wir wußten, daß wir mit unseren Augen ein Bündnis geschlossen hatten. Dann zog ich meinen Freund Agbavor ins Vertrauen. Er war damals in der zehnten Klasse, ich bereits auf dem College. Er überließ uns sein Zimmer. Ich ging über die Straße und sagte es ihr; sie nickte nur zustimmend mit dem Kopf. Als abends die Glocken läuteten, kam sie und schenkte mir eine gestrickte Tischdecke, auf der mit unzähligen bunten Fäden „Ich liebe dich, mein Schaz" — ohne „t" — gestickt war. So sehr ich es auch auf der Schilfrohrmatte mit einem Kissen darauf versuchte, ich fand sie nicht. Sie war auch noch unerfahren und sträubte sich. Schließlich stand ich auf, schämte mich mit meinen sechzehn Jahren und zog mit blauen Flecken auf den Knien davon. Ich zögerte etwas an der Tür, um mir eine Geschichte auszudenken, die ich erzählen könnte, falls mein Vater fragen sollte, was denn mit meinen Knien passiert sei. Ich wollte ihm sagen, daß ich am Nachmittag vom Schafsaugenbaum vor unserem Haus gefallen sei. Doch niemand fragte mich. Die Wunde, die frische Wunde verheilte schnell. Ich kehrte zur Schule zurück und erzählte meinen Freunden lang und breit von meiner Eroberung. Sie glaubten mir, denn sie wollten an das glauben, was ihnen selbst nicht geglückt war.

Dann kam die andere, die einen Kopf wie eine Kaulquappe hatte und sich wie die königliche Pythonschlange langsam dahinschlängelte. Ich flüsterte ihr Worte zu, die ich von Nomalizo kannte, schrieb ihr Briefe, deren Inhalt dem presbyterianischen Gesangbuch entliehen war, wie etwa: „Dir meinem einzigen

Stern, auf den meine Blicke gerichtet sind, dem mächtigen Stein, auf den ich mein Essen, Trinken, mein Kissen und mein alles lege..." Sie antwortete mit der dritten Strophe desselben Liedes, von dem ich die erste genommen hatte. Ich sah sie nie wieder.
Die Jahre der Pubertät schleppten sich dahin, bis zum ersten wirklichen Verlangen. Dann kam ich in den Ferien nach Hause. Sie war ein schlankes Mädchen mit feuchten Lippen, großem Hinterteil und schwingenden Hüften. Sie verkaufte Erdnüsse bis in die Schlafzimmer von Junggesellen hinein. Als sie zu mir kam, stellte ich keine Fragen an sie. Vergnügt stieg sie nachts wieder die Treppe hinab. Sie tat dies aus reiner Liebenswürdigkeit und einer gewissen Nächstenliebe, die bei ihr ganz groß geschrieben wurde. Sie kam wieder, und jedesmal war es eine andere Reise in das bloßgelegte Geheimnis der Verkörperung des Lebens. Darauf folgten wilde Jahre mit irischen Nutten in Brixton. Da gab es eine, die wie ein verirrtes Krokodil aussah und von Liebe und Heirat sprach und einer Reise über den Ozean nach Hause, zurück nach Afrika, wo wir uns lieben und Mischlingskinder zeugen wollten — als echte Zeichen unserer Heimkehr. Doch ihre Gefühlsduselei langweilte mich bald, und ich floh in den Norden von London. Dort traf ich eine gespenstig aussehende Magere mit kühlen Augen, die nach nebligen Wintern duftete und nach einer wilden Party in Chelsea darauf bestand, mit mir nach Hause zu kommen, und dann in meinen Armen fror. Sie gestand mir, daß sie mit anderen Frauen ging. Diese Zicke! Ich habe sie nie wieder gesehen. Herbst und Winter brachten nach langen Sommern stets große Einsamkeit, in denen ich vom Schulklo zu Hause

träumte, um das ein Bananenhain das ganze Jahr durch grünte und wo wir als kleine Spitzbuben Wosikpo überredeten, ihr Kleid auszuziehen, damit wir ihr Babyloch sehen könnten. Ein Junge versuchte, seinen Zeigefinger hineinzustecken, doch sie schrie, sie würde es ihrer Mutter sagen. Wir rannten davon.

Gerade ist der Zug eingetroffen, und ich muß nach Wembley Park fahren.

„Die Bakerloo-Linie führt doch nach Wembley Park, nicht wahr?“

Die Frage überraschte mich, denn über ihr hing ein Fahrplan.

„Ja“, sagte ich. Blöde Frage! Während der Fahrt schwiegen wir.

„Woher kommst du?“

„Ghana.“

„Ist das die Goldküste?“

„Ja, vor der Unabhängigkeit, vor der Befreiung.“

Der Zug fuhr über Swiss Cottage, Kilburn, Willesden Green, Dollis Hill nach Wembley Park. Ich klemmte meine Bücher unter den Arm. Nach den ersten paar Worten sprachen wir nichts mehr. Sie war ein langbeiniges, knapp neunzehnjähriges Mädchen mit Zähnen wie Korallen und einem Lächeln wie ein plötzlicher Frühling mitten im Winter. Sie stand hinter mir, als wir die Karten vorzeigten. Ob ich wüßte, wo die und die Straße wäre? Ich wußte es. Wir gingen weiter, unsere Schritte hallten auf dem Bürgersteig, während Autos lärmender Jugendlicher an uns vorüberrasten. Ich war an meiner Straße angelangt.

„Möchtest du für eine Tasse Tee heraufkommen?“

„Ja, gern.“

Mein Zimmer war unaufgeräumt, juristische Zeitschriften lagen überall verstreut, Notizen auf Zetteln, die ich in der Gerichtsbibliothek aus kostbaren Büchern abgeschrieben hatte. Bald pfiff der Wasserkessel, als fände in der Nähe eine Pfadfindersitzung statt. Wir tranken jeder drei Tassen. Sie zog sich langsam aus und legte sich auf mein Bett. Sie blieb zwei Wochen bei mir, bis meine Vermieterin, eine Jüdin, die Israel und Juden haßte, sie davonjagte.

In Erinnerung an sie, meine erste Liebe suchte ich sie, die im Schatten des Mandelbaumes dem Meer entstieg, in aller Welt, während man mit Laternen nach mir suchte. Ich erinnere mich: Wir gingen die Wege entlang und lagen am Weihnachtsabend im Schatten der Kirche, als „Während Hirten des Nachts ihre Schafe hüteten" gesungen wurde. Wir lagen im Sand, als zu Hause das Meer summte, ein Lied summte von verirrten Wanderern, den drei Weisen und den drei blinden Mäusen, seht nur, wie sie rennen. Wasche meine Füße mit dem Parfüm, das du auf der Reise nach Lome gekauft hast, als wir im Golfhotel wohnten und Pläne schmiedeten und uns weinend in den Armen lagen, denn dich quälte der Gedanke, daß ich fort müßte. Ich zündete für dich am Hochaltar meiner Kirche Weihrauchkerzen an und stellte dich meinem Onkel vor.

Groß saß sie da mit träumenden Augen und starrte in meine nackte Seele. Sie kam nach Hause, und wir verliebten uns sehr romantisch, verliebten uns hoffnungslos. Wir gossen eine Menge emotionalen Öls auf das Feuer unserer Liebe, so daß sie mit lodernder Flamme brannte. Sie wurde schwanger, doch ich wollte sie nicht heiraten. Jemand steckte ihr eine

Maschine in die Vagina und tötete das Baby. Zwei Wochen später, als die Wunden noch kaum verheilt waren, lagen wir in unserem Schmerz einander wieder in den Armen und schmiedeten neue Pläne. Dann erzählten mir Freunde, daß sie mit anderen Männern ging. Sie leugnete es entschieden und hartnäckig. Doch wir wußten, daß es vorbei war. Nach einem kurzen Streit stürmte sie davon und wurde bald von einem anderen Mann schwanger. Nach meiner Rechnung und dem, was ich gehört habe, hat sie jetzt zwei Kinder.

Ihr Vater bat meinen Vater und mich zu sich, um mein Verhältnis zu seiner Tochter zu besprechen. Mein Vater schwor, sein Sohn sei ein unbescholtener Junge, der keine Frau kenne; er solle seiner Tochter, dieser jungen Hure von siebzehn Jahren, gefälligst Zügel anlegen. Jahre später sah ich sie wieder, aufgeschwemmt und mit einem nichtssagenden Mann mit traurigem Hundegesicht verheiratet.

Ich entdeckte sie unter den Tanzenden, die zu den Klängen dieser wilden, neuen Tänze auf dem Parkett schwitzten. Sie ist meine Meerjungfrau, die beim Einfall des Mondstrahls aus dem Meer emporstieg, um zu mir unter den indischen Mandelbaum zu treten. Sie führte mich durch alle Felder, über die weite Lagune, wo die Sprotten von den Salzbecken her ein Lied sangen; über die Vogelinsel flogen wir mit den Möwen, die zum Meer zurückkehrten, über Zuckerrohrfarmen, über den Landesteg einer Lagune bis hin ins fremde Land, in den Lave, den Wald der Tiere, wo wir unter meines Großvaters Schwarzbeerbaum saßen. Mein Onkel kam mit einem geräucherten Bock, den er in seiner Falle gefangen hatte, und sein Hund Kat-

sekpo sprang im Gras herum wie der Hund des Bezirkskommissars. Sie lachte und zeigte ihre Zahnlücke, während wir von früheren Ereignissen auf dem Marktplatz plauderten und die Webervögel über uns in ihren stiefelförmigen Nestern hockten.
Meine Steine und Öllampen trugen Regenbogenringe, Schatten fliehen wie Geister meines Anfangs, klagende Nimbäume im Sturm des Frühjahrsregens, zum Notausgang der künftigen Verbannung. Denn Liebesleidenschaft flieht zum Mond, der in Pinkelpose, breitbeinig über dem Meer, an diesem Tag im Augenblick des Urinierens sein Schwert blitzen ließ, um mir unter dem indischen Mandelbaum zu begegnen.
Geliebte, halte aus, ich komme.

Kapitel 5

Für jeden Schuljungen waren die Kirchenfesttage der Schule wichtige Ereignisse. Die Kinder arbeiteten fleißig für Ostern, Weihnachten und den Tag des Kindes. Ostern mußte man zweimal zur Kirche gehen, und die Kommunionkinder gingen am Tag zuvor zur Beichte, um sich darauf vorzubereiten, den Leib des Herrn zu essen und sein Blut zu trinken. Es wurden Osterlieder wiederholt und das schwarze Tuch für Karfreitag bereitgelegt.

Die Ältesten runzelten immer die Stirn, wenn die Frauen beim Morgengrauen sangen. Das würde die Götter erzürnen, meinten sie, denn die Götter des Landes seien früh morgens draußen im Freien, das Singen könnte dem Volk Hungersnot, Pocken oder Lepra bringen. Kakabiku war betrunken und beschimpfte die Kirchenoberhäupter in seinen Liedern. Sein Lied lautete:

„Wenn ein Mann namens Jesus Christus vor vielen, vielen Jahren in Jerusalem geschlagen und gekreuzigt wurde, was kannst du dazu, Papa Timotheo? Deine Tochter ist eine Nutte in Accra, geh und hol sie heim." Wenn er dabeigeweisen wäre, als sie ihn schlugen, meinte Kakabiku, hätte er gesagt, schlagt ihn ordentlich. Aber er sollte wieder auferstehen, er sollte sich aus seinem Grab erheben. Hat es je zuvor jemanden gegeben, der starb und wieder auferstand?

Karfreitag war ein Tag, den die Kinder genossen, denn sie durften ihren eigenen Judas Ischariot, der

aus alten Kleidern zusammengeflickt war, verprügeln. Das machte Spaß. Sie besuchten Freunde und streiften durch Palmenhaine, entkamen den wachsamen Augen ihrer Mütter und brachten sich frischen, sprudelnden Palmwein mit nach Hause und waren nachmittags, wenn der Wein sauer wurde, betrunken, bekamen Durchfall und mußten sich für den Dreck, den sie im Gehöft machten, schämen.
Es war höchst ungehörig, daß ein Junge den Gottesdienst verpaßte. Jeder, der fernblieb, konnte sich auf einen Schulverweis gefaßt machen. Paku erschien weder zum Palmsonntagsgottesdienst noch am Karfreitag, weil er Tierfallen aufgestellt hatte, die seine einzige Geldquelle waren. Von dem Erlös kaufte er seine Schuluniform und seine Bücher, er bezahlte damit sein Schulgeld und behielt noch etwas Taschengeld für morgens. Er war älter als die meisten Jungen. Manche wollten wissen, daß er in Kave, im Dorf seiner Mutter, sogar eine Frau hatte. Ostern überprüfte er seine Fallen, deswegen hatte er die Prozession durch die Stadt mit Palmenzweigen und die beiden Gottesdienste verpaßt.
Montagmorgen. Die Schüler versammelten sich. Es wurde eine lange Liste von Jungen vorgelesen, die diese ernst zu nehmenden Veranstaltungen geschwänzt hatten. Wer zu beiden Ereignissen nicht erschienen war, bekam zwölf Hiebe, wer eines davon verpaßt hatte, sechs. Lächelnd standen die Lehrer herum, entschlossen, die Missetäter Gottes Zorn fühlen zu lassen. Einige Jungen wurden mit dem Stock verprügelt und humpelten, mit beiden Händen ihre Hinterteile reibend, auf ihre Plätze zurück. Paku sollte als Nächster an die Reihe kommen.

„Das laß ich mir nicht gefallen“, sagte er mit stummer Wut in den Augen.

„Was hast du gesagt?“

„Ich habe gesagt, daß ich mir die Schläge nicht gefallen lasse“, schrie er den Rektor trotzig an; der starrte ihn sprachlos an. Das war unerhört! Ein Einbruch in die Disziplin der Schule. Unerhört!

„Herr Adama, bringen Sie das Klassenbuch der vierten Klasse.“

Auf der Stelle wurde Pakus Name mit roter Tinte durchgestrichen. Das sollte allen Jungen eine Warnung sein. Solange er Rektor war, hatten ungehorsame Jungen in der römisch-katholischen Schule in Deme nichts zu suchen.

Paku ging in das Klassenzimmer der vierten Klasse, riß alle Schränke auf und suchte seine Hefte heraus. Rechnen, Diktat, Staatsbürgerkunde, Naturwissenschaft, Englisch, Muttersprache, Gesundheit, Religion. Er marschierte hinaus. Warnung für alle Jungen, die ihn beneideten.

Nach zwei Semestern erschien er wieder in der Schule, in einer Armeeuniform. Die kleinen Jungen folgten ihm durch die ganze Stadt. An seiner Seite hing ein großes Klappmesser herunter, und er rauchte eine Zigarette! Er schüttelte allen Lehrern die Hand, auch dem Rektor, der jetzt die fünfte Klasse unterrichtete. Der Rektor hielt eine kleine Ansprache und sagte, jeder müsse Licht um sich verbreiten. War hier nicht der Stein, den die Bauherrn verworfen hatten, zum Eckstein geworden?

Nach der düsteren Traueratmosphäre des Karfreitags, an dem Gottes Sohn gekreuzigt worden war, um uns alle von unseren Sünden zu befreien, erwartete jeder in Ruhe die Wiederauferstehung. Um drei Uhr morgens mit dem ersten Hahnenschrei brach der Ostersonntag herein. Von Ferne erklangen Osterlieder. Es war wie ein Traum.

„Das Grab war verschlossen, doch der Tod ist
besiegt! Er ist auferstanden, er ist wahrhaftig
auferstanden, Halleluja! Christus ist auferstanden!"

Die Frauen sangen zum Takt der Handglocken, und man konnte träumen, unter singenden Engeln im Himmel zu sein. Der auferstandene Christus saß auf einem goldenen Stuhl, über den ein riesiges blaues Tuch gebreitet war, das vom Eingang der Medizinhütte stammte, in der jetzt die Brekete-Trommeln schwiegen. Die Engel schritten in weißen Kattun gekleidet über die Wege der Stadt Gottes. Handglocken wurden im Takt geläutet.

„Er ist auferstanden, er ist wahrhaftig auferstanden.
Halleluja! Christus ist auferstanden!"

Die Stimmen ertönten aus immer weiterer Ferne, kamen wieder näher, um einen aufzuwecken, nachdem sie angehalten hatten, um eine neue Melodie anzustimmen, Handglocken läuteten den Takt dazu. Hin und wieder wurden die Stimmen der Frauen zu Stimmen von Engeln, die in weißen Kleidern den goldenen Stuhl umkreisten.

„Er ist unser Herrscher und König,
Sieger im Kampf mit dem Tod,
Gott des Lebens der Auferstehung."

Die Frauen sollen Bettücher getragen haben, doch diese christlichen Frauen mit oder ohne Bettücher,

feierten die Auferstehung in der Gewißheit, daß das letzte Sakrament ihres Herrn sie alle von der Sünde erlösen würde. Christus war auch für Deme auferstanden, Himmel und Erde verkündigten die frohe Botschaft.
Der Gottesdienst begann um neun Uhr dreißig. Weiße Tücher und der Geruch von Talkum.

„Herr, gib allen, die in dir ruhen,
einen neuen gewissen Geist."

Von 1939 bis 1945 war Weltkrieg. Das große britische Weltreich lag mit Nazi-Deutschland im Krieg, und England erwartete, daß jeder seine Pflicht tat. Der Bezirkskommissar ordnete an, daß die Schule „Kriegsdienst" leisten müsse, um die Alliierten in ihrem Kampf, das Weltreich zu verteidigen, zu unterstützen. Die Schüler mußten Palmkerne sammeln, sie enthülsen und die Nüsse nach England schicken. Sie mußten Geld für hungernde Kinder sammeln, die durch Nazibomben verwaist und zum Teil verkrüppelt worden waren. Neue Lieder entstanden über den Krieg. Das beliebteste darunter war:

„Hitler kämpft schwer,
kämpft schwer um Togoland,
Goldküste, Nigeria,
Sierra Leone und Gambia,
um es zu erobern."

Chor:

„O Hitler, deine Nase ist groß,
dein Penis ist krumm."

Aus den Flugzeugen fielen Flugblätter mit Bildern von Winston Churchill mit einer dicken Zigarre im Mund. Spruchbänder kamen herunter: „Kauft britische Bomber, um Berlin zu bombardieren", „Wir werden siegen", „V für Victory". Dann machte man das Zeichen, wenn Autos und Militärkonvois durchfuhren. Sie verschwanden wieder im aufgewirbelten Straßenstaub, wenn die Regenzeit vorüber war.
Regelmäßig kam ein fahrbarer Kinowagen, der Filme mit schmucken britischen Soldaten zeigte, die nach Militärmusik marschierten und breit grinsend nach heißem, dampfendem Essen anstanden. Das war der Krieg. Schnelle Montagen mit Kriegshandlungen, Rauch und Verwirrung. Dann ein paar britische Soldaten, die eine lange Schlange von deutschen Kriegsgefangenen an der Kamera vorbeiführten.
Dann wurden von Lastwagenbesatzungen „Unterschriften gesammelt" von Leuten, die sich diesem heldenhaften Eroberungsgemetzel im Namen des britischen Weltreichs anschließen wollten. Da gab es die Möglichkeit, einen Beruf zu erlernen. Jungen Männern wurde das Schießen beigebracht, gezeigt, wie man schicke Jeeps fährt, tischlert und wie man große, schwere Maschinen in riesigen Hallen, deren Betreten verboten war, handhabt.
Viele junge Männer meldeten sich. Einige von ihnen liefen nach ein paar Wochen nach Hause zurück und schworen beim Grabe ihrer Großväter, niemals Soldat

zu werden. Wenige Wochen später wurden sie wieder von der Polizei eingefangen. Nachts kam es zu wilden Fluchtaktionen und Verfolgungsjagden, Pfeifen, Schwenken von Taschenlampen, wenn ein Deserteur bis zu seinem Haus verfolgt wurde. Manche verschwanden im Busch, schoren sich die Köpfe und zogen als Kräuterhändler und Medizinmänner umher.
Doch nicht alle desertierten. Unter der Gruppe junger Leute, die Deme verließen, war Yawo Letsu, einer der besten Trommler der Stadt. Eines Morgens reihte er sich auf dem Marktplatz in die Schlange ein, während Musik vom Lastwagen plärrte. Sein Herz klopfte schnell. Er hatte sich gegen den Willen seines Vaters gestellt. Er hatte Geschichten über den Krieg gehört und hätte sich nicht gemeldet, wenn der gleichaltrige Avonyo — ein Bauer wie er selbst — sich nicht eines Morgens hätte anmustern lassen und verschwunden wäre. Ein paar Monate danach tauchte er wieder auf in Uniform und Stiefeln, die so blitzten, daß man wirklich sein Gesicht darin sehen konnte, und mit einem großen Klappmesser. Er sagte, er habe Urlaub. Nach zwei vergnüglichen Wochen, in denen er mit den hübschesten Mädchen der Stadt schlief, jedem etwas spendierte und seiner Mutter ein Vermögen von zehn Schilling hinterließ, zog er wieder davon. Yawo war fest entschlossen: Entweder wurde er Soldat oder gar nichts. Er wollte sein Leben nicht damit zubringen, seine Hände in der Saatzeit wundzuschinden und auf Tierfelle zu schlagen, die über hohle Baumstämme gespannt waren und als Trommeln bezeichnet wurden.
Es gab das Gerücht, daß Leute getötet würden. Von Adzowa Sesimes Sohn, der immer in Accra gewesen

und Soldat geworden war, hieß es, er sei in Burma gestorben. Doch niemand konnte diese Nachricht bestätigen. Menschen sind eben zum Sterben bestimmt.

Die Stimme des anwerbenden Feldwebels, mit kleinem Gesicht und scharfen, geröteten Augen, dröhnte in seinen Ohren:

„Nächster! Wie dein Name?"

„Yawo Letsu."

„Wann du geboren?"

Yawo verstand die zweite Frage nicht. Er wandte sich dem Dolmetscher zu, der sagte:

„Gbekagbes wodzi wo?"

„Nye me nya o."

„Er weiß es nicht."

„Du mußt immer Herr Hauptfeldwebel sagen, wenn du antworten."

„Ja, Herr Hauptfeldwebel."

„Er sagt, er nicht wissen, wann sie ihn geboren?"

„Ja, Herr Hauptfeldwebel."

„Wie alt er sein?"

„Ungefähr fünfundzwanzig, Herr Hauptfeldwebel."

„Du sein Vater sein?"

„Nein, Herr Hauptfeldwebel."

„Aber wie du wissen?"

„Ich kenne seine Mutter."

„Er irgendwie krank sein?"

„Ebe dolelea de le nuwoa?"

„Ao."

„Nein, Herr Hauptfeldwebel."

„Er nicht hat Krankheit von Frau?"

„Elo nue kpoa."

„Ao."

„Wie sein Vater heißen?“

„Kwasi Letsu, Bauer.“

„Do kae wo wo na.“

„Agbledo.“

„Nächster.“

Komi Gale war der Nächste, ein helläugiger Bursche, von Beruf Schreiner. Er haßte seine Arbeit. An diesem Morgen hatte er sich aus der Werkstatt geschlichen, um sich anmustern zu lassen. Der Feldwebel beäugte ihn von oben bis unten.

„Achtung!“

Komi schlug die Hacken zusammen. Der Feldwebel spazierte um ihn herum, blickte auf seine Füße und schüttelte den Kopf.

„Deine Füße sind verschieden.“

Sein linker Fuß war etwas dicker als der rechte und etwas verwachsen, weil er als Junge unter Gunineawurmbefall gelitten hatte.

„Nächster.“

Komi stand da und sah den Feldwebel erwartungsvoll an.

„Wobe woafo medzo o. Wo me tenu xowo ge o.“

Er traute seinen Ohren nicht. Seine Füße. Sein linker Fuß. Aber sie würden doch nicht mit den Füßen kämpfen! Er mußte Soldat werden. Er flehte den Feldwebel an.

„Halt's Maul! Nächster!“

Komi trat aus der Reihe und ging langsam zur Schreinerei zurück. Seine Kameraden waren mit dem Stuhl, den sie gestern zusammen begonnen hatten, fast fertig.

„Was ist denn los? Haben sie dich nicht genommen?“

„Nein. Mein linker Fuß.“

„Haben wir nicht gleich gesagt, daß sie dich nicht nehmen?“
„Warum denn? Das verstehe ich nicht.“
„Für dich können sie doch keine passenden Stiefel finden.“
Er schwieg und grübelte den ganzen Tag. Langsam schmiedete er einen Plan: Er wollte sich in Accra mustern lassen. Das war die Idee!
Die meisten Jungen waren angenommen worden. Einige der besten Trommler und junge Bauern waren darunter, die Ernährer ihrer Familien, die junge Frauen und Säuglinge im Stich ließen, um im Krieg des weißen Mannes zu kämpfen.
Der Spieß hielt eine kurze Ansprache:
„Leute, sie bringen euch nach Amkra ins Teshie-Lager. Ihr da machen Übungen, lernen schießen; lernen was sie nennen Taktik. Wenn fertig mit Lernen, wumm! Ihr bleiben in Afrika. Manchmal von Afrika ihr gehen nach Burma, ich selbst nicht kennen. O.K. Alles Klar! Auf die Lastwagen! Wir fahren.“
Nachdem die Ansprache übersetzt war, wurde sie mit lautem Hurra begrüßt. Die Männer drängten sich auf den Lastwagen um die Plätze; Frauen, Mütter und Großmütter schrien, einige wehklagten, andere weinten stumm vor sich hin. Eine alte Frau wimmerte am Wegrand, ihr Weinen wurde zum Gesang, einem Todesgesang.
„Ich sage dir, geh nicht fort, bleib, und hüte den Hof, bleib, und nähre mich, bis ich sterbe, A, a, a, ein Tier hat mich gefangen, eine Schlange hat mich gebissen, wem kann ich es nur sagen, wem kann ich es sagen?“
Ihr letzter Sohn, Bawa, hatte sich gemeldet.
Der Feldwebel sagte, daß jeder, der einen Rückzieher

mache oder vom Lastwagen springe, als Deserteur gelte. Das Kriegsrecht würde mit Sicherheit auf ihn angewendet. Manchem blieb fast das Herz stehen, doch noch war alles gut. Der Feldwebel war schneidig, kühn, ein richtiger Soldat, mit sauberer Kleidung, blitzenden Stiefeln und einem großen Klappmesser. Es war nichts zu befürchten.

Feldwebel Mama Seidu kam aus dem Norden, er gehörte dem Dagomba-Stamm an. Mit dreizehn Jahren war er in den Süden gezogen, um Arbeit zu finden, weil der Boden zu Hause unfruchtbar war. Für die Familie seines alternden Vaters mit fünf Frauen und achtzehn Kindern war das Leben schwierig geworden. Er war das dritte Kind der ersten Frau. Es hieß, daß es im Süden gute Arbeitsmöglichkeiten gäbe, Arbeit bei Weißen. Hin und wieder kehrten junge Burschen in Hosen, Hemden und Schuhen zurück, ein oder zwei hatten sogar Fahrräder mitgebracht. Mit zehn Schilling, die er durch den Verkauf gefangener wilder Perlhühner zusammengespart hatte, verließ Mama das Dorf. Zwei Tage lang mußte er wandern, bis er nach Tamala gelangte, wo er in einen Lastwagen nach Süden, nach Kumasi stieg. Das Geld ging ihm aus, und nachdem er sich zwei Tage nur von Kolanüssen ernährt hatte, fand er schließlich Arbeit als Hausboy bei einem Weißen, der bei der P.W.D. angestellt war. Dort ging es ihm mit drei Pfund in der Woche gut. Als der Krieg ausbrach, ging sein Herr, der die R.A.F. liebte und gern von seinen Tagen als Fliegerleutnant erzählte, an Bord, um an der Seite seiner Landsleute zu kämpfen. Vor seiner Abreise zahlte er Mama eine stattliche Rente von zwanzig Pfund aus und überredete ihn, Soldat zu werden, was er dann auch tat und bis jetzt nicht bereut hatte. Wegen seines linken Beines, das kürzer als das rechte war — ein Unfall aus seiner Kindheit, als er in eine Antilopenfalle getreten war — konnte er nicht in den aktiven Dienst aufgenommen werden. Seit der Zeit humpelte er leicht. Er machte in der Armee schnell Karriere, weil er aufgeweckt, tüchtig und gescheit war. Der Sold war gut. Mit seinen Vorgesetzten verstand er sich gut, so daß er in knapp zwei Jahren seine drei Streifen erwarb. Seine Werbetätigkeit, bei der ihn ein Obergefreiter, der lesen und schreiben konnte, unterstützte, war abwechslungsreich. So verlief für ihn der Krieg.

Yawo Letsus Vater trat an den Lastwagen und wollte mit seinem Sohn sprechen. Der Feldwebel trat zu ihm und warnte ihn, daß er sich mit seiner stinkenden Pfeife davonscheren sollte, wenn er Ärger mit der Regierung und den beturi in Amkra vermeiden wolle. Kwasi Letsu zog schweren Herzens heim. Er opferte seinen Sohn den Göttern, den Ahnen.

Unter Zurufen, Tränen und Klagen setzte sich der Lastwagen in Bewegung. In der Nähe der großen Agopalme nahm seine Geschwindigkeit zu, und bald tauchte er jenseits des Dorfes in einer dicken Staubwolke unter.

Einige starben in Burma. Andere kehrten heim, um ihre Frauen umzubringen, die inzwischen mit anderen Männern geschlafen und alles Geld verbraucht hatten. Einer schlitzte seinem Onkel, der gerade Bohnenkuchen aß, mit einem Buschmesser den Bauch auf, weil dieser das Geld, das ihm von der Regierung als Soldat bezahlt wurde, verschwendet hatte. Manche kehrten geistesgestört zurück. Zu ihnen gehörte Abotsi.

Die Kinder kannten ihn gut, er kam regelmäßig, setzte sich zu ihnen und verrichtete hin und wieder Gelegenheitsarbeiten. Er war freundlich und eigentlich nicht wirklich verrückt, nur ein bißchen sonderbar. Zum Beispiel rettete er tote Ziegen und Hühner vom Misthaufen. Wenn er kam, setzte er sich friedlich unter den Kokosnußbaum im Gehöft und erzählte Geschichten aus seiner Zeit in Burma. Er war Munitionsträger gewesen und berichtete, daß die Japaner gute Kämpfer waren, klein, die Augen dicht an den Ohren und flink wir Bambuseichhörnchen. „Einmal hatten wir einen schlafenden Japaner im Bambushain gefangengenommen und brachten ihn ins Lager; plötzlich sprang er mit einem Schrei in die Höhe und rannte davon. Der Unteroffizier schrie: Halt! Nein. Er rannte schneller. Jemand schoß auf ihn. Das war ich. Ja, ich war es, der geschossen hatte. Ich war sehr mutig. Er fiel hin, er blutete, ich hatte ihn ins Bein getroffen. Wir brachten ihn ins Lager. Auf dem Weg dahin sprach er japanisch. An dem Tag bekamen wir doppelte Ration und der Offizier, er hieß, na, wie hieß er noch einmal. Richtig, Poker, so hieß er."

Dann redete er weiter darauf los von Rationen, Japanern, Gespenstern, Gewehren, Todesfällen, Wunden, von allem möglichen. Er ging oft zu Tanzveranstaltungen, stand dann am Rande der Tanzhalle und heftete seine Augen auf die Getränke, die auf den Tischen standen. Wenn die Besitzer der Getränke gerade tanzten, stürzte er wie ein Habicht auf die Tische los, kippte sämtliche Gläser hinunter und verschwand. Wenn ihn jemand dabei erwischte und verhörte, so leugnete er es steif und fest und forderte seine Ankläger auf, seinen Atem zu riechen. Doch wer

wollte schon Abotsis Atem riechen? So kam er davon. Es hieß, daß er einmal in eine Schlägerei mit dem Hausmeister der Zion-Mission verwickelt gewesen sei, weil er über eine Mauer gesprungen war und sich in einen Kantate-Abend des Lome-Chors geschlichen hatte. Als man fragte, wie es dazu gekommen sei, daß seine Stirn so gewaltig angeschwollen sei wie der Adakluhügel, wurde er wütend:
„Ihr Kinder habt keinen Respekt vor den Erwachsenen!"
Mit einem Teller Bohnen konnte man ihn beruhigen. Er setzte sich und aß, dann und wann murmelte er so etwas wie: „Niemand weiß es." Als er sein Mahl beendet hatte, fragte er: „Wißt ihr, was mit meiner Stirn passiert ist?"
Nach kurzem Schweigen fuhr er fort:
„Ich bin die Mauer vor dem Pandorahaus hinuntergefallen."
„Abotsi, du lügst. Topa hat dich verdroschen!"
„Ha! Der kann mich gar nicht verdreschen. Ich war es, der ihn verdroschen hat."
Das Geheimnis war somit gelüftet. Man durfte ihn nicht ärgern, wenn er hungrig war. Das war gefährlich.
Nach seiner Entlassung 1946 nahm er an der Siegesparade teil. Heute wußte er nicht mehr, wo seine Dienstuniform war.
Als er vom Burma zurückkehrte, hieß es, daß er das erforderliche Reinigungsritual nicht vollzogen hatte. Deshalb verfolgten ihn die Geister der Japaner, die er getötet hatte, und machten ihn verrückt. Aus Geldmangel hatte er das Ritual unterlassen, denn es war kostspielig. Alles, was er verdiente, brauchte er für

seine Ernährung. Die Markttage brachte er als Packer auf dem Lastwagenplatz zu, wo er beim Ein- und Ausladen half. Bei den Lastwagenfahrern und den Frauen war er recht beliebt.

Eines Abends während der Föhnzeit kam er kurz vor Weihnachten mit seiner einzigen Khakijacke bekleidet in kläglichem Zustand nach Hause. Er war weder hungrig noch ärgerlich noch sonst etwas. Man schob ihm einen Teller mit Sprottensuppe und akple hin, er blickte darauf und schüttelte den Kopf.

„Abotsi, willst du nicht essen? Iß doch!"

Er schüttelte den Kopf.

„Kinder, holt Tailor herbei."

Tailor war der einzige, der mit Abotsi umzugehen verstand. Sie waren enge Freunde, obwohl sie sich über unnützes Zeug streiten konnten. Tailor knöpfte sich jeden vor, der Abotsi beschwindeln wollte. Er kam und trat zu ihm. Er kannte seinen Freund sehr gut.

„Mann, o, Mann, was ist denn los mit dir, großer Jäger vor dem Herrn, mächtiges Schlachtroß?"

Wenn sein Magen gefüllt war, erwiderte Abotsi sonst mit lautem, herzhaften Lachen auf einen solch großartigen Gruß. Heute schwieg er und starrte nur stumm auf den Brunnen in der Mitte des Gehöfts.

„Abotsi, was ist los mit dir? Raus mit der Sprache, sitz nicht wie ein blödes Weib herum. Was ist los?"

Dieser abwertende Vergleich spornte ihn an, er drehte sich um und zeigte auf seinen Bauch.

„Was ist denn mit deinem Bauch?"

Er blieb stumm. Plötzlich krümmte er sich und hielt seinen Bauch.

„Bei unsrer Mutter, hast du irgendeine Medizin?"

Eine Flasche mit zusammengebrauten Kräutern wurde hervorgeholt. Er nahm einen Löffel voll und schnitt eine Grimasse. Die Kinder lachten.
Er bekam Durchfall.
„Ist es besser?“
„Weiß nicht.“
„Was hast du heute gegessen? Hast du ein totes Huhn gegessen?“
Er antwortete nicht. Gegen den Kokosnußbaum gelehnt, saß er da und starrte in den Brunnen. Plötzlich warf er sich stöhnend zu Boden.
„Ich sterbe! Ich sterbe!“
Bis hin zum Brunnen wälzte er sich auf dem Boden. Tailor kam herbeigeeilt. Er war mittleren Alters und, wie er behauptete, einmal reich gewesen. Er hatte für den bekannten Bezirkskommissar John Miller gearbeitet und beim Straßenbau von Keta bis zum Volta-Fluß und darüber hinaus geholfen. Er war einst ein tüchtiger Mann gewesen. Dann fing er an, mit Schmuggeln von Akpeteshie, dem einheimischen Gin, den die Kolonialregierung für ungesund erklärte, Geld zu machen. Eines Tages wurde ein Lastwagen, der eine große Menge seines Gins transportierte, am Fluß beschlagnahmt, das Getränk in den Fluß geschüttet, er selbst in Fiaxo, wo er Zuflucht gefunden hatte, verhaftet. Nach zwei Jahren Gefängnis kehrte er gebrochen heim. Seine drei Frauen hatten andere Männer geheiratet, drei seiner Söhne waren nach Norden in die Kakao-Gegend gezogen, die beiden anderen waren bei einer Fischereigesellschaft in Abidjan beschäftigt. Seine Tochter Amavi war mit dem Lastwagen nach Accra verschwunden und seitdem nicht wieder nach Hause zurückgekehrt. Tailor nahm sein

altes Handwerk wieder auf, das er als junger Mann gelernt hatte, mietete eine Nähmaschine und besserte Kleidung aus. Für neue Sachen bekam er keine Aufträge. Keiner traute seiner Kunst. Niemand glaubte ihm die Geschichten über seine Vergangenheit, wenn er den Kopf schüttelte und sagte: „Hände, die mit den Großen gespeist haben und jetzt dies tun müssen! Es ist schwierig, sehr schwierig für ein Kamel, durch ein Nadelöhr zu gehen."

Einmal jagte er den Katecheten der Methodistenkirche, der Kirchgeld sammeln wollte, mit einem Messer davon.

„Diebe und Lügner! Wurde ich gefragt, als sie ihre Kirchen bauten? Er soll bloß noch einmal nach Geld fragen!"

„Wer kein Geld gibt, wird auch nicht kirchlich bestattet", behaupteten einige.

„Mein Vater und sein Vater vor ihm erhielten kein kirchliches Begräbnis. Ruhen sie etwa nicht in Frieden? Ihr Hurensöhne, ich schere mich einen Dreck darum, ob sie mich begraben werden. Wenn ich sterbe, bin ich tot, aus. Blödsinn! Diese Diebe sammeln Geld und teilen es untereinander! Wenn ich den hier noch einmal erwische, dann bekommt er aber den Inhalt seines Magens zu sehen!"

Eines Tages hieß es, daß er im Sterben liege. Er hatte am Tag zuvor getrunken, aber nichts gegessen. Leute kamen, um den Sterbenden noch einmal zu sehen. Der lag auf seinem Bett, sein Lebenslicht flackerte nur noch schwach, er atmete schwer.

„Ich sterbe. Hat jemand Bleistift und Papier?"

Jemand hatte etwas dabei.

„Schreibt die Namen auf, die ich nennen werde, sie

schulden mir Geld. Sammelt das Geld ein, und kauft mir einen Sarg davon."

Ein paar Älteste standen um sein Bett herum, sie waren sicher, daß er sterben würde, sie konnten nichts tun.

„Gamadeku, bevor ich meinen Mund für immer schließe, sage deiner Frau, sie solle für mich akple und eine leichte Suppe kochen, ich kann nicht mit leeren Magen sterben."

Das Essen wurde gebracht, er aß und bekam einen heftigen Schweißausbruch, doch er starb nicht. Am nächsten Tag beschimpfte er bereits wieder beim Feigenbaum einen seiner Gläubiger.

Abotsi und ihn verband seit Jahren eine seltsame Freundschaft, die Freundschaft von Gleichgestellten. Er beschützte ihn, beschimpfte Leute für ihn und war jederzeit bereit, sich für ihn zu schlagen. Hin und wieder stritten sie miteinander.

Er beugte sich über Abotsi und berührte seinen Kopf.

„Ich glaube, er hat Fieber. Was sollen wir tun?"

„Bringen wir ihn doch ins Krankenhaus."

Jemand holte schnell ein Taxi herbei. Er wurde vom Gehöft auf die Straße hinausgetragen. Als ihn der Taxifahrer sah, rief er ihn laut bei seinem Spitznamen.

„Das ist also mein Fahrgast. Wie sich die Welt verändert."

Er öffnete die Hintertür und fügte hinzu, Abotsi simuliere nur.

„Hat er denn gegessen?"

„Nein."

„Warum macht ihr euch dann überhaupt Sorgen? Er ist nur hungrig."

„Fahr uns ins Krankenhaus, und halt dein blödes Maul!“
Tailor wurde wütend.
Im Krankenhaus trugen sie ihn auf eine der Stationen. Ein Krankenpfleger stürzte herbei und befahl, ihn auf der Stelle wieder herauszubringen.
Tailor fragte: „Warum?“
Sie trugen ihn heraus und legten ihn auf die Veranda. Tailor ging zum Stationsvorsteher und erzählte ihm, was passiert war, und fragte, ob der Doktor nicht kommen könne, um ihn zu untersuchen.
„Doktor! Was? Sie meinen doch nicht im Ernst, daß wir den Arzt rufen, nur weil Abotsi krank ist? Was?“
„Bitte, wir bitten Sie inständig darum.“
Er blickte kurz auf und bewegte sich zum Telefon. Er war fett von den Extrarationen, die er den Patienten weggeschnappt hatte, die zu krank waren, um essen zu können.
„Doktor, sind Sie's? . . . Ja, Sir . . . Nein Sir . . . Ich kenne ihn. Nein, er ist nicht richtig verrückt. Nein Sir. In Ordnung, Sir. Dann morgen, Sir.“
Eine Krankenschwester kam hinzu, sah die Umstehenden an, dann den Patienten, wandte sich ab und murmelte etwas von Leuten, die ins Krankenhaus gebracht würden und wie Ziegenböcke stänken, meinte dann:
„Was einem nicht alles zugemutet wird!“ und entfernte sich mit wackelnden Hüften.
„Der Doktor kann nicht kommen. Bringt ihn morgen her.“
„Bitte, Sir, helfen Sie doch!“
„Ich sage, bringen Sie ihn morgen her. Verstehen Sie nicht?“

In der Nacht starb Abotsi in Tailors Zimmer. Tailor erzählte es am frühen Morgen im Flüsterton, denn die Kinder sollten es nicht hören.
„Was sollen wir tun?"
„Ob man ein Begräbnis erlauben wird?"
„Ich werde es versuchen."
Gerade als die Sonne über der Methodistenkirche aufging, kehrte Tailor zurück.
„Sie sagen, es geht nicht. Er gehörte nicht zur Kirche. Was sollen wir tun?"
„Versuchen wir es bei den Presbyterianern."
Tailor kam um zehn Uhr schweißtriefend zurück.
„Sie sagen, sie können es nicht tun, weil er nicht getauft ist. Was sollen wir tun?"
Tiefes Schweigen lag über dem Haus.
„Wir müssen ihn heute begraben. Es gibt einen Friedhof für Heiden. Ich werde es versuchen."
Gegen drei Uhr kam er zurück.
„Ich habe einen Platz für ihn gefunden."
An diesem Nachmittag verließ ein kleiner Leichenzug Tailors Haus. Alle Packer vom Lastwagenplatz waren erschienen. Der Sarg war einfach. Vier seiner Freunde trugen ihn. Dann öffnete Beneza sein Gesangbuch und sang aber die Lieder auswendig. Der Trauerzug bewegte sich von der Prinzenstraße die Marktstraße entlang, bog beim Lome-Bahnhof in die Fortstraße ein und zog am Kino vorbei in Akpas Kokosnußhain.

„Was soll ich des Lebens Nöte beklagen?
Ich will ja auf Erden keine Krone erjagen.
Hier nagelten sie meinen Retter an einen Baum
und setzten ihm eine Dornenkrone aufs Haupt."

Niemand weinte. In einiger Entfernung folgten die Kinder, obwohl ihre Mütter es ihnen verboten hatten. Aber sie waren doch seine Freunde gewesen, besonders der zwölfjährige, stämmige Junge mit dem wilden Blick hatte ihm immer Schneckenhäuser gegeben und sie für ihn zurechtgefeilt.
Als der Trauerzug am Friedhof eintraf, mußte etwas gewartet werden, weil die Totengräber das Grab noch nicht ausgeschaufelt hatten. Beneza leitete die Trauerfeier. Jeder Tod war wie sein eigener. Dann war die Arbeit geschafft.
Drei, vier!
Die aufgehäufte Erde wurde auf den einfachen Sarg geschaufelt. Dann zog einer nach dem anderen davon und rauchte an seinem gebogenen Wildschweinzahn.
In der Nacht wurde Totenwache gehalten. Die Agbadza-Jungen kamen mit ihren Trommeln, es gab zwei Büchsen mit Akpeteshie, und es wurde getrommelt und gesungen, bis der Hahn dreimal krähte.
Der Junge mit dem wilden Blick hatte einen unruhigen Schlaf. Im Traum sah er, wie Abotsi, gegen den Kokosnußbaum gelehnt, den Brunnen anstarrte und dabei lange Geschichten von Burma, von Japanern, von Rationen und vom Zauber der Gewehre erzählte.

Kapitel 5a

„Hitler hatte nur ein Ei", so hieß es in dem Lied, das morgens und mittags in den Palmenhainen erscholl, wenn fahrbare Studios kamen und die Gold-Coast-Filmgesellschaft Filme über die Kernesammler drehte. Die Ältesten fragten: „Wann kommt ihr wieder, um uns den Film zu zeigen? Wir möchten Kopien davon haben, ich werde fünf Kopien abnehmen." In den Bambuswäldern gab es Tote, als er mit der 81. Division der südostasiatischen Einheit den Kalapanzi-Fluß überquerte. Die Nachricht wurde durch zwei Depeschen verbreitet, die eine schilderte die Tapferkeit und die andere – das hatte er vergessen. Sie schliefen mit weißen Frauen, Burmesinnen, in den Hütten am Fluß oder in den Slums von Ragoon. Das Schiff legte auf dem Heimweg in Alexandria an, und sie überfielen in schwarzen Konvois die Stadt, und Christus starb am Kreuz.

„Er ist auferstanden am dritten Tage.
Er ist nicht hier!
Denn er ist auferstanden, wie er sagte."

Endlose Konvois zogen tagelang durch staubigen Dunst, polterten über Sandstraßen dahin, niemand wußte, wohin. Ostafrika, Tanganjika, Burma, Indien – Royal West African Force.

Tod aus dem Hinterhalt in fernen Ländern; unsere Sühneopfer und Zaubertränke haben keine Wirkung jenseits des Ozeans, denn das Gewehr des weißen

Mannes versteht die Sprache schwarzer Magie nicht.

„Bückt euch! Die großen Jungen von hinten nach vorn kommen und bücken. Jeder bekommt zwölf Hiebe, damit ihr lernt, daß man dem heiligen Fest der Kirche unseres Herrn Jesus Christus nicht fernbleiben darf. Amen."

„Qui seminant in lacrimis, in gaudio metent."

„Die heiligen Märtyrer der heiligen katholischen Kirche haben durch unseren Vater in Rom das heilige Gesetz erlassen, alle Gebote der Kirche und alle Richtlinien der Bischöfe in dieser Zeit der Kriegswirren zu befolgen und in dieser schreckenerfüllten Zeit in Gebet und Fürbitte nicht nachzulassen, und im Namen Christi empfehle ich euch alle dem Segen des Heiligen Vaters."
Die Truppen, die nach Abessinien zogen, erhielten ebenfalls seinen heiligen Segen.
Wir wurden gestärkt durch das Sakrament der Erlösung, durch die dröhnende Stimme von Vater James und des inzwischen seliggesprochenen Bischofs Hermann, der sicherlich, so Gott will, in Rom heiliggesprochen wird, denn er starb im Weingarten des Herrn im Dienste der heiligen katholischen Kirche von Lome.

„Bedenket auch nichts; es ist uns
besser, ein Mensch sterbe für das Volk,
denn daß das ganze Volk verderbe."

Johannes 11,50

Kayi wawa, beturi kayi wawa, sadzi medzo kayi wawa na bongo ee kayi wawa, kayi wawa beturi.

Ihre Füße stampften für den König, für das Vaterland und für das britische Weltreich durch die Dschungel von Burma.
„Um wirklich Imperialisten zu sein, müssen wir unerschütterlich bleiben in unserem Glauben an Gott, an das britische Weltreich und an uns selbst. Gott segne euch alle."
Auf dem staubigen Weg zu den Palmenhainen, den die Füße der Palmweinzapfer durch den Sand und das Elefantengras gebahnt haben, zog eine lange Ameisenkolonne dahin. Ihr Weg führte zu dem roten Erdhügel, der so viel kleiner war als der Hügel von Golgatha.
Einmal spielten mein Bruder und ich in einem Bambushain mit unseren Schleudern Jäger. Wir verfolgten eine große Schar von Eichhörnchen, die schrill aufschrien, wenn unsere Geschosse aus handgebackenem, hellem Ton durch die Bambusblätter flogen, und mit ihren buschigen Eichhörnchenschwänzen mitten in der Luft ihre Richtung änderten. Einige trafen wir auch und hielten draußen einen Festschmaus mit Pfefferschoten, Zwiebeln und Tomaten – aus dem Obstgarten des alten Timotheus hatten wir heimlich das Letzte herausgeholt. Als er uns in blinder Wut wie eine aufgescheuchte Fledermaus verfolgte, entkamen wir durch ein Loch im Zaun, das Kwasivis umherirrende Ziegen dort hinterlassen hatten. Kwasivi gehörte der Wasserbehälter neben unserem Haus. Wie Vater uns erzählte, verlor er ein paar Jahre später einen Arm und starb. Eichhörnchenfleisch mit Salz, Pfefferschoten und Tomaten ist ein Götterschmaus. Anschließend holte sich mein Bruder, dieses gierige Ferkel, dzemkple und Eier, die jemand in Ablome

einem Gott am Wegesrand geopfert hatte. Als er zurückkehrte, tropfte ihm das Palmöl aus dem Mund.
„Was hast du gegessen?“
„Ein Opfer.“
„Das darf man nicht. Dafür wirst du sterben.“
„Ich werde nicht sterben. Es sah zu lecker aus, um es einfach da liegenzulassen. Hätte ich es nicht gegessen, so würden es die Hunde tun.“
„Aber wir haben doch gerade Eichhörnchen gegessen. Du wirst sterben“, sagte ich.
Er starb nicht, noch nicht. Jahre später, fünfundzwanzig Jahre danach, starb er an Typhus, er wurde innerhalb von drei Tagen hinweggerafft. Die Kirche behauptete, daß er nicht getauft sei. Als man sein Taufdatum in der krakeligen Schrift eines vor langer Zeit verstorbenen Pfarrers in einem alten Kirchenbuch entdeckte, wünschte mein Vater die ganze Kirche wütend und erregt lautstark zum Teufel. Bei der Totenwache hörten wir den Agbadza-Jungen zu, die die ganze Nacht trommelten. Mein Vetter Victor spielte auf seinem plärrenden Akkordeon Kirchenlieder, die die Seele meines Bruders zum Himmel schicken sollten. Mein Vater saß mit traurigen Augen dabei. In der Frühe setzte ich mich dann mit einigen Jungen aus Accra nach draußen, wir sangen:

„Mawu, Mawu, le Kristo fe vu ta
Na wom be ku malilim o“,

während im Hindergrund die Agbadza-Trommeln spielten und nackte Füße den Staub im Gehöft meines Vaters aufwirbelten. Wir berieten, welche der Mädchen, die an der Totenwache teilnahmen, gute Gefährtinnen für den Rest der Nacht abgeben würden.

Ich wählte eine hochaufgeschossene Riesin von der strahlenden Schönheit einer Gazelle, die die ganze Nacht lang von unersättlicher Liebesfähigkeit besessen war. Als mein Onkel am nächsten Tag betrunken wie ein Häuptling im Rasthaus saß – er ist ein Häuptling –, brachte sie ihm das Essen und bot mit peinlicher Genauigkeit unzüchtige Bemerkungen über die anatomischen Einzelheiten meiner nächtlichen Liebe feil. Viele Monate später besuchte ich sie, ihr Mann war aus der Gegend von Aschanti zurückgekommen. Ich begrüßte ihn, schüttelte ihm die Hand und glitt in die dunkle Nacht hinaus zum Akazienbaum.

„Herr, gib denen, die in dir ruhen,
einen neuen gewissen Geist."

Einige, die aus Burma zurückkehrten, waren verrückt. Dzesan lief an einem schönen, sonnigen Markttag mit der Flinte über der Schulter Amok und eröffnete Feuer auf schreiende Frauen und Kinder auf dem Markt. Drei Medizinmänner und zehn Polizisten waren nötig, um ihn zu überwältigen. Als er abgeführt wurde, prahlte er mit der Anzahl Japaner, die er getötet hatte, und behauptete, daß ihn die Regierung um sein Geld betrogen hätte. Ein anderer Fall war Sule. Er zog die Uniform an, nähte eine zweite für seinen fünfjährigen Sohn und marschierte mit dem Kind an jedem Markttag von früh morgens bis mittags auf der Hauptstraße entlang und sang „Kayiwawa beturi", das Leitmotiv aus seinen burmesischen Tagen. Er schrie seinem Zug Befehle zu, das heißt seinem fünfjährigen Sohn, der dabei zusammenzuckte, während ihm der Schweiß über sein hübsches Gesichtchen strömte. Mit roten Augen schrie sein Vater: „Halt, geradeaus, Augen rechts, Augen links!“ und marschierte mit herunterbaumelndem Klappmesser in die entgegengesetzte Richtung zum Lome-Bahnhof. An dem Tag, als wir von dem Rektor in der Kapelle erfuhren, daß Hitler tot war, johlten wir vor Übermut und bekamen schulfrei. Unser Feind, der uns versklaven wollte, war tot. Wir, die treuen Untertanen des Königs, schrien vor Freude, als unser Feind starb. Am Tage des Sieges marschierten die Soldaten in endlosen Reihen durch Moganu – einige trugen keine Uniformen, es hieß sie hätten sie an Bauern verkauft –, ein eindrucksvolles Aufgebot an Männern, Riesen, deren Gesichter in der Morgensonne leuchteten. Der Bezirkskommissar verlas eine Ansprache, und dann marschierten die Männer müde weiter bis Sonnenuntergang. Überall in der Stadt gab es große Saufgelage. Wir liefen hinter einigen her, die wir kannten und die aus der Schule nach Burma weggelaufen waren.

Jahre später, fünfundzwanzig Jahre später, starb mein Bruder an Typhus.

Ein Mann wurde verhaftet, weil er einen Truthahn gestohlen hatte. Als der Eigentümer des Truthahns ihn hörbar verdrosch und die Menschenmenge johlte, schrie er immerzu: „Ich esse keine Tiere mit Blut, ich esse Fisch!“ Sie führten ihn bei anbrechender Dunkelheit zur Polizeistation, und er schrie unentwegt: „Ich esse keine Tiere mit Blut, ich esse Fisch!“

Kapitel 6

Es war bereits halb drei. Er hob den Kopf und blickte zur Uhr auf dem großen Tisch, dann auf seine Armbanduhr. Sie zeigte ebenfalls halb drei. Sie schlief auf der Seite, schnarchte leise. Natürlich würde sie protestieren und sagen, daß er es war, der schnarchte. Das gehörte zu ihren Spielchen. Zusammengerollt, die Knie an den flachen Bauch gezogen, lag sie mit geschlossenen Augen da, ihr Atem ging in langsamen, leisen Stößen. Sie schnurrte wie eine Katze.

Auf die Ellbogen gestützt, richtete er sich auf und suchte nach seiner Unterhose. Sie lag unter ihrem Kopfkissen. Wie war sie dahingekommen? Auf dem Bett sitzend, zog er sie an. Dann langte er zum Schalter am Bett und knipste das Licht an.

Sie bewegte sich leicht, öffnete allmählich die Augen, sah ihn schlaftrunken an und lächelte. Ihre ebenmäßigen Zähne strahlten. Der Zahnarzt hatte ihr vor einiger Zeit einen Zahn gezogen. Er hatte sie dorthin gefahren, war aber nicht mit hineingegangen. Es hatte sehr geschmerzt, und der Zahnarzt hatte versucht, ihre Brüste zu berühren.

Langsam drehte sie sich um und richtete sich auf. Sie saß nun auf dem Bett. Sie wußte, daß es Zeit war, daß ihre Zeit vorbei war. Er mußte nach Hause zu seiner Frau. So war es immer.

Sie rutschte ans Fußende und suchte sein Zeug zusammen. Er begann sich gemächlich und sorgfältig anzuziehen, knotete die Krawatte bedächtig vor dem Spie-

gel und zog den Mantel über. Dann trat er ans Bett und nahm ihr Kinn in die Hand. Das tat er immer, mit dieser Geste nahm er Abschied. Er drehte sich um, sie blickte ihn immer noch an, seinen breiten Rücken, wie er jetzt die Tür aufschloß und verschwand. Sie stand auf, schob den Riegel vor und legte sich wieder ins Bett. Dann hörte sie den Wagen anspringen, hörte, wie er im Rückwärtsgang aufheulte, wieder in den ersten Gang sprang und an der Tür vorüber nach Hause in den Norden der Stadt davonfuhr.
Sie konnte nicht gleich wieder einschlafen, nicht, weil sie an etwas Besonderes dachte, aber sie dachte an ihn; sie dachte immer an ihn. Bis zum Morgen waren es noch mehrere Stunden. Sie schlief wieder ein und träumte davon, daß sie tot und er allein auf der Welt sei. Dann war nicht sie, sondern er tot, und sie war allein. Dann waren sie beide tot, sie gingen beide zu ihrem Begräbnis in Awudome, kehrten nach Hause zurück und schliefen engumschlungen miteinander, während Leute kamen und die Toten in ihrer Prachtkleidung betrachteten.
Langsam fuhr er durch die verlassene Ringstraße. Hin und wieder rasten die nächtlichen städtischen Fäkalienlaster an ihm vorüber, schleuderten ihre Fracht auf die eine Straßenseite und erfüllten dabei die Luft mit dem widerlichen Gestank der Exkremente der Stadt.
Gegen drei Uhr kam er zu Hause an. Sein Wächter stand neben den Poinsettien und betete zu Allah. Der hatte wenigstens einen Gott.
Er schloß auf und trat in die Eingangshalle. Es roch noch nach dem abendlichen Essen. Es war für eine Person gedeckt. Er blickte kurz auf den Tisch und schob das Bild der Schwarzen Madonna mit Kind

über der Kommode gerade.
Leise trat er ins Schlafzimmer. Um sie nicht aufzuwecken, knipste er das Licht nicht an. Er zog sich mit einer Bedächtigkeit aus, die an Langeweile grenzte und legte sich neben sie ins Bett. Er wußte, daß sie nicht schlief. Nach fünf Minuten fing sie an zu sprechen: „Woher kommst du?“ Er antwortete nie auf diese Frage, und sie traf ihn jedesmal tief in der Seele. Nach weiteren Sekunden der Stille fuhr sie fort: „Wenn du mich nicht mehr liebst, wenn diese Hure besser ist als ich und du dir nichts mehr aus mir machst, so sag es mir, und ich werde dich verlassen. Diese Demütigungen von dir kann ich nicht länger ertragen, ich kann es einfach nicht.“ Sie erhob jetzt ihre Stimme. So war es fast jede Nacht. Sie bezichtigte ihn weiter der Untreue und bat um Scheidung. Ja, sie wollte eine Scheidung.
Dann fing sie an zu weinen und flehte ihn an: „Bitte, laß mich gehen, laß mich meinen eigenen Weg gehen. Du kannst bei deinen Nutten und den Frauen, die du mir vorziehst, bleiben. Ich flehe dich an. Bitte.“
Er richtete sich auf, nahm sein Kissen und verließ das Bett. In der Dunkelheit tastete er nach dem Lichtschalter und schloß die Tür leise hinter sich und ging ins Wohnzimmer. Immer wenn sie hysterisch wurde, suchte er im Wohnzimmer Zuflucht.
Das Polster des einzigen Sessels legte er an das eine Ende des Sofas, das keinen Kopfkeil hatte. Dann legte er sich darauf, deckte sich mit seiner Decke zu und versuchte einzuschlafen. Doch er schaffte es nicht. Immer wieder hörte er ihre Stimme, die seine Vergehen, seine Schlechtigkeit, seine Gier, seine Grausamkeiten, seine Untreue, seine Verfehlungen ihr gegen-

über aufzählte, daß sie von Freunden gewarnt worden war, ihn zu heiraten, daß sie andere Anträge ausgeschlagen und ihn trotz der Warnungen ihrer Familie geheiratet hätte. Durch die Fenster sickerte langsam der Morgen. Draußen im Nußbaum begannen sich die Vögel zu rühren, mit zunehmendem Licht verstärkte sich ihr Zwitschern.

Er konnte nicht schlafen. Sein Schlaf war für immer dahin, einer Liebe wegen, die er nicht bewältigen konnte, eines Traumes wegen, der verschwommen war. Dann bekam er Kopfschmerzen, sein Kopf schwoll an, wollte zerbersten, innen drin läuteten Glocken, er hätte schreien mögen. Doch es ging nicht. Im Wachzustand schwebte er über einem Fluß, flog über einen langgewundenen Fluß.

Die Glocken läuteten immer lauter und lauter. Er raffte sich auf und ging in die Morgenluft hinaus. Ungefähr fünfzigmal lief er um die Poinsettienbeete herum, er zählte jede Runde. Der Wächter packte seine Sachen zusammen, rollte die Matte auf, nahm sein Messer und zog heimwärts. Stumm sah er ihm zu. Er hatte gehört, wie Madam herumgeschrien hatte, doch daran war er gewöhnt. Abgesehen von dem Tag, als sie einen Teller auf Masas Kopf zerschlug, hatte er sich nie eingemischt. An dem Tag jedoch war er dazwischengetreten und hatte den armen Masa herausgeführt. Masa hatte seine Wunde am Kopf gar nicht bemerkt, er hatte ihn nur angestarrt und sich von ihm nach draußen führen lassen, wo er – in eine Decke gehüllt – lange mit starrem Blick um die Poinsettienbeete herumwanderte. Er wollte nicht, daß die Wunde gewaschen wurde. Madam packte ihre Sachen und verließ das Haus. Masa schlief drei Tage lang nicht zu Hause. Am vierten Tag wurde Madam von ihrem Vater zurückgebracht, und Masa kam wieder nach Hause. Die Sonne brach durch die Wolken. Wieder begann ein heißer, öder Tag voller Schweiß, Staub und Plackerei. Seine Kopfschmerzen verebbten. Die Glocken läuteten immer noch, aber nicht mehr so laut. Der Wächter war mit seiner islamischen Gebetsschnur nach Hause gezogen. Er pfiff die Melodie eines alten Kirchenliedes, in dem es hieß, man solle seine Sorgen getrost auf Jesus werfen, und ging wieder ins Haus zurück, um sich für den Tag fertigzumachen. Die Glocken waren kaum noch hörbar, und die Kopfschmerzen waren vorüber. Er war ruhig, sehr ruhig.

Kapitel 6a

Erinnerungen an die Kiefernholz-Sommer, blauer Nebel über der Stadt Malmö, als ich bei Ernst und seinem dänischen Vermieter hauste und seinem Mädchen Eva von unechter Platinschönheit und dem Gebaren arktischer Winter. Immerhin liegt der Notausgang leidenschaftlicher Liebe zwischen den Beinen einer Frau, um den schiefen Mond anzustarren, wie er über den Ozean pinkelt. In dem Jahr fiel mir die fingerlose Leprafrau auf, die an der Ecke Pagan-Straße ein Baby an ihren Busen drückte. Jahre später war sie noch da, mit demselben Baby und sang ihm ein Wiegenlied in seltsamer Sprache, streckte ihre fingerlosen Hände Vorübergehenden entgegen, nach ein paar Münzen für eine Mahlzeit für sie beide.

Mein Bruder und ich stöberten oft in den heiligen Hainen von Sofe zwischen den Schreinen herum, wo Holzschnitzer von Gottheiten aus Abomey, dem Sitz der tausend Götter, unter großen Affenbrotbäumen Götter für verborgene Schreine schnitzten.

Der Tod weist Geld zurück und fordert den Menschen. Die Schnitzer – einen kannten wir sehr gut – blickten auf und starrten uns mit feindseliger Gleichgültigkeit an. Wir taten dann so, als suchten wir Vögel und Eichhörnchen und gingen weiter. Unsere Augen suchten in den Baumwipfeln nach reifen Feigen. Webervögel zwitscherten in Stiefelnestern und ließen unzählige Kotstücke auf braunes trockenes Laub fallen. Sie schnitzten Götter und dufozi, großartige

Stammeswanderungen, Heldentaten und Jagdszenen – manchmal schnitzten sie Männer und Frauen, deren Beine auf eindeutige Weise umeinandergeschlungen waren. Die fertigen Schnitzarbeiten wurden an einem Sonntag zwischen der Saatzeit und der letzten Ernte von den ersten Trommlern beim Ausprobieren der großen neuen Trommeln, Okeke, Adzro, Agbekor, Abyssinia, unter dem Schwarzbeerbaum ausgestellt.

Da war Tanja, die beim Leninski-Prospekt wohnte. Wir lernten uns während meines kurzen Moskauaufenthaltes auf einer Party kennen, als wir zur Melodie der „Moskauer Nächte" dialektisch materialistische Straßen durchstreiften und russische Sätze stammelten, wie, ich liebe dich, ich liebe dich, bis der Kommunismus die ganze Welt verschlingt, bis der Imperialismus tot ist, bis die Kapitalistenhyänen in ihrem eigenen Saft braten, bis Afrika zu sich selbst findet. Wir haben auf so manches getrunken, es war zur Zeit des Genossen Nikita Sergejewitsch Chruschtschow, jener Zeit sowjetischer Trinksprüche – ich erinnere mich, daß wir in einer Nacht siebzehnmal anstießen, auf Afrika, auf die afrikanische Einheit, die sowjetisch-afrikanische Solidarität, die Solidarität aller Arbeiter in allen Ländern, auf ... alles. Tanja verbrachte die Nacht in meiner Unibude, von der man einen trübseligen sowjetischen Park überblickte. Alexander Iwanowitsch Juravel, der mir zustimmte, als ich ihm sagte, daß sein Name Geier und Adler zugleich bedeutete, weinte im Zug von Leningrad bitterlich, als ich sagte: „Ihr Russen seid auch nicht anders, ihr seid wie die Imperialisten." Er weinte um die Partei, das Zentralkommitee und um den Generalsekretär der Kommunistischen Partei der Sowjetunion. Wir gingen durch den Katharinenpark, in dem viele Frauen spazierengingen und eine große Dixieland-Band mit der Wut und Begeisterung auferstandener Dämonen spielte. Ich tanzte, was mir Spaß machte, Rock 'n' Roll – er war damals verboten, als sozialistischer Realismus mißbilligend auf dekadente Musik herabblickte – aber ich bin ein Afrikaner – lang lebe der dunkle Kontinent. Polizei kam und trieb die Tanzenden auseinander. Meine Partnerin und ich sprachen Französisch, ich mit einem afrikanischen, sie mit einem ukrainischen Akzent. Alexander schwankte in den Armen zweier Walküren nach Hause, die ich für Zigarren rauchende, Gin trinkende Lesbierinnen hielt. Alexander behauptete, er wolle sich selbst bestrafen, als er mit ihnen ging.

Steine, Öllampen, Ringe, Landschaftsaufnahmen, meine Poinsettie brennt, seht nur, sie brennt. Die gelben Laternen zeugen davon, die Straßen sind mit menschlichem Kot, von Lastwagen heruntergeflogen, beschmutzt. Unter den Laternen verhökern angemalte Huren ihre Körper an libanesische Händler, ein Cedi pro Stück, mit der Aussicht auf dzara, ntosuo, und wenn du weißt, wo es Penicillin gibt, kannst du noch und noch davon kaufen. Im Lido ist heute nacht etwas los, die Bosse bringen ihre alten Vetteln mit, mit denen sie in wilder Ehe leben. Bald gehen sie – die alten Vetteln – auf Tournee nach Europa, in die Villen am Rande von Rom und zu einer Papstaudienz. Unter den Tanzenden befindet sich der Mann mit dem goldenen Bett.

Der Maharadscha von Mysore, ein gebildeter Inder der oberen Kaste, hält heute abend im Auditorium

maximum der Universität die Aggrey-Frazer-Guggisberg Festvorlesung über die ökonomischen Veränderungen der Entwicklungsländer und das Entstehen einheimischer Bürokratien, mutatis mutandis, Diebstahl und Raub in den neuen Revolutionsländern in Afrika und Asien. Entheilige deine Kühe, geliebtes Indien! Lang lebe die Dritte Welt!
Ich klammere mich an die groteske Behaglichkeit meines Wohnzimmers, in meinem Seelenschmerz und unter Körperqualen träume ich in einem unruhigen Schlaf, daß meine Geliebte tot ist.
Wie töricht bin ich doch, denn sie ist vor langer Zeit in ihrem zwölften Lebensjahr gestorben.

Kapitel 7

Die Jungen der Schule auf dem Hügel warteten auf die Ergebnisse. Ein oder zwei von ihnen erhielten einen Platz im St. Albans College, einem der Nachkriegsgymnasien, die in der Stadt gegründet wurden, weil gewisse Leute die Bildungsnot des Landes erkannten und mit sicherem Spürsinn daraus Kapital zu schlagen wußten. Lernbegierige Jungen aus dem Inneren des Landes, deren Eltern etwas Geld hatten, die aber nicht die großen Schulen wie Achimota und Infantsipim in Cape Coast besuchen konnten, stürzten sich auf diese neuen Schulen, besorgten sich Unterkunft bei irgendwelchen Verwandten und erwarben für relativ wenig Geld eine einigermaßen gute Schulbildung.

Sein Freund Sammy war der Geschichtslehrer für die fünfte bis neunte Klasse. In der Hoffnung, daß die Schule eines Tages einen eigenen Sportplatz bei der Nervenklinik bekommen würde, sollte er ebenfalls Sport geben.

Die Schule hatte sechshundert Schüler, die alle Tagesschüler waren. Der Unterricht fand in Dr. Dodus Haus statt, das ursprünglich von einem wohlhabenden Herrn für seine große Familie erbaut worden war. Die Schlafzimmer, von denen es acht gab, hatte man in Klassenzimmer umgewandelt. Toiletten kamen in Vorratskammern, um zusätzliche Räume für die ständig anwachsende Schülerzahl zu beschaffen. Die Schule gehörte Herrn Anokye, einem pensionierten

Apotheker. Von Haus aus Wissenschaftler, legte er großen Wert auf wissenschaftliche Fächer. Er trug eine Brille mit schmalem Rand und sah damit aus wie die kleinen schwarzen Katzen auf den Weihnachtskarten. Vom Akpeteshie hatte er eine piepsige Stimme und einen Atem, der nach Schießpulver roch. Er hatte viele Jahre im Korle-Bu-Krankenhaus gearbeitet und den Methylalkohol getrunken, der für das Labor bestimmt war. In vieler Hinsicht selbst ein Gelehrter, hatte er sich der Bildung verschrieben. Er kannte das Archimedische Prinzip. Jedesmal, wenn er während der Abschlußexamen seinen Kriegsschrei „Heureka! Heureka!" ausstieß, dann hatte er jemanden beim Mogeln erwischt, jemanden der das Examensblatt seines Nachbarn studierte. Zu Herrn Anokyes Vorfahren zählen eine Reihe Gelehrter. Sein Großvater soll mit Hochwürden T. A. Barnes, D. D., der von 1896 bis 1909 der anglikanische Bischof der Cape-Coast-Diözese war, nach England gegangen sein. Herr Anokye widmete sich voll seiner Arbeit, interviewte Sammy höchstpersönlich, erkundigte sich nach seiner Herkunft, seinem religiösen Hintergrund, hörte ihm aufmerksam zu und beschloß, ihn, je nach Ausgang seiner Cambridge-Examen, für sechs Pfund im Monat einzustellen. In Geschichte prüfte er ihn auf Herz und Nieren, besonders über die große Revolution und Oliver Cromwell.

Dies war ein typischer Job, den junge Leute in einem halben Dutzend Schulen erwerben konnten, in Schulen, die, wie St. Albans, in den Slums der Städte verstreut waren.

Amamu jedoch hatte Glück. Er erhielt einen Job als Reporter bei der African Sentinel, einer linken Zeitung der Progressiven Partei. Der Herausgeber, Herr Zuba, hatte sich aus eigener Kraft emporgearbeitet. 1932 war er Mitherausgeber des Daily Echo und behauptete, für die großen westafrikanischen Journalisten Azikiwe und Wallace Johnson gearbeitet zu haben. Er bekam als Mitherausgeber eine Gehaltserhöhung auf zwei Pfund im Monat. 1937 ging er zur Morning Post. Fettleibig und gemächlich kämpfte Herr Zuba die Schlacht der „Post" auf eigene Faust, denn, so behauptete er jedenfalls, ihr Herausgeber und Begründer, Herr Samuel, ein Mann aus Accra, war nicht einmal des Lesens und Schreibens mächtig. Mit dem für Dicke eigentümlichen seichten, leeren Lächeln ging er seiner Arbeit nach. Als Herr Samuel ihm nach jahrelanger Arbeit als Mitherausgeber keine Gehaltserhöhung genehmigte, kündigte er. Enttäuscht und verbittert, versuchte er nun, Herrn Francis Grantley, einen Händler aus Sekondi, dazu zu bewegen, einen Teil seines Geldes in den African Sentinel zu investieren. Erklärtes Ziel des Sentinel: mit schlagkräftigen Slogans Akademiker und Klassensnobismus zu attackieren. Man wollte Ärzte und Rechtsanwälte aufs Korn nehmen und deren Snobismus und überlegenen Stil öffentlich ins Lächerliche ziehen. Herr Grantley hatte von diesen Leuten eine Menge Demütigungen erlitten. Er kannte dieses Pack, Söhne von Nutten, die mit europäischen Abenteurern ins Bett hüpften, und Nachkommen von Sklaven aus Brasilien.

Herr Zuba hatte ein paar sozialistische Schlagwörter zur Hand wie „Proletariat", „unterdrückte Massen", „das Volk", „Produktionsmittel", die nie im Sentinel fehlten.

Zu Amamus ersten Aufgaben gehörte die Berichterstattung über die große Flut Mitte 1949, die in der Stadt großen Schaden angerichtet hatte. Viele wurden obdachlos. Die Betroffenen wateten knietief im Wasser, räumten ihr Hab und Gut auf kleine Schuppen, um wenigstens den beweglichen Teil ihres Eigentums zu retten. Hühner und Ziegen wurden in den Fluten davongeschwemmt.
Unter Tränen erzählte eine alte Frau von dem Unglück. In der Nacht hatte es stark geregnet, Wasser tropfte durch das Dach. Sie war wach, wartete auf ihre Tochter, die aus der Stadt zurückkommen mußte. Was für eine Arbeit hatte ihre Tochter? Sie wußte es nicht. Plötzlich fiel die Wand aus Holzkisten ein, Wasser überflutete ihr Zimmer. Sie stürzte hinaus, doch überall war Wasser. Sie packte ihre Sachen und stapelte sie auf den einzigen Tisch. Als sie vom Haus nebenan Jammern vernahm und wieder hinausging, brach das Dach ein.
Sie wateten durch die Fluten und machten Aufnahmen. Zuba hatte schon eine Schlagzeile gefunden: „Das Los der unterdrückten Massen." Das gefiel ihm außerordentlich gut. Ein Photo von der Villa eines Arztes wäre eine ausgezeichnete Einlage dazu und der Arzt, wie er, wohlgenährt von einer Mahlzeit, die für zehn Familien der Arbeiterklasse gereicht hätte, aus dem „Sea View" tritt.
Der beste Artikel, den er je herausgebracht hatte, war der über Sasieme gewesen. Den Berichten von Reisenden zufolge war das Dorf Sasieme von Regierungsstreitkräften dem Erdboden gleichgemacht worden. Die Führer des Dorfes hatte man wegen Anstiftung öffentlichen Aufruhrs gegen den Bezirkskommissar

verhaftet. Amamu gehörte zu dem Team eines Kameramannes und eines älteren Reporters. Sie trafen am Abend in Sasieme ein. Wegen der verhängten Ausgangssperre übernachteten sie in Ahliha, einem acht Meilen entfernten Dorf. Am nächsten Morgen begaben sie sich in die Stadt. Sie gingen zuerst zu dem weißen Polizeiinspektor aus Elmina, um sich eine Genehmigung zu holen. Als er hörte, daß sie vom Sentinel kamen, erregte er sich aufs äußerste. Er warf wilde Blicke um sich und murmelte etwas von halbgebildeten Narren, die sich Journalisten nennen. Sie erklärten ihre Pläne und hoben hervor, daß sie unter dem Schutz der britischen Gesetze stünden. Sie seien außerdem nur an Fakten interessiert, wollten sich umschauen, ein paar Leute interviewen und Aufnahmen machen. Nach kurzem Hin und Her durften sie das Dorf betreten, aber erst, nachdem der Inspektor sie auf den Erlaß wegen Aufruhr und Meuterei hingewiesen hatte.

Um zehn Uhr morgens betraten sie Sasieme. Das Dorf war wie ausgestorben, Häuser heruntergebrannt, Ziegen und Haustiere irrten umher. In den Seitenwegen machten sich bereits Geier über aufgedunsene Körper her. Es wurden Aufnahmen gemacht. Niemand war da, den man interviewen konnte. Die Polizei belagerte das Gelände der Presbyterianerschule. Aus den Klassenzimmern konnte man das Gelächter von Frauen hören und aus dem Rektorzimmer, das vorübergehend als Zelle diente, Stöhnen und dumpfe Schläge. Sie gingen zum Inspektor zurück und baten, einige der Ältesten in der Zelle interviewen zu dürfen.

Ein paar Flüchtlinge, die nach Ahliha geflohen waren, erzählten ihre Geschichte. Die Bewohner von

Sasieme wollten ihr Avakpata-Fest begehen und ersuchten den Bezirkskommissar um Erlaubnis für einen großen Empfang und das öffentliche Reinigungsritual. Doch der Bezirkskommissar lehnte mit der Begründung ab, daß der Gouverneur wegen der sehr gespannten politischen Lage nach den Accra-Unruhen und Nkrumahs striktem Vorgehen jede größere Versammlung untersagt hatte. In der Nacht versammelten sich die Ältesten aus Sasieme im Hause des Dufia. Alle waren sich einig, daß sie den Zorn der Götter und Ahnen des Schreins, in dessen Schatten sie lebten und gediehen, auf sich lenken würden, wenn sie die Reinigungsrituale und die Verehrung der Götter unterließen. Wo hatte man je gehört, daß ein Volk aufgehört hatte, seine Götter zu verehren und die Ahnenschreine zu reinigen, weil der weiße Mann etwas dagegen hatte?
Es wurden heftige Reden geschwungen. Die Ältesten sprachen, wobei sie den Kopf in beide Hände nahmen. Ihr Entschluß stand fest, ihre Schreine würden gereinigt und die Rituale vollzogen werden. Selbst auf die Gefahr hin, sich den Zorn des weißen Gouverneurs zuzuziehen, der jenseits des Meeres wohnte und offensichtlich keine Ahnen und Schreine hatte und nichts von diesen Dingen verstand, mußten sie ihre Pflicht den Göttern und Ahnen gegenüber erfüllen, um nicht den Fluch der Unsichtbaren auf sich zu laden.
In derselben Nacht kündete der Stadtausrufer in den Straßen von Sasieme das Avakpata-Fest an, die Priester hätten den Herrn des Himmels vor sieben Tagen auf einem weißen Pferd mittags über den Himmel reiten sehen. Am folgenden Tag zogen die Wärter des Schreins um acht Uhr zum Fluß hinunter. Die

gesamte Dorfbevölkerung versammelte sich unter dem Odum-Ahnenbaum, an dem der Grundstein für das erste Haus in Sasieme gelegt worden war. Der Dufia traf unter Gewehrsalven ein, man tanzte bis neun Uhr, als plötzlich drei der Schreinwärter ins Dorf gelaufen kamen und berichteten, daß Soldaten und der weiße Kommandant, gerade als sie das Flußufer verlassen wollten, über sie hergefallen wären. Die drei Ahnenschreine hätte man beschlagnahmt und die Träger, Adonu und vier andere, verhaftet. Jetzt würden sie auf das Dorf zu marschieren. Schweigend nahmen die Ältesten die Nachricht entgegen. Der Dufia ließ sich seine Kriegsbekleidung bringen, einen kurzen Rock, der mit Talismanen verziert war, die Jäger holten schnell zu Hause ihre Gewehre. Zehn Tönnchen Schießpulver wurden verteilt, Frauen und Kinder nach Hause geschickt. Wer kein Gewehr besaß, bewaffnete sich mit einem Buschmesser. Dann setzten sich die Männer von Sasieme hin und rührten dumpf ihre Leopardentrommeln.

In der Zwischenzeit hatte der Bezirkskommissar auf Befehl des Gouverneurs die Verhaftung des Dufia und der Schreinväter wegen Mißachtung seiner Anweisung verordnet. Die Polizeitruppe marschierte jetzt mit den eroberten Schreinen in Sasieme ein. Ihre Gefangenen, die aus Bajonettwunden stark bluteten, trieben sie unter kräftigen Tritten in den Hintern in die Stadt, einige schleiften sie am Genick hinter sich her. Allen voran zog der weiße Oberinspektor Robert Perry. Er hatte seine Kindheit in einem „Heim“ in Surrey verbracht und war hart und militärisch erzogen worden. Als Student bekam er ein Stipendium für Oxford und zeichnete sich dort aus. Und als er während des Krie-

ges zum Kriegsdienst einberufen wurde, zögerte er nicht. Er kämpfte am Mittelmeer und kurz in der Normandie. Nach dem Krieg kam er nach Afrika, wo er der Goldküsten-Polizei beitrat, die damals dringend junge Männer mit militärischer Erfahrung brauchte. Seine Arbeit machte ihm Spaß. Wegen seiner militärischen Erfahrung schickte man ihn zur Polizeitruppe nach Elmina. Während dieser Zeit hatte er mit manch heiklen Situationen zu tun. Dies war jedoch sein wichtigster Auftrag. Er wußte alle Situationen in den Griff zu bekommen.
Die Soldaten marschierten auf den Dorfplatz, wo die Ältesten in ihrer Kriegsbekleidung saßen. Ein paar Tollkühne unter ihnen führten mit geladenen Gewehren einen Kriegstanz auf. Die Leopardentrommeln sandten ihre Klage zu den Göttern und Ahnen, deren Rituale nicht eingehalten werden durften. Inspektor Perry verlas den Aufruhr-Erlaß und befahl die Auflösung der Versammlung. Die Ältesten blieben stumm sitzen. Die Trommeln klagten und bejammerten den Tod der Götter und die Entweihung der heiligen Schreine von Sasieme.
Nach einigen Minuten des Schweigens beschloß Inspektor Perry, ein paar Schüsse in die Luft abzugeben als Warnung und um diesem Haufen von Wilden solche Angst einzujagen, daß sie davonlaufen würden. Kaum waren die Schüsse verhallt, kochte das Blut der Männer von Sasieme. In weniger als zehn Minuten war der Kampf vorbei. Einige der Ältesten konnten entkommen. Jemand sah, wie sich Salah, der Schweineschlächter, über die Kaktushecke der Presbyterianerschule schwang und unter den Zitronenbäumen verschwand. Drei Männer wurden getötet und

fünf Polizisten mit Stichwunden auf Tragbahren abtransportiert. Mit Hilfe von Tränengas überwältigte man die Dorfbewohner und nahm sie gefangen. Der Dufia und die Ältesten seines Rats wurden in Handschellen nach Keta gebracht. Weniger bedeutende Männer schloß man im Rektorzimmer ein, wo betrunkene Polizisten sie von Zeit zu Zeit verprügelten. Die Polizisten feierten ihren Sieg, brannten das Dorf nieder, nahmen die Frauen gefangen, fingen herumirrende Ziegen und Schafe ein, erbeuteten in den Häusern Gold, Geld und Alkohol und kehrten, ein Lied von den Genitalien der Mutter des Feldwebels gröhlend, triumphierend ins Schulgebäude zurück, wobei sie einige Frauen mit sich zerrten, die kaum auf den Beinen stehen konnten.

Kapitel 7a

Jemand hat ein flammendes Kreuz auf die Schwarze Madonna gemalt, die Logik von Vorbeugehaft und Schutzhaft; theatralische Gedankenlosigkeit der jüngsten Geschichte, in der jeder ein stummer Einzelgänger bleibt und fern der Massen seinen Gott verehrt.

Als wir in Oxford bei Peter auf dem Rasen saßen, sprach Neville über die Verwandlung des Quantitativen ins Qualitative; der andere, den wir Peter nannten, war auch anwesend. Die Revolution muß siegen, Kameraden.

Berichten zufolge führte Nkrumah nur die Arbeit der britischen Kolonialherren weiter. Regierung durch Waffengewalt – vis et armis – durch Schikanen, List; neue Praktiken werden mit verheerender Logik für einen Ein-Parteien-Staat ausgearbeitet, Kolonialsoldaten sammeln auf einer Versammlung eine Guinee pro Kopf ein, damit in dem malerischen Dorf Botianor am Strand zwischen Lagune und Meer ein Heim für Künstler und Schriftsteller errichtet werden kann. Geplant sind Vorlesungen über den afrikanischen Menschen, die Rolle der Medien und die Wichtigkeit, nach Jahrhunderten kolonialer Herrschaft, Sklaverei und Vergewaltigung eine neue Identität zu finden, der Vergewaltigung eines Kontinents in Finsternis.

Am stillen Morgen ertönen Gewehrschüsse, Siegessalven werden in die Morgenluft geschossen, als John und Ken zu mir ins Haus eilen, um mir die Nachricht zu überbringen: Die Armee ist im Siegesrausch. Die Intelligenz bereitet brillante Vorlesungen vor über das Thema „Was lief falsch in Ghana“ – knapp drei Monate, nachdem einer von ihnen noch vor der geheimen Versammlung des Nationalkomitees der Convention People's Party über ich weiß nicht was, gesprochen hatte.

Wir werden wieder auf diesem Berg gefaßt werden, sterbend, schreiend, die Augen gen Himmel gerichtet. Auf diesem Misthaufen werden wir den Pöbel nach unserem Talisman der Hoffnung durchsuchen.

Als die Regierung abgesetzt war, verbreiteten viele haarsträubende Geschichten, wie sie fast in Gefangenschaft geraten und um Haaresbreite dem Gefängnis entkommen wären; es war ihnen nichts anderes übriggeblieben, wie einer der gelehrten Professoren auf dem Hügel sagte, als dem neuen Regime absolute Treue zu schwören. Lang lebe Ghana.

Im Klub meinte ein Pathologe mit rotem Schnauzbart hinter vorgehaltener Hand, daß die Übernahme nicht so unblutig verlaufen sei, wie es geheißen hatte. Sie war doch blutlos, du mit deinem verdammten fuchsroten Ruhestandsbart. Es war wie damals, als bei den Vorbereitungen der Unabhängigkeitsfeierlichkeiten Bettler auf Viehlaster gescheucht und in entlegene Dörfer – in Sammellager, Haft, Gefängnis – abtransportiert wurden, um die Straße für die Würdenträger aus Übersee freizumachen, die der Geburtsstunde der ersten schwarzen Nation beiwohnen wollten. Später holte man die Bettler wieder zurück und setzte sie an Gehsteigen ab.

Auf grauen Pferden reitet die Polizei mit Peitschen

über den Markt, Händler werden angeschrien, die in Richtung der arabischen Schule davonstürmen, dahin, wo man die Stimme des Lehrers von der der Schüler nicht unterscheiden kann!
Die Laster mit der Scheiße rattern bei hellem Tageslicht die Straße hinunter, aber die Armee ist in Lumpen, wir müssen zuerst die Soldaten einkleiden, sie brauchen neue Munition und neue Rangabzeichen für frischgebackene Brigadiere und Generäle. An allem ist Nkrumah Schuld, dieser Schurke.

„Als das Gesichtsfeld sich begann zu weiten
erschienen sie mir wunderlich verquert
am Hals bezüglich beider Körperseiten:
Dem Rücken zu war das Gesicht gekehrt.
Und Krebsen gleichend zogen sie heran,
denn gradeaus zu schauen, war verwehrt."

Dante, Hölle, 20. Gesang

Eines Tages wird das Elefantengras am Fluß Früchte tragen, der Sand an der Küste wird die Kornkammern mit Korn füllen, das wir in unseren kleinen Töpfen mahlen, aus denen wir eine ganze Nation füttern werden.
Neulich hörte ich, daß – nein, vergessen wir das.
Die Logik von Schutzhaft ist die Begründung für Vorbeugehaft, ist das Argument für Kolonialismus. Die Reichen sollen noch reicher werden, und den Armen wird sogar noch das wenige, das sie haben, genommen. Das ist die neue Dialektik.
In der Straße werden obszöne Lieder über einen Mann gesungen, der einen Penis wie eine Kanone haben soll, meint Joe.

„Fürchte den Tod durch die Kugel."

Kapitel 8

Das Kirchenlied erhob sich aus dem Nichts. Es erklang laut und klar und kräftig:

„Ich höre deine willkommene Stimme,
Herr, die mich ruft zu dir,
und in deinem Blut mich reinige,
das du in Golgatha vergossen.
Herr, ich komme,
komme zur dir.
Wasche mich, reinige mich in deinem Blut,
das du in Golgatha vergossen."

Schmutzig und müde von ihren mittäglichen Spielen auf dem Feigenbaum, folgten die Kinder der Stimme und versammelten sich an der Ecke beim Goldschmiedeladen. Dort stand er vor der Apotheke, das Gesicht mit den altersschwachen Augen gen Himmel erhoben.

„Herr, ich komme,
komme zu dir.
Wasche mich, reinige mich mit deinem Blut,
das du in Golgatha vergossen."

Ein paar weitere Jungen waren zu der Gruppe getreten, die dem Mann zusah. Einige lutschten noch an ihren Fingern, von denen Mangosaft tropfte. Er trug einen angegrauten, ehemals weißen Drillichanzug und um den Hals einen zerschlissenen Pfarrerkragen. Unter dem Arm hielt er eine schwarz eingebundene alte Bibel und das Buch „Pilgrim's Progress".

„Herr, ich komme,
komme zu dir.
Wasche mich, reinige mich mit deinem Blut,
das du in Golgatha vergossen.“

Schweigend standen die Kinder herum, während er sang, und sahen ihm zu. Als er fertig war, senkte er seinen Kopf und blickte sie an: „Jesus hat gesagt, lasset die Kindlein zu mir kommen, ihr Kinder Gottes, so sagte der Herr. Manche meinen, ich sei verrückt. Das ist nicht wahr. Nur, daß ich das Böse in der Welt gesehen habe.“

Die Kinder wurden jetzt etwas unruhig. Dieser Mann gehörte nicht zu den Leuten, die man ärgert. Vor einiger Zeit hatten sie eine Bande gegründet, die den Verrückten der Stadt den Krieg erklärte. Am liebsten lagen sie sich mit einem großen Kabre-Mann in der Wolle, der hervorragend Steine werfen konnte; gegen ihn hatten sie eine Anzahl Feldzüge unternommen. Dann war da noch Masa, die kurzbeinige, stämmige Verrückte von der Lagune drüben. Meistens gewannen sie gegen ihre Feinde. Hin und wieder hatten sich einige Erwachsene eingemischt und sich bei den Eltern beschwert. Manche wurden dann zu Hause verdroschen. Aber man kann einem Hund kein Amulett umhängen, das ihm verbietet, ans Palmöl zu gehen. Die Kriege gingen weiter.

Bei diesem hier waren sie sich nicht ganz sicher. Er war fromm und sprach mit leiser Stimme im Lome-Dialekt. Topko juckte es in den Fingern, einen Stein zu werfen. Er bückte sich an der Mauer nach Topfscherben, solchen, die wie Vögel durch die Luft segeln und wie Messer schneiden. Einige Jungen hatten

Topko beobachtet, er war ihr Anführer, denn er gab normalerweise die Befehle, und wer nicht gehorchte, wurde ausgestoßen.
„Ich werde dem Herrn in seinem Weingarten dienen, denn die Ernte ist groß, der Arbeiter aber sind wenige."
Vor zwei Sonntagen hatten sie den Gottesdienst der Apostolischen Kirche am Strand mit Steinen bombardiert. Der Mond schien hell am nächtlichen Himmel. Die Anhänger der Gemeinschaft starteten eine Verfolgungsjagd, wobei zwei der Jungen gefaßt und zur Polizeiwache gebracht wurden. Dort erhielt jeder zwölf Peitschenhiebe auf den bloßen Rücken. Topko entkam. Als er nach ein paar Tagen zurückkehrte und die Predigerin Martha, mit Tränen in den Augen und einem Verband am Kopf, reden hörte, war ihm, als hätte sein Stein dies alles angerichtet. Als alle dann nach dem Hauptgebet in Jammern und Wehklagen ausbrachen, ging er.
Der Mann drehte sich jetzt langsam in seinen zerschlissenen Schuhen um und ging auf die Presbyterianerkirche zu.

„Herr, ich komme,
komme zu dir.
Wasche mich, reinige mich mit deinem Blut,
das du in Golgatha vergossen."

Die Kinder folgten ihm schweigend. Dann passierte es. Topko stieß den Kriegsschrei aus, dann flogen die Steine. Der Mann war einen Moment verblüfft, nach dem ersten Hagel verfiel er in Laufschritt und rannte zum Strand. Weitere Steine hagelten auf seinen Rücken.

Nur er warf keinen Stein. Wie ein gefangenes Tier hielt er inne. Er konnte die Rufe seiner Kameraden hören, die ihren Feind bis zum Gelände der Presbyterianer-Mission verfolgten.

Hochwürden Paul Dumenyo wurde im hügeligen Norden Togos geboren, als das Land unter deutscher Besatzung war und christliche Missionare aus Bremen dort ihre Kirchenarbeit begonnen hatten. Sein Vater, Jonathan Dumenyo, war einer der ersten Bekehrten, der getauft wurde, der Lesen und Schreiben lernte und schließlich Katechet wurde. Mit ihm wurde eine ganze Menge Sklaven bekehrt, die die Mission kaufte und in Freiheit setzte. Unter ihnen war Aaron Kuku, der später in Eweland als großer Christ bekannt wurde. Pauls Mutter hatte das Christentum zunächst nicht angenommen, erst als sie den Katecheten heiratete, ließ sie sich in der Presbyterianerkirche taufen. Pauls Vater war über vierzig, als er Adzoyo heiratete, die später Rebecca hieß. Nach jahrelangem Warten bekamen sie einen Sohn, den sie auf den Namen Paul David Dumenyo tauften; jeder in der kleinen konvertierten Gemeinde wußte, daß er einmal dem Herrn dienen und den unglücklichen Brüdern im Landesinnern das Wort Gottes verkünden sollte. So wuchs Paul heran, in der Furcht des Herrn und im Glauben an ihn. Als er fünf Jahre alt war, kam er zur Missionsschule. Alles ging gut. Kurz nach seiner Konfirmation brachen Unruhen aus. Das war 1914. Die Missionare riefen eines Abends eilig die Bekehrten zusammen, und nach Gebet und Fürbitte wurde verkündet, daß Deutschland den Krieg erklärt habe und britische und französische Streitkräfte von der Goldküste und Dahomey in Togo einzögen. Nur der liebe Gott selbst wüßte, was passieren würde. Was sie selbst betraf, waren sie unbesorgt, doch bangten sie um die Saat der Kirche, die sie so liebevoll gehegt und gepflegt hatten. Das Schicksal der kleinen christlichen Kirche lag in der Waagschale. Dann vergossen die Ältesten der Kirche, besonders die alten Frauen, zu denen auch Pauls Großmutter, Sarah, zählte, gemeinsam mit den Missionaren Tränen und empfahlen einander der unendlichen Fürsorge des Herrn, der barmherzig war und seinen eingeborenen Sohn Jesus Christus gesandt hatte, der gestorben war, um unsere Sünden zu sühnen.

Am nächsten Morgen zogen die britischen und französischen Streitkräfte ein, umzingelten die Mission auf dem Hügel und nahmen die Missionare unter Weinen und Beten der Kirchenmitglieder gefangen. Die Zukunft sah düster aus. Der Katechet Jonathan Dumenyo versammelte seine Gemeinde in der Kapelle.

„Geliebte im Herrn, was sollen wir tun?" Dann brachen die Christen erneut in Tränen aus. Paul, der ungefähr fünfzehn Jahre alt war, weinte gemeinsam mit den frommen Ältesten.

Die kleine Gemeinde beruhigte sich jedoch, und die Erziehungsarbeit der Mission wurde trotz der Schwierigkeiten weitergeführt. Wer etwas wußte, lernte noch mehr dazu, um unterrichten zu können. Paul gehörte zu den ersten Lehrern, die aus der Missionsschule hervorgingen. Er hatte die Bibel viele Male gelesen und liebte das Buch „Pilgrim's Progress". An jedem Sonntag las er ein Kapitel in der Sonntagsschule daraus vor. Paul nahm seine Arbeit ernst. Sonntags suchte er Nachbardörfer auf, in denen er mit

ernsthafter Kirchenarbeit begonnen hatte. An den Festtagen, besonders an Palmsonntag und Ostern, war viel zu tun, wenn er kleine Gruppen aus den Dörfern, Palmzweige schwingend, zur Mission auf den Hügel anführte, wo dann sein Vater die Predigt hielt. Dann war der Krieg zu Ende, Deutschland geschlagen. Die Christen wußten, daß ihre Freunde aus Bremen nie wieder zurückkehren würden. Doch das Werk des Herrn wurde fortgeführt. Zunächst kamen mit der französischen Verwaltung die Katholiken, die einen Papa in Rom hatten, das Abendmahl mit Weihrauch feierten und, immer wenn der Regen sich verspätete, das Sakrament durch die Straßen trugen. Die Mission jedoch vergrößerte sich in Verbindung mit der Mission in Keta und Amedzofe an der Goldküste immer mehr.
Paul wuchs heran inmitten dieser emsigen Kirchenarbeit, in der Furcht des Herrn, in seiner Liebe und im Glauben an ihn. Er war fünfundzwanzig. Seine Vorgesetzten bemerkten seinen Eifer, seine Hingabe und einzigartige Berufung. Auf Beschluß der Kirchenversammlung in Lome wurde er zusammen mit anderen beflissenen Christen ordiniert, die durch ihr Leben und Wirken im Dienste des Herrn bereits Respekt und Achtung unter ihren eigenen Leuten gefunden hatten. Die Ordinationsfeier in Lome, am 8. Dezember 1926, wurde von Kirchenmitgliedern der Mission auf dem Hügel und von Christen besucht, die bis von Akropong an der Goldküste hergereist kamen. Zehn amtierende Geistliche waren anwesend. Die Kirche Gottes ist ein Königreich, eine mystische Harmonie. Die Feier fand in einer Atmosphäre tiefster Frömmigkeit und christlicher Brüderlichkeit statt. Pauls Mutter

brach in Tränen aus. Sein Vater war, wie es dem Herrn gefiel, nicht mehr da, um den Augenblick mitzuerleben, an dem sein Sohn in die Arme der Kirche aufgenommen wurde; er war im vorhergehenden Jahr an Typhus und einem komplizierten Bruch gestorben. Den jungen Pfarrern wurden verschiedene Stationen zugewiesen. Paul kam nach Atakpame, wo die schwierige Missionsarbeit einen jungen, dynamischen Pastor erforderte.

Vom Missionshaus auf einem Hügel überblickte man einen kleinen Garten mit Papaya, Birnen und Bananen, die fromme Christen in Erwartung eines neuen Pastors gepflanzt hatten. Schon am Rande der Stadt wurde Paul von den Ältesten und dem Übersetzer des Häuptlings empfangen, der ebenfalls den christlichen Glauben angenommen hatte. Lieder singend, das bekannteste darunter „Wem Gott will rechte Gunst erweisen, den schickt er in die weite Welt", zogen sie ins Dorf, der neue Pastor im strahlend weißen Drillichanzug, mit einem Pfarrerkragen, so weiß wie die Mähne eines Widders. Für jeden hatte er ein Lächeln bereit. In seiner ersten Predigt in der kleinen Kapelle sprach er von einem Volk, das in Finsternis lebte und das Licht des Herrn empfing, lobte den Herrn für seine guten Taten und empfahl seine neuen Gemeindemitglieder der Liebe und Fürsorge des Herrn, „durch Jesus Christus, unseren Herrn, Amen." Paul stürzte sich mit Gotteseifer in seine Arbeit, organisierte die Kirchenarbeit ganz neu, wobei er Katechismusunterricht und Wanderpredigten in benachbarten Dörfern einplante. Nach zwei Wochen wurde ernsthaft mit Katechismusunterricht begonnen, und zwar montags und freitags um sechs Uhr dreißig abends. Die Teilnahme war ermutigend, die erste Gruppe setzte sich aus zwanzig jungen Männern und Frauen zusammen, die frisch bekehrt waren. Er verabreichte das Abendmahl, die Taufe und die Konfirmation. Er war sehr beliebt bei seiner Gemeinde.

Eines Tages erhielt er einen Brief von seiner Mutter.

„Lieber Sohn!

Als Du von uns gingst, waren wir sehr betrübt. Doch der Herr wird Dich beschützen und Dir bei Deiner Arbeit in seinem Weingarten den rechten Weg weisen. Nur eine Sache habe ich auf dem Herzen. Ich glaube, es würde dem Herrn gefallen, wenn Du Dich anschicktest, eine Frau zu nehmen. Dies ist notwendig, damit Deine Arbeit sich nicht in den Schlingen Satans verfängt. Ich und Deine Onkel haben darüber nachgedacht. Wir haben beschlossen, daß Du Deine Kusine Ruth zur Frau nehmen sollst. Sie ist ein tugendhaftes Mädchen, fromm und gottesfürchtig. Sie hat die siebente Klasse gerade beendet und das Abendmahl erhalten. Sie ist ein gutes Mädchen. Schreibe uns. Was die Hochzeit anbetrifft, so kannst Du sie mit Deinen Vorgesetzten in Lome besprechen. Der Herr sei mit Dir. Unsere Ernte war dieses Jahr sehr gut, und wir sind, Gott sei Dank, bei guter Gesundheit.

Ich verbleibe

Deine Mutter

Rebecca Dumenyo."

Paul las den Brief seiner Mutter mehrere Male.

An Heirat hatte er noch nie gedacht. Natürlich befiehlt die Kirche ihren Dienern zu heiraten, denn es erleichtert die Arbeit des Herrn. Hat nicht der Herr selbst bei der Hochzeit zu Kana gewirkt und die

Kirche mit einer Braut verglichen? Er dachte weiter darüber nach. Am nächsten Tag schrieb er an seine Mutter.

„Liebe Mutter!

Herzlichen Dank für Deinen Brief. Hinsichtlich meiner Heirat, bin ich mir Deiner guten Absicht bewußt; denn der Herr selbst befiehlt uns, eine Frau zu nehmen und das Werk der Kirche zu fördern. Ich stimme Dir deshalb völlig zu und werde an meine Vorgesetzten in Lome schreiben und Rat und Hilfe von ihnen ersuchen. Ich erinnere mich nicht an meine Kusine Ruth, doch Deine Empfehlungen gefallen mir. Ich bin sicher, daß Dich der Herr in Deiner Wahl geleitet hat.

Sein Werk kommt hier gut voran. Unsere Reihen füllen sich täglich mit neu Bekehrten. Der Herr sei gelobt!

Grüße alle daheim von mir, und gib ihnen meinen Segen. Ich brauche Eure Fürbitte.

Ich verbleibe

Dein Sohn

Paul.“

Unter seinen Katechismusschülern befand sich ein Mädchen, das bereits den Namen Naomi gewählt hatte. Ein lebhaftes, vollbusiges Mädchen mit Ringen um den Hals, das eine schnelle Auffassungsgabe hatte und seine Aufgaben im Handumdrehen lernte.

Paul bemerkte sie zum erstenmal, als sie ihm in die Augen blickte. Ihre Blicke trafen sich, beide sahen im selben Moment weg. Danach konnte Paul dem Mädchen nicht mehr in die Augen sehen, wenn er Fragen stellte. Er war verwirrt, betete zum Herrn, er möge

diesen Kelch an ihm vorübergehen lassen, denn er fühlte, daß sich in seinem Herzen etwas Unbeschreibliches regte. Nachts, wenn der Herr sein Gebet erhört zu haben schien, schlief er friedlich, um am nächsten Morgen um so ungeduldiger den kommenden Freitag zu erwarten, an dem er Naomi sehen würde.
Sie bemerkte des Pastors verändertes Verhalten, denn er stellte seltener Fragen an sie und konnte ihr nicht in die Augen schauen. Naomi war ein erwachsenes Mädchen und hatte schon einen Mann gehabt. Sie mochte den Pastor sehr gerne.
So ging es zwei Wochen lang. Paul trug seine Qualen wie ein Soldat Christi. Dem Mädchen erschien der Pastor im Traum, er berührte sie.
Eines Sonntagabends, es war der zweite Sonntag nach Pfingsten, Paul bereitete gerade seinen Katechismusunterricht vor, da klopfte es an die Tür. Die Frau, die für ihn kochte, hatte ihm schon das Essen gebracht und war fortgegangen. Es konnte Absalom, ein Missionsschüler sein, der sich angeboten hatte, seine Sachen zu waschen und zu bügeln. Er ging zur Tür und öffnete sie. Zuerst konnte er nicht erkennen, wer im Dunklen stand, weil er aus dem Licht der Sturmlaterne kam. Nach ein paar Sekunden erkannte er, daß es eine Frau war. Naomi.
„Komm herein, komm herein, Naomi. Bist du allein?"
Das Mädchen nickte und blickte zu Boden.
„Meine Schwester, bist du in der Dunkelheit allein hierhergekommen?"
Sie nickte erneut. Paul deutete auf einen Stuhl. Sie setzte sich. Ihre Augen waren immer noch auf den Boden gerichtet. Paul wurde unruhig, sein Herz

klopfte wild. In gewollt ungezwungenem Ton fragte er: „Nun, womit kann ich dir behilflich sein? Hast du Kummer?“

„Nein, Pastor, wir haben Tapioka und Erdnußsuppe gekocht, ich wollte Ihnen eine Kostprobe bringen.“ Unter ihrer Kleidung brachte sie einen Topf hervor, der in ein säuberlich weiß besticktes Tuch gewickelt war. Paul stand auf und nahm das Geschenk entgegen.

„Vielen Dank, Naomi.“

„Keine Ursache. Es ist unsere Pflicht, nach Ihnen zu schauen. Ich glaube nicht, daß Tante Dora sehr gut für Sie sorgt.“

„Nun, sie tut ihr Bestes, sie ist sehr nett.“

Eine Weile saßen sie schweigend. Die Lampe brannte nur schwach und flackerte. Das Kerosin ging zu Ende. Paul fing an, leicht zu zittern, seine Ohren surrten. Nachdem ihm schien, als hätten sie ein Jahr miteinander geschwiegen, raffte er allen Mut zusammen und fragte:

„Wie steht es mit deinem Katechismusunterricht? Verstehst du etwas nicht?“

„Nein, Pastor. Er macht mir viel Spaß. Ich komme gut voran.“

„Du machst es gut!“

Schweigen. Das Kerosin war gleich zu Ende. Paul ging ins Schlafzimmer und tastete unter dem Bett nach der Kerosinflasche. Er kam zurück, goß Öl in die Lampe und blickte flüchtig zu Naomi hinüber.

„Kennst du das Gleichnis von der Lampe?“

„Oh ja, es ist das Gleichnis von den zehn Jungfrauen. Es gefällt mir sehr.“

Nach einem kurzen Bibelgespräch, bei dem sie ihre

Gedanken nicht bei der Sache hatte, erzählte Naomi von ihren Angehörigen, die Bauern waren, und daß sie selbst bei einer Tante in Lome gelebt hatte, die Brot machte.

Draußen pfiff der Wind in den Papaya- und Mangobäumen.

Ein Gewitter war im Anzug. Paul erhob sich.

„Du solltest schnell nach Hause laufen, ich hole dir einen Regenmantel."

Er trat ins Schlafzimmer, zündete eine Kerze an und nahm den Regenmantel vom Haken. Als er sich umdrehte, stieß er mit Naomi zusammen, die ihm ins Schlafzimmer gefolgt war.

Pauls Katechismusunterricht am nächsten Tag war eine Qual. Er schrieb Naomi, daß er sie nur als christliche Schwester liebe und sie ihn nicht wieder besuchen solle. Er flehte inbrünstig zum Herrn, daß er sich ihrer annehmen möge.

Am folgenden Sonntag kam Naomi zu ihm und von da an jeden Sonntagabend.

Paul gab den Kampf mit dem Teufel auf und bat um Vergebung. Er verrichtete seine Pfarrpflichten mit der Gleichgültigkeit eines verlorenen Hundes.

Vier Monate verstrichen. Naomi verließ Atakpame, um ihre Tante in Lome zu besuchen.

Paul nahm die Korrespondenz mit seiner Mutter über seine Heirat wieder auf. Alles wurde vorbereitet, er fuhr nach Hause.

Am zweiten Sonntag nach dem Dreikönigsfest läuteten in Atakpame die Glocken. Die Gemeinde traf die nötigen Vorbereitungen für die Hochzeit ihres geliebten Pastors. Zwei Pfarrer kamen aus Lome. Gerade war der letzte Glockenschlag verklungen.

Die kleine Kirche war mit Palmzweigen und Blumen geschmückt, auf dem Altar lag eine neue Decke.

„Oh, vollkommene Liebe, die
alle menschlichen Vorstellungen übertrifft,
tief knien wir
im Gebet vor deinem Thron."

Als die Handlung auf dem Höhepunkt war, erscholl hinten aus der Kirche der Aufschrei einer Frau. Es war Naomi. Hochschwanger kam sie schluchzend den kleinen Gang herauf, wehklagte wie eine Wahnsinniggewordene:
„Ich trage sein Kind, oh weh, meine Väter, ich trage sein Kind, ich trage sein Kind". Am Altar warf sie sich zu Boden und weinte hemmungslos.
Als er in das Missionsgelände einbog, hörten die Kinder auf, Steine zu werfen. Er ging in die Kirche und kniete vor dem Altar nieder. Seine Stirn war von einem Steinwurf angeschwollen.
Als er wieder herauskam und zum Lastwagenparkplatz ging, hielt der kleine Junge immer noch den aufgehobenen Stein, den er nicht werfen konnte, in der Hand.

„Herr, ich komme,
komme zu dir.
Wasche mich, reinige mich mit deinem Blut,
das du in Golgatha vergossen."

Das Lied drang durch den Lärm des spärlichen Verkehrs. Der kleine Junge blieb nachdenklich stehen. Dann warf er den Stein in die Gosse, machte kehrt und ging nach Hause. Das Kirchenlied klang weiter, jedoch nur noch in seinem Kopf.

Kapitel 8a

„Audiam quid loquatur in me Dominus Deus; quoniam loquetur pacem in plebem suam et super Sanctos suos, in eos qui convertuntur ad cor."
Kyrie et Gloria

„Er, zu dessen Ehren ihr verbrannt werden sollt, segne euch. Amen." Ein fettleibiger Mann mit piepsiger, hoher Stimme lebt im Schatten der Peter-Pauls-Kirche. Regelmäßig nimmt er für den Sonntagsgottesdienst am Abend zuvor ein Bad und wartet auf den Sonntag, um bei der Abendmesse zu beichten und Leib und Blut Christi zu nehmen – Transsubstantiation ist kein Mythos. Angeblich ist er ein Eunuch. Christus war auch einer.

Die Presbyterianerkirche steht am Rande der Stadt, eine kleine eingefallene Lehmhütte mit Wellblechdach, ohne Kirchenchor, geleitet von einem trunksüchtigen Katecheten der fünfzig Jahre im Weingarten des Herrn verbracht hat, weil die Ernte groß, der Arbeiter aber wenige sind. Daneben liegt der Bananenhain mit heranreifenden Früchten, der von einem alten, asthmatischen Gärtner bearbeitet wird. Seine Tochter, seit sieben Jahren als Prostituierte in der Hauptstadt tätig, wird Ostern nach Hause kommen, um sich von dem schielenden Goldschmied mit den riesigen Hoden, der mit seiner ältesten Tochter seine eigenen Enkelkinder gezeugt haben soll, neue Schmuckstücke arbeiten zu lassen.

Die ersten Ernten wurden in diesem Land von den einsamen Bremer Auswanderern gesät, die unter Mißachtung der Eingeborenenverbote und der ausdrücklichen Gebote des Allmächtigen, der im Himmel auf einem Schimmel reitet, in die heilige Stadt ritten. Sie wurden gefaßt, eingesperrt und erhielten rohe Kassawe als Nahrung.
Auf einer Cocktailparty bedrängte mich eine Frau inmitten einer spöttischen Gruppe von Gratulanten mit ihrem Champagnerglas, um sich aus allernächster Nähe nach meinem Wohlbefinden zu erkundigen. An dem Tag führten wir gerade Krieg gegen die aufdringliche Apostolische Kirche am indischen Mandelbaum, meinem Baum, indem wir hinter dem verrückten Pastor herjagten, der „Brechet diesen Tempel, und am dritten Tage will ich ihn aufrichten!“ schrie und darauf in der Menschenmenge vor der Missionsstation von Lome untertauchte. Die Jungen stürzten hinterher und riefen: „Hier ist er, hier ist er!“ Ich ließ meinen Stein fallen und ging heim zum Haus meiner Mutter mit dem Kokosnußbaum und dem Salzwasserbrunnen. Dann hörte ich von der Heiligen Dreifaltigkeitskirche, wo der Chor den Messias probte, das langgezogene Klagelied des Leichenzugs, der zum Osu-Friedhof einschwenkte: „Der General ist tot. Der General ist tot, und die Nation weint.“ Soldaten marschieren hinter der Lafette, auf der der Sarg mit dem toten General ruht, begleitet von Salven, die ihn auf seinem letzten Weg zu Eile antreiben sollen.
Er ist mir noch gut in Erinnerung. Sanft und liebenswürdig, mit einem T-Shirt bekleidet, trank er Orangensaft aus einem hohen gelben Glas, während wir Whisky zu uns nahmen.

Wir warfen unsere Steine weg und eilten dahin, wo das Schießpulver aufbewahrt war, in der Nähe der Hütte des Kabre-Mannes, der seinen Spaß an Steinschlachten hatte. Ein siebzigjähriger Mann wurde verhaftet und angeklagt, ein Haus in Osu mit Steinen beworfen zu haben. Siebzig Jahre und dann noch Steine werfen!

Joe meinte, die Zeit sei ein Zwitter, der uns Gottes Heilung verspricht, wir bräuchten uns nur zu beugen, uns niederzulegen und die göttliche Verordnung von ihm entgegenzunehmen. Als Pilatus fragte: „Was ist die Wahrheit?", hat er nicht – wie uns einige Bibelausleger weismachen wollen – unverantwortlich gescherzt. Der Mann war eine Stütze des Weltreichs, und in dieser Funktion ist der Luxus eines Spaßes ein undenkbarer Schwachsinn und unüberlegter Selbstmord.

Der Sarg des Generals wird aus der Heiligen Dreifaltigkeitskirche getragen. An diesem klaren Morgen der Beisetzung benetzen die Frauen ihre schwarzen Trauerkleider mit kostbaren Tränen. Soldaten haben Eindringlingen, Anarchisten und potentiellen Brandstiftern, die vielleicht gefährliche Bomben bei sich haben könnten, um sie in den Leichenzug zu werfen, den Weg versperrt. Als der Körper in die Erde gelegt wurde, spielten sie den letzten Zapfenstreich, genauso wie ich ihn aus „Verdammt in alle Ewigkeit" kannte. Staub zu Staub und Asche zu Asche. Der General ist tot. Während er seinen Orangensaft schlürfte, erkundigte er sich nach unserer Meinung über den Staat, was getan werden müßte. Auch Lenin soll, lange bevor seine Revolution scheiterte, aus der Ferne in langen Briefen dargelegt haben, was zu tun war. Alle

Revolutionen sind zum Scheitern verurteilt, so bestimmt es das göttliche Gesetz.
Wie Engel in einer Bilderbibel, so flogen Vögel am Himmel über den Körper des Generals hinweg. Die Frauen, arme Frauen, sie weinen immer noch.
An diesem Morgen ergriffen die Soldaten einen Mann, der eiligst auf seine Heimatstadt zuschritt. Dann kehrte Jimmy heim, behauptete, er sei zum Regieren berufen, nahm einen Posten als Majordomus an, als Sekretär in einem großen und einflußreichen Ministerium, das Artikel über die Führung von Staatsgeschäften veröffentlichte. Ein großer, protzig auftretender Häuptling schwor auf der Polizeiwache, er sei gegen seinen Willen in die Partei gedrängt worden.
Martha, die den besten Teil erwählt hat, war das Oberhaupt der Apostolischen Kirche am Strand. Die Gemeinde setzte sich aus Frauen zusammen, die sich Kinder wünschten, einsamen Alkoholikern, die ihren Familienbesitz vertrunken hatten, und Schwachsinnigen aus Großfamilien, in denen, Gerüchten zufolge, die Männer mit ihren eigenen Schwestern schlafen und Idioten in die Welt setzen.

„Jemand heißt Jesus, er lebt.
Jesus, Jesus, er lebt."

Weinend und flehend beten sie jetzt zu Jesus, dem Heiland, um Vergebung der Sünden, für Tod und Leben, für den Leichenzug des Generals von der Heiligen Dreifaltigkeitskirche. Mein Mandelbaum stand im Mai gelb mit großen Blütenblättern, wie dünne Finger aus Okra, das der jüdische Kaufmann auf der Hauptstraße von Kilburn verkauft, wo Michael und ich afrikanische Eßwaren einkaufen. Jahn verglich die Farbe unseres Essens mit unserer Nationalflagge. Die Regierung in Ghana hat in Kensall Rise ein Stück Land gekauft, wo Ghanas Staatsbürger, die in England sterben, begraben werden. Der Friedhof ist gut gepflegt und hat ein hübsches, weißes Tor, das ein Wärter im Winter, wenn der Strom der Trauernden durch den Schlamm herein- und herauswatet, auf- und zuschließt.

Lautsprecher übertragen den Trauergottesdienst zu uns unter die Nimbäume.

Mein verrückter Priester ist auf der Straße nach Lome verschwunden.

Kapitel 9

*H*eute morgen war er sehr ruhig. Eine plötzliche Gelassenheit hatte sich wie ewiger Frieden über ihn gelegt. Er hörte sein Herz gegen die Bettdecke schlagen, als er versuchte nach qualvoller Nacht in den Morgenstunden noch etwas Schlaf zu finden. Die Uhr auf dem Tisch tickte, die Klimaanlage surrte ihr ewiges Lied.

Als er die Augen öffnete, flutete Morgenlicht ins Zimmer. Mit einem Ruck richtete er sich auf. Er dachte an nichts Bestimmtes. Wieder einmal begann ein ereignisloser Tag, ein grauer, heller Tag voller Sonnenschein und Lärm.

Gegen elf Uhr ging er ins Büro. Dort hielt er es aber nicht aus und fuhr in den Klub. Ein paar treue Klubmitglieder saßen schweigend beim Bier. Richard säuberte alte Krüge hinter dem Tresen. Die Unterhaltung war ins Stocken geraten. Jeder hing seinen eigenen Gedanken nach. Das kam des öfteren vor.

Ohne mit irgend jemandem ein Wort zu wechseln, fuhr er wieder davon. Jetzt würde man über ihn sprechen, wie seltsam er doch wäre. Er beschloß, heute abend einen Nachtklub aufzusuchen und rief Sammy an, der immer wußte, wo eine gute Band spielte.

Im Tiptoe gastierte eine Band aus dem Kongo. Adisa war nicht zu Hause, als er sie abholen wollte.

Während er ununterbrochen redete, steuerte Amamu auf Umwegen zum Tiptoe. Sammy kannte seine Launen, sagte aber nichts und murmelte nur hin und wieder, er solle auf die Straße aufpassen. Zu dieser Tageszeit tranken die Leute, und man mußte auf den Gegenverkehr und die offenen Abwässerrinnen links achten. Amamu kümmerte sich nicht darum. Sie bogen von den Nimbäumen der Siebten Straße in die Ringstraße ein und fuhren auf den Kreisel zu. Autos rasten vorbei, kamen von hinten im Bogen neben sie heran, er fluchte vor sich hin.

Man muß lang genug leben, um jemals Frauen zu verstehen, sagte er. Sammy erwiderte nie etwas auf seine Monologe. Er war Junggeselle, nicht gerade aus eigener Wahl, sondern wegen seiner Unfähigkeit, irgendein Mädchen zum Heiraten zu bewegen. Alle meinten, man könne ihn nicht ernst nehmen. Deshalb war er auch nie ernsthaft mit ihnen. Sammy war sein bester Freund. Seit Urzeiten, behaupteten sie, bevor er in England Jura studierte. Sie waren alte Freunde. Sammy besuchte die Universität zu Hause und graduierte in Englisch. Jetzt arbeitete er als Hilfssekretär im Ministerium für Innere Angelegenheiten. Er hatte mit den Akten zu tun, ungefähr zehn Stunden am Tag las er darin, protokollierte in seinem ausgezeichneten Englisch Anweisungen an seine Vorgesetzten und Untergebenen und wurde regelmäßig mit jährlich fünfzig Pfund Gehaltszulage befördert. Mit seinen dreiundzwanzig Jahren hielt er mit der Beharrlichkeit eines Meßdieners an seinen Junggesellenfreuden fest. Sie bogen in die an Schlaglöchern reiche Straße ein, in der das Tiptoe lag. Das Tiptoe ist noch ein Überbleibsel aus dem Krieg, das zur Unterhaltung der Soldaten diente. Es liegt, wie die städtischen Abwässerrinnen, im Freien. An der Mauer lehnen vereinzelte Hütten, an der Nordseite steht ein zweistöckiges Gebäude, dessen Bewohner von ihren Fenstern den Tanzenden zuschauen. Die Eintrittskarten verkauft ein Mann in einer winzigen Bude hinter Maschendraht. Wer während des Tanzens hinausgehen möchte, muß seine Handfläche stempeln lassen, bei der Rückkehr zeigt man sie wieder vor.

Als sie aus dem Wagen stiegen, stürzte eine Horde Jungen aus der Dunkelheit hervor, die wild durcheinanderriefen: „Masa, ich passe aufs Auto auf. Ich, Masa, ich." Sammy winkte einem Helläugigen zu, der mit einem halben Hemd bekleidet war. „Du paßt aufs Auto auf, verstanden?" „Ja, Sah." Der Junge parodierte einen militärischen Gruß und wandte sich schadenfroh an seine Kameraden. Er war ihnen zuvorgekommen.

Ein Polizist, der möglicherweise durch den Lärm aufmerksam geworden war, ging vorbei: „Masa, sie können hier nicht parken, Sah." Sammy warf ihm ein Zwei-Schilling Stück zu und sagte: „Du schaust auch nach dem Wagen, ja?"

„Ja, Sah, Masa, danke."

Im Tiptoe war es voll. Auf der Tribüne spielte die kongolesische Band. Jeder Tisch war besetzt. Ein großer, hellhäutiger Mischling kam ihnen Kaugummi kauend entgegen.

„Heh, Rafik, besorge uns schnellstens einen Tisch!"

„Ja, Masa Sammy. Heute viel los. Ich versuchen Tisch auf schönem Platz zu kriegen."

Sie standen am Rand der Tanzfläche und sahen den Tanzenden zu, die sich zur Musik bewegten. Rafik kam zurück. Er hatte einen Tisch gefunden, jedoch genau bei den Toiletten. Sammy starrte ihn ungläubig an.

„Rafik, du Dummkopf, hol Aboud her. Los!"
Rafik kehrte mit dem Besitzer Aboud, einem dicken, freundlichen Libanesen, zurück.
„Oh, Anwalt, Sie es sind. Ich nicht wußte. Oh, Rafik, du echter Idiot. Du gibst Anwalt und sein Freund Tisch bei Pinkelstelle? Ich niemals gesehen Dummkopf wie du. Bitte, Anwalt, kommen Sie bitte mit."
Jetzt hatten sie einen schönen Platz an der Tanzfläche. Der Besitzer hatte ihnen zwei Gläser mit Scotch kommen lassen. Er kannte den Anwalt gut. Er war sein Freund.
„Hast du Adisa gesehen?"
„Nein."
Die Band spielte einen Pachanga. Der Verstärker stand gleich hinter ihnen. Insgesamt waren es fünf Instrumente, zwei Gitarren, Trommeln, Baß, Congas, und ein Mischling als Vokalist, der wie ein dunkler Bruder von Elvis Presley wirkte. Sie hatten „In Leopoldville wir nicht sprechen Französisch" angestimmt, eine Mischung aus Lingala und Französisch, eine Nummer, die damals sehr beliebt war. Die Musik hatte ihren eigenen Rhythmus, erinnerte an alte Agbekor-Musik, ein anhaltender Wirbel von Synkopen. Die Gitarren zeterten im Takt dazu. Die Verstärker zwangen den Rhythmus dem eigenen Herzschlag auf, so daß Rhythmus und Herzschlag gemeinsam mit der Bewegung der Tanzenden eins wurden. Mädchen in hautengen Kleidern bewegten ihre Körper zu den rhythmischen Schwingungen jedes Herzschlags und jedes Fußaufsetzens kreisend von den Jungen weg, die in Pullover und Lederjacke schweißtriefend auf den Boden stampften.
Amamu hielt seine Augen auf den Eingang geheftet.

Adisa würde irgendwann kommen. Die Trommeln erzählten die alte Geschichte. Ein Mann und eine Frau, die sich dem heiligen Liebesakt gemäß im Tanz vereinigen. Jeder Trommelschlag wurden von den Verstärkern verwandelt, durchdrang klagend jeden Herzschlag, jedes Fußaufsetzen, setzte sich fort als klagendes Echo bis zum Vergißmeinnichtstrauch, der genau zwischen den Toiletten und der Bar stand und sich mitbewegte.

„Ka dzin kon kon ka dzi
Ka dzin kon kon ka dzi
Ka dzi
Ka dzi
Kon ka kon ka kon ko
Kon ko ... Kon ko
Ka dzin kon kon ka dzi“

Jetzt hatten die Mädchen den Rhythmus im Echo gefunden, machten ihn sich zu eigen, er wurde Teil ihrer Körper, ihrer Taillen; ihre Brüste und Hinterteile bewegten sich harmonisch dazu, vereinigt und getrennt im Liebesakt, den die Trommeln einleiteten und von dem sie wußten und an dem sie teilhatten seit ihrer Empfängnis.

Die Trommeln schlugen höher und höher, jetzt ärgerlich, stoßend, hämmernd, entfernten sich für Sekunden von ihrem Echo, hielten die Mädchen in ihrer Umarmung, liebten sie, liebten sie im Takt, und sie erwiderten die Liebe mit einer Ekstase, die es nur in der Liebe gibt.

„Ko ko ko dzin
Ka kan ka kan
Kan kan kan

Ko ko ko kan kan

Kan ko ko kan"

Dann ließ es nach, der Takt begann die Mädchen aus dieser intimen Umarmung zu entlassen. Die Trommeln machten das Nachspiel der Reinigung, um an die Gitarren abzugeben, die im zärtlichen Streicheln nach dem Liebesakt stöhnend und ungesättigt nach mehr verlangten. In gedämpften Monologen klagten die Trommeln jetzt für sich, verließen die Liebesgefilde, um Neuankömmlinge in den Beginn eines neuen Aktes einzuführen.

„Da ist sie . . . da ist sie."

„Wer?"

„Adisa."

Es war Adisa. Sie stand am Eingang und blickte umher.

„Laß dich nicht von ihr sehen."

Sie schien allein zu sein. Ihr silbergraues Kleid schimmerte im gedämpften Licht der Tanzfläche. Sie ließ ihre Augen über die gesamte Fläche, die Band, die Tanzenden, bis hin zu denen, die zwischen Vergißmeinnichtstrauch und Toilette eingezwängt saßen, und bis zu den Leuten auf den Barhockern gleiten. Adisa stammt aus dem Norden und besitzt das Schweigen und die Ruhe der Savannen, den Geruch der frischen Erde, wenn sie zur Hirsezeit in ihrem Heimatort umgepflügt wird. Ihre Haut hat die Dunkelheit der stillen Gewässer im Norden, die nie austrocknen, obwohl sie keine Nebenflüsse haben.

Vor einem Jahr hatten sie und Amamu sich auf dem Gericht getroffen. Im Lido hatte es unter den Mädchen eine Schlägerei gegeben. Ein Polizeiwagen brachte sie alle zur Polizeistation nach Adabraka. Die ganze Nacht mußte sich Adisa gegen den diensthabenden Polizeibeamten zur Wehr setzen, der sie mit offenem Hosenlatz in ihrer Zelle belästigte. Am nächsten Tag wurden sie vor den Richter gebracht. In ihrer Arbeitskleidung, einem roten, tiefausgeschnittenen Samtkleid, das ihre Brüste weitgehend entblößte, trat sie vor Gericht. Er sah sie und hörte, wie sie zusammen mit ihren Freundinnen leise das Gesetz verhöhnte. Insgesamt waren es sechs, vier Alte, Adisa und die sechste ein Kind von vierzehn Jahren. Er war ihr Verteidiger.

Sie stand jetzt an der Tanzfläche und entdeckte ein Mädchen.

„Hallo, Rose, du wolltest mich doch anrufen."

„Oh, Adisa, ich mußte zur Schneiderin und ..."

Die beiden Mädchen blickten sich an, gingen an einen Tisch. Einer der Jungen überließ ihr seinen Stuhl, sie griff nach ihrer Tasche und setzte sich.

Er summte eine undeutliche Melodie, starrte sie an, während seine Hände das Glas mit dem letzten Tropfen Scotch umklammerten.

Die Kongolesen stimmten eine langsame Nummer an, eine Klage von einem weit entfernten Land, von schwarzen Menschen, von Liebe, Tränen und Tod. Zuerst erklangen nur die Gitarren, kurze Pausen unterbrachen ihre Klage, sie erzählten die Geschichte, die niemand und jeder verstand, das Lied vom Blinden, der sucht und findet. Als die Gitarren wieder einsetzten, sang der Vokalist:

„In dem einsamen Haus,
wo Dunkelheit alles verhüllt,
stand Maria."

Dann kam der Kehrreim und wiederholte die Geschichte in verhaltener Form:

„Es wird vorbei sein,
wenn die Ketten zerschlagen,
wenn die Tränen abgewischt sind.“

Aboud trat an den Tisch.
„Nun, Anwalt, fertig mit Trinken? Rafik, bring Anwalt und sein Freund Whisky.“
Amamu erhob sich vom Stuhl. Adisa tanzte zum Lied des Blinden mit einem kleinen, untersetzten Mann. Er ging zu ihnen. Sammy blieb schweigend mit einem Gebet auf den Lippen sitzen. Dann sah er sie zum Tisch kommen, Adisa, ruhig, mit strahlenden Augen, Amamu, mit gleichgültigem, zufriedenem Ausdruck im Gesicht.

Kapitel 9a

Nächte in der Stadt, der Ausrufer auf der Moschee ermahnt die Gläubigen zum Gebet: „Es gibt nur einen Gott, Allah, und Mohammed ist sein Prophet.“ Nächte in der Stadt, von Latrinenwagen schwappen Exkremente aus den Vorstädten auf die zweispurige Fahrbahn. Im Morgengrauen hat einer davon einen jungen Offizier überfahren, sein verstümmelter Körper mußte unter einem Haufen Kot hervorgezogen werden. Fürchte den Tod durch Latrinenwagen.

Am frühen Abend, ehe die Band die Tribüne einnimmt und Kundschaft eintrifft, wird eine Gruppe von Prostituierten von der Geschäftsleitung gemustert. Am Eingang flitzen Straßenjungen in zerfetzter Kleidung herum, um seriösen Herrn aus der Stadt Parkplätze zuzuweisen. Eine Frau giftet einen Kerl an – einen Profi, versteht sich – der sie beim Kauf einer Stange Zigaretten betrügen will.

Wir wollten gern ein Zeichen von dir sehen. Es wird kein Zeichen gegeben werden, denn das Zeichen des Propheten Jona.

Zur neunten Stunde werden die Bands die alte Melodie anstimmen „Ich werde Nima zu einer Stadt in einer Stadt machen“, die an vergessene Dörfer erinnert und an jahrhundertealte Rituale, die auf dem Kopf von Stelzenläufern in die Städte in den Städten hineingetragen wurden.

Leichte Mädchen in engen, knielangen Seidenkleidern in Begleitung von nach Knoblauch riechenden Libanesen schwatzen lebhaft Arabisch und Pidgin-Englisch in riesigen amerikanischen Wagen, die mit Krediten der nationalen Banken des freien unabhängigen Afrika erworben sind. Einige langbeinig wie die scheuen Gazellen der Savanne, mit blutroten Lippen. Auf dem Lastwagenparkplatz hinter den öffentlichen Toiletten wurde ein Mann erwischt, der es mit einem zehnjährigen Mädchen, das Erdnüsse verkaufte, trieb. Nach dem Gesetz Vergewaltigung. Als man ihn daraufhin verhörte, meinte er, der Penis sei ihm ausgerutscht.

In dem alten, verkommenen Hotel in Algier, der Hauptstadt des Landes mit einer Million Märtyrer, traf ich Eduardo. In seinen Augen loderte das Feuer der Revolution. In einer Villa an einem See in der Nähe seiner Heimat wurde er später bei der Abfassung einer Ansprache an die Ältesten durch eine Bombe getötet.

An freudlosen Wintertagen, laufe ich hier durch die Straßen und suche Lewis Nkosis weißen Neger, der genauso wie die Engel nur eine Erfindung ist. Im Zug von Kingsbury flucht ein betrunkener Ire in fließendem Holländisch. Um vier Uhr morgens wird mich David im Whiskynebel nach Hause fahren und angestrengt nach meiner Wohnung suchen. Gerade dann werden auch die Jungen von der Band aufbrechen und ihre Sachen zusammenpacken.

Ein Land fröhlicher, gastfreundlicher Menschen. So lauten die Werbeplakate. Man sollte hinzufügen, daß die Miezen hier billig sind, daß der Alkohol schlecht ist und die Menschen an allen möglichen Krankheiten leiden und daß der Parkplatz vor dem Flughafen von Bettlern wimmelt, und die Führer der Regierung,

jeder Regierung, sollten finanziellen Druck für irgendwelche Gunstleistungen bestrafen.
Lionel wollte im Falle einer Revolution den ersten Panzer nach Johannesburg fahren. Mit erhobenem Kopf wie Conrads „Nigger vom Narzissus“ spaziere ich mittags durch Covent-Garden auf der Suche nach dem Theater, wo man gerade „Neger aller Orte erhebt euch“ spielt. Zusammen mit Roger führe ich meine „widerwärtige Maske einer Negerseele“ in ein Lokal in der Tottenham-Court-Straße: Als ich mit meinen Fingern schnippte, weil mir einfiel, daß ich etwas sagen wollte, knurrte mich der Gastwirt mit den gelben Zähnen an: „Ich bin kein Hund!“ „Nein, Sir, Sie sind kein Hund. Ich bin einer. Der Hund, der gestorben ist.“
Das Pentagon unserer Nation vernichtet bedenkenlos die geknechteten Häupter der Waisen, um dadurch ausgleichende Stabilität zu bewirken.

„Daß es so etwas wie Willensstärke gibt,
die einen so nahe zum Wind hinaufzieht,
daß sie eines Menschen Vernunft rettet
wenngleich er etwas seltsam bleibt.“

Kierkegaard

Das ist eine dreiste Lüge. Unten in der Tanzhalle wird heute abend ein Kind auf dem Rücken seiner Mutter schreien: „Mutter, bitte, ich möchte in den Himmel kommen. Bitte, Mutter!“ Verliebte tanzen den Pachanga so ausgelassen, wie nach Zeke eben nur Afrikaner tanzen können, mit natürlichem Gefühl für Rhythmus. Der moralische Politiker fordert eine Revolution der Moral. Es hieß, er habe einmal mit ... geschlafen, der Frau eines anderen. Als Luther

ausrief, daß Vernunft des Teufels Hure sei, schlug er seine neunundneunzig Thesen an die Tür.
Ein Häuptling begab sich auf eine Reise für die Moralische Aufrüstung. Er kehrte zurück und ließ sich darüber aus, wie dekadent die Gesellschaft geworden wäre, wie ungehorsam Kinder ihren Eltern gegenüber seien und daß kleine Jungen ihre Ältesten nicht respektierten.
In unserer vermauerten Welt verhaltenen Zorns weilt der Heiland unter uns mit seinem Herzen in der Schlinge.
Alle diese Zeichen werden denen gegeben, die daran glauben. In den Feldern ist der Lärm aus der Stadt nur noch schwach zu hören. Als er dort jenseits der blauen Hügel ein Mädchen küssen wollte, fuhr Jimmy sein Auto zu Schrott. Ich komme mit leeren Händen. Vater ließ an der Wand neben dem Schild „Christus ist das Haupt dieses Hauses" ein anderes anschlagen, auf dem geschrieben stand: „Ich komme mit leeren Händen."
Als wir klein waren, sang er oft ein Lied über die sechs Fuß Erde, die uns alle gleich machen. Eines Abends hatte er eine handgreifliche Auseinandersetzung mit einem lahmen Fahrer aus dem Landesinnern, der ihm Geld schuldete – fünf Schillinge waren es. Als dieser im Begriff war, Vaters Kopf mit einem Brecheisen einzurammen, wurden beide wegen öffentlicher Störung von Ruhe und Ordnung verhaftet. Die Nacht verbrachten beide im Gefängnis. Am Morgen kehrte er finster wie eine Regenwolke nach Hause zurück, niemand getraute sich, ihm eine Frage zu stellen, sein Abendbrot, Reis und Fleisch, stand immer noch auf dem Tisch. Kurz darauf stürzten Räuber herein und

zermetzelten meine Mutter. Sie schlitzten ihr den Arm auf, den Arm, den sie im Schlaf um mich gelegt hatte. Das Morgengrauen war mit Schreien und Wehklagen erfüllt. Ich war über und über mit dem Blut meiner Mutter besudelt.

„Endlose Entsagung ist das Hemd, von dem wir in
alten Fabeln lesen.
Der Faden ist mit Tränen gesponnen, der Stoff mit
Tränen gebleicht,
das Hemd mit Tränen genäht."

Kierkegaard

Vielleicht ist es die Liebe, mit der wir vor unseren Schöpfer treten können, um ihn nach dem tieferen Sinn des Ganzen zu fragen. Die einfältigen sanften Hügel im Dunst des Nachmittagsregens, die Verwesung der Erde durch modernde Nimblätter, geben eine einfache Antwort: „Verzweifle und stirb!"
Ich weiß vielleicht, wo Platinbäume voller Blüten aus Eisen und Stahl wachsen, in der Fabrik, wo jemand nach Arbeitsschluß noch dableibt und mit heller Stimme singt. Wir brauchen Blumen, solche leuchtenden wie in meinen Schmetterlingsfeldern, mit denen wir unseren Führern, Bürgern und allen, allen unseren Führern und natürlichen Herrschern, Unterzeichnern des Bündnisses von 1844, Kränze winden. Dann werden sie uns zur Musik elektrischer Gitarren und Trommeln, die mit Totenköpfen aus alten Ahnenschreinen verziert sind, den Totentanz vorführen. Die ganze Nacht hindurch werden sie in den Rathäusern vor angetrunkenen ausländischen Würdenträgern einen langsamen Totentanz tanzen. Wenn die Trommeln und elektrischen Gitarren verklungen sind, wird

der Festsaal mit Licht und Blumen überflutet sein. Ein kleines Mädchen wird sich vor dem obersten Führer verneigen, der verzweifelt einen Furz zu unterdrücken versucht. Er ist ernstlich um den moralischen Verfall der Nation besorgt.

Erinnerung, trocken wie die Beine alter Weiber, wird am Tag des Löwen die Schande des Krokodils und des Alligators wachrufen. Ein Mann im letzten Stadium der Syphilis schreit in einer öffentlichen Toilette laut auf: „Es kommt!"

Im Schatten meines Baumes möchte ich das wunderbare Auftauchen meiner Meerjungfrau erwarten, die mit steifen Brustwarzen die von Mondstrahlen zerteilten Wellen kräuselt. Sie wird für mich tanzen, obwohl Neville sagte, daß sie zu unserer Zeit nie wieder in den hellen Jahreszeiten zwischen den Gewürzhügeln tanzen wird. Er sang immer von der Nelkenpfefferzeit, denn der Reiche wurde arm und mußte seine Stoffe an die Färber mit den blauen Händen in Lagos verkaufen.

In dem grauen Waffenstillstand dieser Stunden werden wir eine vorübergehende Ruhepause machen. In unserer Bußestunde werden wir unser Gepäck für eine lange Heimreise packen. Wir werden nicht mehr in Gleichnissen sprechen, denn wir haben die Verschwiegenheit von Feiglingen, und von unseren Häusern werden wir einen Schwur gen Himmel senden. Das Fernsehprogramm beginnt mit dem Kaleidoskop, und Akademiker erörtern die Probleme der Entwicklungsländer – ein Begriff, den der Maharadscha beunruhigend fand.

Experten sollen unsere Städte planen, die Scheißelaster von den Straßen entfernen, so daß Tanzende im

Lido nicht belästigt werden, wenn sich unsere Welt in einem Wirrwarr von verschlungenen Beinen unter alten Gaslaternen an Straßenecken auflöst. Es gibt nur eine Möglichkeit: Verzweifle und stirb.

Das Lied von der Kaiserin Sophia singend, kam Vater, betrunken wie ein Eingeborenenhäuptling nach Hause. „Das Essen ist fertig", sagte Mutter. „Ich bin nicht hungrig, ich bin nicht hungrig."

Und diese Erde, mein Bruder, fordert, daß ich ihr gehöre. Heute nacht liegt tiefes Schweigen über dem Land. Joe meint, es sei die Stille vor dem Sturm: das Schweigen des Todes. In der Erwartung des aufgehenden Mondes stoßen kleine Kinder in der Ebenholznacht unter meinem indischen Mandelbaum einen aus Lumpen genähten Judas am Strand vor sich her. Für dreißig Silberlinge verriet er ihren Erlöser.

Als uns die Nachricht von Verwoerds Ermordung erreichte, betrank sich Abraham ganz fürchterlich und schrie:„Die Revolution ist gekommen!" Wenn die Befreiungsheere nach Hause ziehen, ihre Waffen niederlegen, der Sieg gewiß ist und die Führer ihre tränenreichen Reden schwingen, dann werden in der Menge an die tausend graue Obervolta-Jagdhunde losgelassen werden, und der Freiheitskampf wird dann in seine zweite grausamste Phase eintreten.

Langsame Husagotrommeln begleiten die Suche nach dem Geist des toten Priesters am Wegesrand im Gestrüpp der Bananenhaine. Drei der Anführer sollen auf dem Marktplatz in Kinshasa erhängt werden. Die harten Fragen müssen von ihren Erfindern beantwortet werden. Mit bestechender Logik werden im Parlament Lösungen gefunden, und der ehrenwerte Abgeordnete aus Manso-West wird sich unter Tränen

dafür einsetzen, daß der Gebrauch von Verhütungsmitteln in der Verfassung genannt und festgehalten wird, mit dem Zusatz, daß weder irgendein Tyrann noch ein willfähriges Parlament diese Klausel ohne überwältigende Mehrheit eines Volksentscheids verändern kann. Die Häuptlinge des Dorfes Noyi sandten ein Telegramm, in dem sie die Klugheit, die Vernunft und den Patriotismus der Versammlung beglückwünschten. Eine Nation tanzt jetzt ihren Totentanz im Festsaal ihrer Vorstellungen, verkündet mit Trompetenschall ihre Errettung, Gottes Posaunen ertönen im Himmel – und Christus schrie am Kreuz auf: „Vater, in deine Hände befehle ich meinen Geist."
In diesen Stunden klinischer Arbeit beherrscht ein Geruch von Äther die Welt, Männer auf sudanesischen Pferden jagen um ein Uhr fünfundvierzig nach dem grauen Silberpokal. Die Gewinner werden an der Festtafel ausgerufen. Tänzerinnen werden in die Menschenmenge geschickt, ihre halbnackten Brüste schwingen im Takt der Husagotrommeln, während sie unter Heilkräuterbüschen nach ätherhaltigen Betäubungsmitteln suchen. Der Richter wird mit dem Hammer auf den Tisch schlagen und damit den Markt für eröffnet erklären. Käufer und Verkäufer sind eins.
Ich werde den ganzen Weg nach Hause laufen.
Ich lehnte ab, als sie mir behandschuht, mit langer Zigarettenspitze im Mund ein Getränk anbot und fragte: „Läßt sich in Ihrer Heimatstadt was fischen?"
Man hatte sie auf Staatskosten nach Europa geschickt, wo sie einen Blick für Antiquitäten bekommen sollte. Außer Atem wie ein Langstreckenläufer, machte sie einen obszönen Vorschlag, was man Lust-

volles auf einem Doppelbett tun könnte. „Nichts für mich“, sagte ich. „Wirklich?“

Weiden neigen sich über Peters Haus bis auf den apfelgrünen Rasen, wo Nevilles Kinder Kricket spielen. Sie sind halbe Westinder und verstehen den Rhythmus von Gary Sobers bei Lords.

Meine Mädchen schlafen jetzt. Stör’ sie nicht. Man munkelt geheimnisvoll über den Arbeiter, der beim Friedhof von Awudome für tot erklärt worden war. Der Mann hatte drei Tage nichts gegessen. Als er im Wagen des Gesundheitsamtes zur Leichenschau ins Krankenhaus und zu seiner letzten Ruhestätte gebracht werden sollte, protestierte er wie Lazarus im Grab, daß er nicht tot sei. Er sei nur hungrig. Man kaufte ihm für sechs Penny Reis und Fleisch. Nachdem er gesättigt war, strich er seine Jacke glatt und zog heim nach Nima, er murmelte: „Nimiana“, was soviel wie „Deine Mütter“ heißt.

Wir werden abends eintreffen, wenn die Rituale vorüber sind und die Hungrigen des Landes gegessen haben – nötigenfalls werden sie es sich von den heiligen Schreinen verstorbener Ahnen stehlen. Wir erinnern uns an die tanzenden Mädchen, die im Dornenfeld die Schritte der Toten tanzen. Die Beredtsamkeit der Rasseln wird sich von dem Schall der Stammestrommeln abheben, Amulette werden von unbeachteten Weissagungen berichten. Heute nacht brachte ich meine Geliebte nach Hause. Sie war still. Wir saßen uns auf ihrem zusammengebrochenen Sofa gegenüber, stundenlang in beredtem Schweigen.

Dann wußten wir, daß der wirkliche Aufschub nicht gewonnen werden kann. Der Urteilsspruch ist einfach, eine gefährliche Lüge, mit der wir bis ans Ende

leben müssen. Schweige und laß mich den Preis dafür zahlen.
Verzweifle und stirb.

Kapitel 10

Mehrere Monate zuvor war seine Frau nach Hause gekommen. Als er nach Afrika zurückkehrte, blieb sie zunächst in London. Er hatte ein Mädchen von Cape Coast, Tochter eines Richters des Obersten Gerichtshofs im Ruhestand, geheiratet.

Eines Morgens, Ende Juni, kam sie zurück. Die BOAC sollte um elf Uhr landen. Auf dem kleinen Flughafen war viel Betrieb. In der schlechten Luft der engen Halle wühlten sich die Menschen schweißgebadet durch die Menge. Weißbekleidet standen die Verwandten von Alice zum Empfang bereit. Ihr Vater, grauhaarig und froh, wartete in einem gestreiften Anzug der mittdreißiger Jahre am Schalter. Amamu begrüßte seine Schwiegereltern.

„Guten Morgen, Sir.“

„Guten Morgen. Wo ist dein Vater?“

„Papa geht es nicht gut. Er hat die Grippe.“

„Das liegt am Wetter. Eine Virusgrippe geht um. Viele haben sich mit Grippe hingelegt.“

Lautes Gemurmel drängender Frauen, die über Gott und die Welt schwatzen. Flughafenangestellte, die mit gewichtigen Ordnern auf- und ablaufend ihrem Dienst nachgehen. Über den Lautsprecher hörte man die Stimme der Ansagerin:

„Flug BOAC 217 aus London wird mit etwa einstündiger Verspätung um zwölf Uhr Ortszeit eintreffen.“

Die Angestellten bekamen jetzt nach der Ansage ein noch gewichtigeres Aussehen. Der aufsichtführende

Polizist stand mit blitzsauberen Khakis am B.W.A. Kiosk und spielte mit seinem Knüppel.
In der schäbigen Ankunftshalle summte es vor menschlicher Geschäftigkeit. Sie ist der eindrucksvollste Teil des Flughafens, grau und eintönig, mit dem typischen Lärm eines Kolonialflughafens, Endstation früherer Kolonialisten, die an diesen Küsten für König, Königin und Vaterland dem Fieber erlagen. Der lange, hölzerne Tisch war mit Bierflecken übersät. Irgendein Ästhet unter den Zollinspektoren hatte sich bemüht, die Halle mit billigen geschmacklosen Sesseln aufzuhellen. Der harte Zementfußboden war blitzsauber, abgesehen von einigen eilig ausgedrückten Zigarettenkippen und Papierfetzen, die gleichgültige, gelangweilte Bodenhostessen mit zu viel Rot auf den vollen Lippen am Ausgang von Handkoffern und Gepäckstücken abgerissen hatten. Draußen schien die Sonne unbarmherzig. Die zerschlissene Nationalflagge, die uns noch nicht zum Sterben gerufen hat, flatterte im leichten, trägen Wind. Auf dem Parkplatz lungerten zwischen funkelnden, schweren Limousinen ein paar Straßenjungen herum und suchten verzweifelt etwas zum Stehlen. In der Halle schoben träge Ventilatoren heiße Luft vor sich her, in widerwilliger Entschlossenheit, ihren Dienst, der ihnen vor Jahren auferlegt worden war, zu leisten, Rost und Alter zum Trotz.
Amamu stand am Schalter. Er hatte bereits drei Glas Bier getrunken und unterhielt sich mit einem kleinen Mann, der eine Hornbrille trug, über einen verjährten Prozeß. Ein paar libanesische Kaufleute, die offensichtlich Verstärkung erwarteten, versuchten ihn für ein Import/Export-Geschäft zu interessieren – A und O aller Geschäfte in Afrika. Sein Schwiegervater

nippte an einem großen Glas Brandy, zu dem ihn sein Schwiegersohn überredet hatte.
Das Flugzeug landete um zwölf Uhr. Zwei schwarze Mercedes flitzten über die Rollbahn, um zwei Minister zu empfangen, die aus London von einer Konferenz des Weltkomitees „Zum Schutz afrikanischer Interessen südlich der Sahara“, zurückkehrten. Die erste Busladung traf am Ausgang ein, größtenteils Inder, Libanesen und Europäer, die ängstlich ihre Aktentaschen umklammerten, denn man hatte sie vor Taschendieben auf jedem afrikanischen Flughafen gewarnt.
Der zweite Bus rollte heran. Amamu sah seine Frau an der linken Seite sitzen. Die Familie Johnson, Vater, Mutter und ein paar alte Jungfern, hatten sich bis in den kleinen Ausgang vorgedrängt vor dem der Bus eintraf.
„Zutritt verboten. Können sie nicht lesen?“ die Stimme eines Diensthabenden in weißem Overall mit erregtem, verschwitztem Gesicht. Zaghaft lächelnd stieg sie aus. Kupferfarben und klein trug sie jedoch ihre Zierlichkeit mit der sicheren Eleganz einer Tochter eines Richters im Ruhestand, die gerade aus England zurückkehrte. Ihr Kleid tiefausgeschnitten und hellviolett, dazu passende, teuer aussehende Schuhe. Ihr Gesicht verriet leichte Erregtheit über ihre Rückkehr nach fünf Jahren Übersee. Markante Striche mit dem Augenbrauenstift betonten ihre sanften, braunen Augen. Eine etwas breite Nase saß keck über einem ziemlich breiten Mund, über dem sich ein kaum sichtbarer Bart abzeichnete. Ihr Lächeln entblößte ein Reihe weißer, scharfer Zähne und eine Spur früherer Lebhaftigkeit. Gewiß eine willensstarke Frau, die sich

von keiner Ziege ein Blatt vom Kopf fressen lassen würde. Und leidenschaftlich. Ihre achtundzwanzig Jahre wurden durch ein mädchenhaftes Verhalten verdeckt, das an eine Kindheit in elterlicher Liebe und Geborgenheit, heimliche Schwärmereien in Mädchenpensionaten und den Rausch vergessener Leidenschaften in ihrem Wohn-Schlafzimmer in Kilburn und Swiss Cottage erinnerte. Aber die Zähne waren künstlich, hergestellt in einer der kleinen Fabriken in Europa, die Artikel entwickeln, die in jede Nische des menschlichen Körpers passen.

Amamu zwängte sich an seinen Schwiegereltern vorbei und umarmte seine geliebte Frau. Nicht sehr demonstrativ, es war erstaunlich, daß er es tat. Aber er hatte es schnell hinter sich gebracht. Sein anfänglicher Mut hatte ihn beim letzten Schluck Alkohol wieder verlassen.

Sammy half ihr durch den Zoll. Der große, kräftige Zollbeamte sah ihn eine Sekunde lang an.

„Reisepaß", knurrte er.

Sammy schob Alices Paß so höflich wie möglich zu ihm hin.

Der Beamte blätterte langsam und bedächtig darin herum.

„Impfausweis."

Sammy zeigte den gelben Ausweis vor. Er überprüfte ihn und blickte hin und wieder zu Sammy.

„Wer ist das?" fragte er.

„Der Name steht darauf, hier", zeigte Sammy gelassen.

„In diesem Ton können Sie nicht mit mir reden. Sie können nach England gehen und wiederkommen, aber diesen Ton laß ich mir nicht gefallen."

Sammy beschloß, nichts mehr zu sagen. Nach einer Weile, als der Mann ihn immer noch anstarrte wie ein lodernder Busch, beugte er sich über das Papier.
„Die Dame muß selbst herkommen. Sie hat keine Gelbfieberimpfung."
Sammy eilte durch die Halle zur Bar. Amamu leerte gerade ein großes Glas Brandy, auf Alices Gesundheit und gute Heimkehr, wie er sagte.
Ein paar Minuten später ging er zum Zoll
„Worum geht es hier mit dem Gelbfieber? Die Dame ist meine Frau."
Der Mann, der in dem Heft blätterte, nahm keine Notiz von ihm. Ein älterer Beamter kam hinzu.
„Nun, Anwalt, was gibt's?"
„Herr Addo, es handelt sich um meine Frau."
„Seine Frau hat keine Gelbfieberimpfung", sagte der Beamte, der das Papier geprüft hatte.
„Herr Hammond, ich habe ihnen doch gesagt, daß Sie zu den Leuten zuvorkommend sein sollen, Sie wissen doch nicht, wer sie sind. Herr Doe, bitte, übernehmen Sie für Herrn Hammond. Herr Hammond, warten Sie bitte in meinem Büro auf mich."
Als er ausgeredet hatte, wandte er sich an Amamu.
„Oh, Anwalt, machen Sie sich nichts daraus, Sir. Ich hoffe, Sie nehmen es nicht ernst. Wo ist das Gepäck Ihrer Frau? Ist es schon durch den Zoll? Ich werde es gleich selbst erledigen, Sir, sofort."
Er hatte einmal einen Staatssekretär mit dem Anwalt im Avenida Hotel an der Bar zusammen gesehen.
Gegen drei Uhr verließen sie den Flughafen und traten in den hellen, gleißenden Nachmittag hinaus. Es herrschte viel Verkehr.

Die Fahrt verlief schweigsam. Hin und wieder stellte Amamu eine Frage.
„Wie geht es Frank Annobi? Lebt er noch in Golders Green?"
„Ja, und er ist immer noch so versoffen wie früher. Er geht jetzt fest mit Susie Bartels."
Das Gespräch endete in einem unbehaglichen Schweigen. Sie wanden sich durch bis zur Einmündung in die Umgehungsstraße, wo sie wegen einer Verkehrsstockung anhalten mußten. Ein Polizist überholte sie auf einem Motorrad.
Der Präsident ließ sich vom Fort zu seinem Wohnsitz im Flagstaff-Haus fahren. Ungefähr zehn Wagen vor ihnen fuhr ein städtischer Latrinenwagen, der seine Ladung aus dem früheren europäischen Wohngebiet Ridge, das jetzt höheren afrikanischen Regierungsbeamten dient, abgeholt hatte. Alice hielt sich ein Taschentuch vor die Nase. Der Gestank, den die Hitze noch verstärkte, überfiel sie mit Böswilligkeit, fast wie ein schlechter Scherz. Mißmutig saßen sie im Auto und erstickten fast am Gestank der Vorstadtscheiße.
Die Wagenkolonne des Präsidenten fuhr vorüber. Er saß allein hinten im dritten Rolls Royce und blickte durch die kugelsichere Windschutzscheibe auf die Welt.
„Wetten, daß der nicht scheißt." Das war Sammy. Er hatte die Gegenwart der Dame vergessen.
Amamu hatte ein Drei-Schlafzimmer-Haus in Kaneshie angezahlt, das abseits an einer Straße lag, die keinen Namen hatte wie die meisten Straßen in dieser Stadt. Er hatte Blumen gepflanzt, eine Reihe Zinnien, gelbstrahlende Sonnenblumen, umgeben von Poinset-

tien. Zur Feier des Tages waren Stühle auf den kleinen Rasen gestellt worden.
Yaro war zur Stelle, um die Frau seines Herrn zu begrüßen.
Am ersten Sonnabend nach Alices Heimkehr hatte ihr Mann zu einer Party eingeladen. Schon der Morgen versprach, ein gewöhnlicher, langweiliger Tag mit Regen, Hitze und schlechter Laune zu werden. Die Hitze lag über dem Land wie die von langem Fieberschweiß feuchte Decke eines Kranken, hing schwer über der nackten Erde wie alte Theatervorhänge, die kein Wind bewegen kann. Ein paar dunkle Wolken zogen über den Himmel dahin, spielten einen Streich, indem sie zur Küste eilten und still lächelnd wieder über die Stadt zurückwehten.
Amamu saß im Wohnzimmer, er war weder nüchtern noch richtig betrunken. Yaro kam verdreckt und schweißtriefend herein. Er hatte seine Blumentöpfe versorgt. Sein Herr hatte dreimal nach ihm gerufen.
„Ja, Sah, Masa."
„Bist du draußen fertig?"
„Nein, Sah."
„Komm schnell drinnen sauber machen. Wir haben heute abend Party. Wichtige Leute kommen. Mach alle Gläser, Teller, Besteck, alles sauber. Verstanden?"
„Ja, Sah." Yaro schlurfte auf leisen Sohlen davon. Amamu streckte sich im Sessel aus und nahm die Daily Graphic vor die Nase.
Die Sonne ging ohne den ersehnten Regen unter. Der Himmel leuchtete im hellen Neumondlicht, das durch die Wolken schien und deren Possenspiel ein Ende bereitete. Zahlreiche Sterne funkelten wie auf Weih-

nachtskarten aus weit entfernten Ländern in blasser Ehrerbietung vor der leuchtenden Gegenwart ihres Herrn, des Mondes.

Auf den Stufen stand Yaro in blitzsauberer weißer Hose, an der ein Knopf fehlte, und einem weißen Hemd, freundlich lächelnd, in Erwartung eines angenehmen Abends, wo er auf seine Kosten kommen würde. Sein Herr hatte ihn gebeten, die Gäste zu empfangen. Yaro liebte ihn wie seinen eigenen Sohn und kümmerte sich um ihn, wenn er betrunken nach Hause kam.

Yaro kam vom Norden; ein pfiffiger, magerer Bursche, hatte er seinen weißen Herrn verlassen, weil dieser ihn zu einer Frau machen wollte. Sein Dorf war ein paar Meilen von Tumu entfernt, nahe der Grenze nach Obervolta, wo Perlhühner noch für drei Penny das Stück verkauft werden. Er war in einer großen Familie mit fünfunddreißig Kindern aufgewachsen, die in den Hütten ihrer Mütter lebten. Seine Mutter war die vierte von sieben Frauen. Sie bauten Hirse an, ernteten sie, teilten sich die Buschhühner und warteten auf den jährlichen Regen. Einige seiner älteren Brüder hatten geheiratet und waren mit ihren Frauen in eigene Häuser gezogen. Auf dem Weg vom Hause ihrer Väter zu den Häusern ihrer Ehemänner weinten die frischvermählten Ehefrauen. Seine Schwestern wurden an ansehnliche Freier verheiratet, die auf munteren Pferden aus den Nachbardörfern kamen. Nach langen Palavern mit den Ältesten brachten sie Rinder und Schafe. Dafür durften sie die weinenden Mädchen mit sich fortnehmen.

Allmählich löste sich der Haushalt auf. Er und ein paar andere waren übrig geblieben, um den braunen

unergiebigen Boden zu bearbeiten, um bei der Ernte gerade genug für ihren alternden Vater, die Frauen und die Kinder, die nach Allahs Willen immer noch geboren wurden, einzuholen.
Dann kam ein schreckliches Jahr. Das Land wurde von einer fürchterlichen Hungersnot heimgesucht. Vorher waren eines Tages Heuschrecken aus dem Osten eingefallen, hatten die Hirsefelder in einem Zug verwüstet und waren in Richtung Mekka verschwunden. Jeder meinte, daß Allah seinen Kindern zürne. Braune Felder, Hirsehalme ohne Korn, wogten in trauriger Einsamkeit im Wüstenwind. Die Bauern schulterten ihre Hacken und sahen mit Entsetzen zu. Der Iman rief zur Gebetsstunde auf, es wurde aus dem Koran gelesen, und zweihundert Stimmen flehten in der verfallenen Moschee zu Allah.
Er ging mit seinem Vater zur Gebetsstunde und trug als Ältester der noch verbliebenen Kinder seines Vaters Schaffell. Die Ältesten hockten auf dem Boden und ließen ihre Perlen durch die Hände gleiten, während der Iman aus dem Koran las. In dieser Nacht beschloß er davonzugehen. Einige Jungen seiner Altersgruppe, die das Dorf verlassen hatten, waren zum Ramadan in Hemden zurückgekehrt, und Mama, der mit ihm zusammen beschnitten worden war, brachte ein Fahrrad mit.
Die Gebetsstunde war gerade beendet, als der Neumond hinter der Moschee über dem Baobab hervorlugte. In dieser Nacht schlief er nicht gut. Sein Hab und Gut hatte er zu einem Bündel zusammengepackt, seinen grauen Festtagskittel, ein Paar neue Sandalen und einen kurzen Arbeitskittel. Beim ersten Hahnenschrei betete er zu Allah und stahl sich aus der Hütte

seiner Mutter. Der Weg nach Kumasi war lang und staubig. Hungrig traf er am dritten Tag ein. Als er sich gegen eine Hütte in der Nähe des Kejetia-Marktes lehnte, kam ihm Allah zu Hilfe. Er sah Seidu. Seidu war Boy bei einem weißen Mann, der Straßen baute. Seidu hatte ein schönes Zimmer mit zwei europäischen Stühlen und einem Wasserkühler. Am nächsten Morgen führte Seidu ihn zur Kaserne, deutete auf eine Baracke und sagte: „Dort, dort kann man sich als Soldat melden." Er trug Seidus alte Hose, ein braunes Hemd und seine neuen Sandalen. Mehr Leute kamen. Ein Mann aus seinem Dorf – seit er ein Junge war, wurde er vermißt – erschien in sauberen Armeekhakis. Er hatte zwei Streifen auf der Schulter, und jeder nannte ihn „Korpral".
„Richt euch!" brüllte er. Bei Allah. Wer schlechte Füße hatte, sollte vortreten. Seine Kleidung war sauber. Bei Allah. Sule kam die Reihe entlang, stellte sich vor ihn und redete mit ihm nicht in der Sprache der Weißen, sondern in der Sprache seines Heimatdorfes. Bei Allah.
Zuerst wurde er einem Offizier zugewiesen. Er arbeitete zwei Jahre für ihn. Dann war der Krieg zu Ende. Allah ist gnädig. Er erhielt eine Prämie von £ 18.13 s. 4 d.
Alices Kleid war aus wunderschönem Stoff mit einem Muster tanzender Schmetterlinge. Es war am Hals tief ausgeschnitten. Der V-Ausschnitt entblößte ihre honigfarbenen Brüste, die durch einen straffen Büstenhalter stolz hochgehalten wurden. Ihr Haar war nach oben gekämmt, vorn an der Stirn gelockt und dahinter durch einen funkelnden Silberreif zurückgehalten. In glücklicher Erinnerung an ein fernes Land und andere fröhliche Anlässe spielten ihre

zierlichen Hände mit einem kleinen Weinglas.

Verzweifelt darum bemüht, nüchtern zu wirken, ging Amamu hinaus.

„Sammy, wirf ein Auge auf Yaro, wenn die Getränke für die ganze Nacht ausreichen sollen.“

„Yaro ist ein Moslem, er trinkt nicht“, erwiderte Sammy.

„Frag ihn, ob ich ihn nicht vor zwei Wochen dabei erwischt habe, als er eine halbvolle Flasche Scotch davonschleppen wollte.“

Yaro lächelte über die gute Laune seines Herrn.

Die Gäste trafen ein. Als erster kam Francis Addison, der für die Akademie der Wissenschaften arbeitete. Er war Direktor des Instituts für Normierung, ein großer, arroganter Mischling, dessen Mutter eine bekannte Prostituierte in Sekondi gewesen sein soll, die mit einem reichen, syrischen, nach Knoblauch stinkenden Seifenhersteller schlief, ihre Periode nicht bekam und ihm einen Sohn gebar. Der Sohn zog es vor, den Namen seiner Mutter zu benutzen, der sich besser als Feisal anhörte. Er machte eine glänzende Karriere am M.I.T., die ihm direkt den Aufstieg zum Direktor für Normierung in der jüngst gegründeten Akademie ermöglichte. Sein Gebiet war Bautechnik. Er war immer noch ein lustiger Junggeselle, obgleich Mädchen untereinander munkelten, daß sein Penis sehr, sehr schlapp sei. Er kam mit Promenierstöckchen und Zigarettenspitze zur Tür herein. Er fragte die Leute gerne nach überflüssiger französischer Literatur. Hinter ihm folgten andere, wie Donald Ashittey, der Staatsanwalt, ein aufgeschlossener Lebenskünstler, der im Gericht und draußen durch seine Schlagfertigkeit und seinen beißenden Sarkasmus bekannt war.

Gleich hinter ihm kam Susana Manley, die fünfmal verheiratet gewesen und alt geworden war, es sich aber nicht eingestehen wollte. Ihr wurde nachgesagt, daß sie mit wollüstigem Eifer junge Männer vernaschte. Ihre jüngste Leidenschaft war ein neunzehnjähriger Buchhalter im Ministerium für Energie und Versorgung. Dann trudelten zwei Frauen, Freundinnen von Alice, ein, die sofort die Stühle in der rechten Ecke belegten und sich den ganzen Abend über London unterhielten.

Yaro hatte begonnen, Getränke zu servieren. Die Unterhaltung schleppte sich mühselig von einem Thema zum anderen, ohne auf irgend etwas besonders einzugehen.

„Was macht das Gericht?“ fragte Francis Addison über den ganzen Raum hinweg den Staatsanwalt.

„Gut. Wir stecken bis zu den Ellbogen in Arbeit. Erledigen noch viel vor den Gerichtsferien. Und wie steht's mit der Akademie und der Normierung. Übrigens, was machen Sie da eigentlich?“

Darüber mußten einige kichern. Dem Direktor für Normierung war nicht lustig zumute, nicht im geringsten.

„Nun, wenn es Sie interessiert, wir prüfen alle neu auf den Markt kommenden Produkte. Neue Firmen kommen ins Land, und wir müssen sicherstellen, daß ihre Produkte der Norm entsprechen. Wir prüfen Plastik, Stoffe, Kleidung, auch elektrische Bügeleisen, Herde.“ Darauf verstummte Herr Addison mit dem B.A.,M.A. vom M.I.T. und blickte herausfordernd in die Runde. Der Staatsanwalt war nicht eingeschüchtert.

„Wie kommt es dann dazu, daß immer wieder elektrische Herde wie neulich in Akosombo und Tema explodieren und Menschenleben kosten? Waren die denn nicht genormt? Dann müßte man Sie an Stelle der Techniker eigentlich zur Verantwortung ziehen.“

Dies rief stürmischen Beifall hervor. Es wurde immer noch gelacht, als Paul Dunyo hereinkam. Paul war Herausgeber des „Daily Clarion“, ein Käseblatt mit dubioser politischer Haltung. Jeder hielt ihn für einen Esel, doch er war von sich selbst überzeugt und konnte über alles und nichts galant reden. Obwohl er etwa vier Fuß und elf Inches groß war, gaben ihm seine Feinde nur drei Fuß zehn und einen Wanderpygmäen als Vorfahren.

„Nun, worüber freut ihr euch denn so?“ fragte er bereitwillig lächelnd.

„Über deine Größe“, sagte der Staatsanwalt.

„Ich bin immerhin größer als Napoleon.“ Darüber mußten auch die beiden alten Jungfern in der Ecke lachen.

Es wurde reichlich zu trinken nachgeschenkt, Amamu, halb betrunken, war der perfekte Gastgeber. Alice saß mit ihren Londoner Freundinnen auf dem Sofa und unterhielt sich über London und die letzten Skandale der afrikanischen Studenten.

„Bringt doch mal richtig Stimmung in den Laden!“ Donald stand auf und hockte sich vor das Grammophon. Bald wurde ausgelassen getanzt. Nur Paul Dunyo blieb sitzen mit einem halbleeren Bierglas in der winzigen Hand. Amamu tanzte altmodisch mit seiner spröden Frau, die strahlend ihre künstlichen Zähne fletschte.

Die Nacht draußen war kühl und still. Auf der Straße schliefen herrenlose Hunde, die ihre leeren Mägen auf dem Asphalt wärmten. Weithin herrschte Stille. Mit quietschenden Reifen rasten Autos vorüber, die ihre Insassen zu nächtlichen Abenteuern im Norden der Stadt führten.

Gegen Mitternacht traf Oberst Letsu ein, ein hellhäutiger Mittdreißiger, der nach den Härten eines kurzen Aufenthaltes in Mons und Aldershot sich aus den unteren Dienstgraden emporgearbeitet hatte. Ein geborener Snob, der eigentlich nicht wußte, worüber er erhaben sein konnte, der seine fünf Fuß und sieben Zoll wie ein Hüne trug, ungnädig zu „Zivilisten“ und unterwürfig zu seinen Vorgesetzten war. Dies erklärte seinen schnellen Aufstieg, mit dem er zugleich eine neue Sprache annahm, die weder Englisch noch seine Muttersprache war.

Zur Party erschien er in seinem neuen Mercedes 250, den man gerade aus Deutschland geliefert hatte. Auf dem Armaturenbrett stand sein Name eingraviert. Sowohl seine Freunde als auch seine Feinde schätzten ihn und hielten ihn für einen fähigen Mann. Er war nachtragend, ein Snob, der einmal die Armut gekannt hatte und jetzt entschlossen war, seine Vergangenheit mit militärischem Gepränge und Getöse zu verdecken. Yaro trat zu ihm, salutierte militärisch und fragte: „Masa, was trinken Sie?“

„Champagner! Dies verlangt Champagner!“ Es gab keinen, und so mußte sich der Oberst mit Brandy und Ginger begnügen. Paul Dunyo erhob sich und bot dem Oberst seinen Stuhl an, der ihm spöttisch erwiderte: „Danke, Herr Redakteur, wie geht’s?“ und sich setzte, während der Redakteur sich nach einem anderen Platz umsah, ängstlich bemüht, den Oberst nicht zu beleidigen.

Susana Manley war aufgestanden und kam quer durch den Raum, um den Oberst zu begrüßen.
„Bitte, tanz mit mir." Er tat so, als hätte er nicht verstanden.
„Oh, Oberst, entschuldige, bitte, tanz mit mir."
Der Oberst rührte sich nicht. Er entschuldigte sich, er sei müde, ihm sei nicht nach tanzen zumute, er werde sehr bald wieder gehen. Susie – die immer noch die Narben ihrer unglücklichen Liebesaffäre mit dem Oberst trug (vor drei Jahren, als er Hauptmann war) – wußte, daß jeder zusah, und setzte alles daran, den Oberst zunächst sanft, dann jedoch energisch vom Stuhl zu ziehen. Der Oberst ließ ihre Hand los. Susie landete auf ihrem Hinterteil und stieß gegen Yaro, der sich gerade mit einem Tablett voller Gläser zwischen den Gästen hindurchschlängelte. Susie war betrunken. Sie hatte noch mit niemanden außer Paul Dunyo getanzt, und das war so ein Zwischending von Bärenumarmung und Hopsschritten gewesen.
Yaro hielt die Stellung. Die Gläser flogen in alle Richtungen, zerschellten an der Wand und zersplitterten auf dem Fußboden. Eine der alten Jungfern in der Ecke rief Hurra. Niemand griff, wie es sonst bei Afrikanern allgemein üblich ist, ihren Freudenschrei über das zerbrochene Glas auf. Susie saß immer noch auf dem Boden. Mit schmerzverzerrtem Gesicht und eisigem Blick starrte sie auf den Oberst. Es war jetzt still im Raum, niemand wagte, etwas zu sagen. Die Herren waren sich nicht sicher, ob sie der Unglücklichen zu Hilfe eilen oder sich abwenden und ein neues, belangloses Gespräch beginnen sollten. Bevor sie wußten, was geschehen war, hatte Susie dem Oberst ein angeschlagenes Glas an den Kopf geworfen, das ihn klir-

rend an der Nase traf. Obwohl Soldat, war der Oberst auf diesen Kampf nicht vorbereitet. Er war nicht auf der Hut gewesen vor einem entschlossenen Feind, der mit etwas unkonventionellen, aber doch tödlichen Waffen kämpfte. Ein Schwall von Schmähungen wurde losgelassen, deren Urheber in schneller Formation auf den Feind zuschritt, der sich noch nicht von dem Überraschungsangriff erholt hatte. Niemand wußte, woher er aufgetaucht war. Paul Dunyo hatte sich blitzschnell über die Frau geworfen und hielt sich an ihrem Hintern fest. Diese schleuderte den Redakteur mit einer Armbewegung in hohem Bogen in die Ecke zu den alten Jungfern, die, noch bevor ihr Besucher bei ihnen landete, laut aufschrien: „Mewuo, mewuo", was auf Fanti soviel wie „Ich sterbe, ich sterbe" bedeutet. Donald hatte sich in Windeseile zwischen die Frau und ihre Zielscheibe gestellt; in der Luft konnte er ihre beiden Arme festhalten, die mit tödlicher Absicht auf den Oberst zielten, der wegen seiner Verdienste im Kongo in den Nachrichten erwähnt worden war. Inzwischen hatte es sich Paul Dunyo auf seiner Aufprallstelle bequem gemacht, langgestreckt lag er auf den Frauen, die jetzt „Jesus, Jesus, Herr Dunyo, unsere Schenkel tun weh, bitte, Herr Dunyo, Sie tun uns weh", jammerten.

„Schwein, Schwein, Schwein, sage ich; puh, puh, puuuh. Ja, sieh mich an, sieh mich gut an, du Sohn einer Hure aus dem Busch", die Frau wütete und tobte wie ein Unwetter. Der Befehlshaber der Infanterie, von der Schnelligkeit der Ereignisse und den unerwarteten Schmähungen überwältigt – was deren Bedeutung und Lautstärke anbetraf – starrte benommen und verblüfft auf die Frau, die einst seine

Geliebte gewesen war. Alle hatten sich erhoben. Nur Amamu blieb sitzen und hörte das Gezeter seiner Frau an: „Bitte, Donald, fahr sie nach Hause. Was soll das nur? Was soll das?“

Donald nahm Susies Arm und führte sie hinaus. Er versuchte ihr gut zuzureden. Doch ihr Zorn war noch nicht verraucht. Sie überhäufte den Oberst mit allen möglichen Schmähungen und Beleidigungen, enthüllte intime Einzelheiten seiner Herkunft und persönlichen Hygiene. Inzwischen waren sie im Garten angelangt, und ihre Stimme stieg zum nächtlichen Himmel auf wie der Aufruf zum Gebet in der Moschee. „Was ist das für ein Oberst? Sagen Sie mir das!“ Damit versuchte sie sich nochmals loszureißen. Donald hielt sie fest mit der Entschlossenheit eines verzweifelten Bettlers.

Ohne vorhergehende Warnung brach sie in Tränen aus. Hysterisches Weinen. Sie weinte nicht der Demütigung wegen, die sie von ihrem einstigen Bettpartner erlitten hatte, sie weinte über ihr Leben. Mit vierzig war alles vorbei, der Zauber einer strahlenden Jugend, Liebhaber, aufregende Parfüms, Reisen nach Lome, Tokoradi, Kumasi, private Tanzabende in den Villen der Oberschicht. Seit ihrem siebzehnten Lebensjahr hatte sie viele Liebhaber gehabt. Ihr Vater war ein wohlhabender Holzhändler, der Ende des neunzehnten Jahrhunderts an der Westküste auftauchte. Es hieß, er stamme aus Trinidad, andere meinten, er sei Brasilianer. Damals kehrten junge Ex-Sklaven wieder in das Land ihrer Väter zurück. Unter ihnen war Herr Stephan Manley. Er arbeitete hart für die Firma F. Swaniker. Während der Depression 1930 verkaufte der Inhaber das Geschäft an den ehrgeizigen fünfzigjährigen Manley und entfloh dem Kontinent des Fiebers und der ständigen Todesbedrohung. Nun war er seßhaft geworden. Es gab keine Reisen mehr für ihn. Er heiratete eine Einheimische der Aschanti aus Dixcove. Das Geschäft florierte wieder. Wegen großer Nachfrage aus Europa, das kahlgeschlagen war, wechselte er zu Holz über und brachte es zu einem stattlichen Vermögen. Susie, seine Lieblingstochter, versorgte mit zwölf Jahren bereits ihre Geschwister, nachdem die Mutter plötzlich von einer entsetzlichen unbenennbaren afrikanischen Krankheit hinweggerafft worden war. Im Jahr darauf schickte der alte Manley sie zum Holy Child, einem guten, soliden, römisch-katholischen Gymnasium in Cape Coast. Manley starb 1947 mit siebenundsechzig Jahren. Seine Gebeine wurden bei seinen Ahnen beigesetzt. Er hinterließ ein beträchtliches Vermögen: sechs Häuser und eine blühende Firma. Sein ältester Sohn, Alexander Clifford Manley, war ein Wendepunkt für das Schicksal der Familie. Als er knapp neun Jahre alt war, hatte ihn sein Vater nach England auf eine Privatschule in Surrey geschickt. In Harrow machte er Karriere als Sportler. Dann ging er nach Oxford. Seine Schwester meinte, daß schlechter Umgang ihn dort zum Homosexuellen machte. Als man ihn nach zwei Jahren fallenließ, nahm er sich ein Zimmer in Kensington, wo er sein Vermögen in einer Gruppe lärmender Jamaikaner vertrank, die mit den Bananendampfern herübergekommen waren. Als er vom Tod des alten Herrn hörte, flog er nach Hause, verkaufte die Firma an einen pockennarbigen libanesischen Kaufmann, der beim Sekondi-Markt Ätznatronseife herstellte, und kehrte nach einer Woche mit vollen

Taschen ins heitere London zurück. Siebzigtausend Pfund in der Tasche machten schon einen Unterschied während der harten Nachkriegszeit in dieser alten Stadt; er kaufte sich in Ealing ein Haus mit zwölf Zimmern, ein Restaurant und viele Frauen. Als er sechs Jahre später an Tuberkulose starb, wurde er für bankrott erklärt.

Susie konnte sich gerade über Wasser halten. Ein alter Freund ihres Vaters, ein Herr Thompson, der aus einer alten Familie in Elmina stammte, erlöste sie von ihrem Schicksal, als er sie heiratete. Herr Thompson war fast achtundsechzig und Susie sechzehn. Er verwöhnte sie als Tochter seines alten Freundes Manley. Sie lernte das muntere Leben in Accra kennen, und es gefiel ihr. Nachdem sie genug von Thompsons Geld beiseite geschafft hatte, floh sie mit einem berüchtigten Schürzenjäger, namens Bobo de Boy aus Sekondi. Susie wurde fortgebracht und ergoß ihren Kummer in ein Meer von Tränen, der über ihr einst hübsches Gesicht floß. Es war Schmerz, der durch die Erinnerung an die Vergangenheit, die besser hätte aussehen können, aufbrach, und Jammern über eine Zukunft, die anders hätte aussehen können.

Die Feindseligkeiten hatten den Ton für den restlichen Abend bestimmt. Der Abend war verloren. Der Oberst saß trübselig da. Paul Dunyo machte nach sechs Glas Bier einen rührenden Versuch, mit einer der alten Jungfern zu tanzen. Kurze Zeit danach verabschiedete sich der Oberst und fuhr in die dunkle Nacht hinaus. Amamu saß immer noch am Tisch und leerte nach und nach eine ganze Flasche Scotch. Dabei summte er leise vor sich hin: „Wenn ich das wunderbare Kreuz betrachte." Alice hatte sich in ihr Zimmer zurückgezogen. Ein paar Spätankömmlinge in der Begleitung von zwei Mädchen mit Krokodilsgesichtern machten sich über eine übriggebliebene Flasche Brandy her und tanzten wild.

„Jetzt ist Schluß, verstanden, jetzt ist Schluß. Es ist aus." Das war Amamu, der aufgestanden war. Die Tänzer hielten inne und blickten ihn an. „Ich sage, aufhören!" Ungläubig schnappten sie ihre Frauen. Yaro stand auf der ersten Stufe und murmelte: „Gute Nacht, Masa, gute Nacht."

Kapitel 10a

London. Nasser Morgen. Hundedreck auf dem Bürgersteig. Im nebligen Hafen ertönen die Schiffssirenen; durch den Hyde Park zieht Pöbel und singt obszöne Lieder, am Marble Arch hat eine alte Kutsche die Räder verloren, eine Menschenmenge hat sich angesammelt. Unsere erbärmlichen Tage werden von dem künstlichen Licht der Vorstadtvillen reingewaschen; dort zeigt der alte, freundliche, jüdische Kaufmann, bei dem Schwarze einkaufen, nach einer koscheren Mahlzeit seine Zähne – ein paar Schwarze sind mit seinem Geld davongelaufen, aber das ändert nichts, Juden und Schwarze müssen zusammenhalten. An einem regnerischen Sonntag redete der einäugige Neger aus Jamaika im Hyde Park über Rhodesien und Südafrika. In dieser Woche hatte man Slogans an die Wände geschlagen und am Notting-Hill-Gate Schwarzen die Köpfe eingeschlagen. Schickt die Farbigen nach Hause. Alex und ich liefen durch den Battersea-Park und suchten verzweifelt nach einer Kneipe. Dann mußte ich zu meiner Geliebten, meiner neuen bürgerlichen Liebe aus meiner Heimat, zurückkehren. Hundedreck lag auf den Fußwegen, wir flüsterten vom Heiraten in diesen trüben Tagen.
Bitte, heilige unsere Körper, und nimm sie an als Mahl für deinen stets unbefriedigten Appetit, damit es uns angenehm wird.

„Nehmet, esset, das ist mein Leib.“

Ich gebe meinen Leib, ich vergieße mein Blut, als Sakrament.
Es war ein Sommer voll Romantik, unsinniger Versprechen, trügerischer Vorstellungen, daß die Liebe im Wohn-Schlafzimmer bei Kilburn uns erlösen würde. Wir ertränkten unsere Zweifel in Litern hellen Biers. Wir zweifelten und bekannten uns erneut zu den überschwenglichen Schwüren und Beweisen unserer Treue.
Der Nachmittag vergeht in der Verdrossenheit nach dem Liebesakt. Ein grausam spöttisches Gelächter erstickt die einzig übriggebliebene Freude. Ich habe wie der Papst Johannes alles gut vorbereitet, meine Koffer sind gepackt, damit ich durch den Weinberg meines Vaters ziehen und in seiner Strohhütte aus dem siebzehnten Jahrhundert unter schweren, grünen Trauerweiden sitzen kann. Uns hat die Botschaft erreicht, Okigbo, der Elefant, ist zur Hölle gefahren.
Dann wandte ich mich an den Dichter, er sagte: „Du kannst mit ihm erster sein, ich bin zweiter."
Im Zeitalter der Bomben und Perfektion politischer Strategien werden zahllose ihr Land verlassen und im Paradies der Exilländer untertauchen. Alte Männer werden während des Transports sterben wegen nichtiger Auseinandersetzungen, die von Soldaten aus Sandhurst angezettelt werden. Tausend Regentropfen werden im fruchtbaren Schoß der Zeit tanzen. Gräber werden ohne Inschrift bleiben, denn wer möchte schon die Grabsteine von Übeltätern lesen, die in der heißen Sonne Afrikas im grünen Feld am Meer bei den Kasernen verrotten.
Jenseits der großen Brücke hat sich eine Schar versammelt, die den Tod des Elefanten Okigbo beklagt.

Das ändert nichts. Die letzte Patrouille wird im Morgengrauen zurückkehren und die Ankunft der früheren Herrscher ankündigen. In einem Bergarbeiterdorf wird eine Straße nach dem früheren Kolonialsekretär benannt. Die alte Xanthippe wird Geschichten von den großen Helden des mächtigen Afrikas erzählen, von Chaka, dem Eroberer, der der Familie des legendären Prinzen von Malinke, Soundiata, angehörte. In vergoldeten Sälen wird aus Schriftrollen vorgelesen, es wird berichtet vom Ruhm des Koumbi Saleh, der Weisheit der Gelehrten von Sankure, von großen afrikanischen Herrschern, die ihre Untertanen gegen einen Ballen Tabak, ein Fäßchen Schießpulver und ein paar Meter Stoff eintauschten, die kaum die Nacktheit ihrer Frauen zu bedecken vermochten.
Während eines Festessens bei einem bekannten Verleger in einem harten Winter in Stockholm verkündete die Gastgeberin, eine ernsthafte, gut aussehende, reizende und stattliche Dame, allen: „Wenn die Afrikaner ihren skandinavischen Brüdern und Schwestern etwas sagen wollen, so sollen sie doch auf die Tische an der Wand steigen und laut ihren Namen angeben und woher sie kommen." Der Algerier in der Ecke sprach leidenschaftlich über das Land der Millionen Märtyrer, über vergossenes algerisches Blut, das die Revolution anheizt. „Vive la révolution."
Der grüne, wollüstige Seegeruch in Londons Kneipen ist für Roger und mich, Dämonen im Märzregen eines englischen Frühlings, ein Geheimnis, das wir nicht lösen können, denn diese Erde verkündet ihre eigene Wahrheit: Meine skandinavischen und englischen Brüder, trotz einer Million Osterlämmer, die geschlachtet und gierigen Göttern, die weiter in diesem

Jahrtausend vor sich hindösen, geopfert werden, wird der Menschheit die Güte verlorengehen.
Das Kneten des Tons ist unsere eigentliche Aufgabe, denn der Schöpfer fordert, daß neue Körper ihm zum Bilde geschaffen werden. Die Dinosaurier sind auf die Erde zurückgekehrt, seht nur, seht sie durch die Jahrhunderte geistern. Sie halten in den Sälen der Renaissance-Menschen, die vom ewigen Warten kahlköpfig geworden sind, ein Festmahl ab.
„Welchen Beitrag kann Afrika zur Welt leisten?" fragte der gelehrte Professor.
„Wenn ihr keine Geschichte habt, dann schafft sie euch, wenn ihr keine Kultur habt, so bringt doch eine hervor, die Frage ist an euch gerichtet, Brüder, ihr müßt eine Antwort darauf haben, und zwar schnell."
Sie verliebte sich Hals über Kopf in einen Schweizer und wünschte sich heimlich ein Mischlingskind von ihm, hellhäutig, mit langen Haaren. Als er nach Europa ging, folgte sie ihm. Zwei Jahre später kam sie mit einem hellhäutigen kleinen Mädchen mit langen Haaren heim. Die Rasse muß verbessert werden, sie ist zu lange Zeit schwarz gewesen, und Schwarz ist nicht schön. Mutter und Tanten in Cape Coast riefen voller Entzücken: „Ist das ein hübsches Baby!", und nannten es „Sie, die im Land der Weißen geboren wurde."
In Stockholm gaben die afrikanischen Studenten eine Soirée, alle in Anzug und Weste; alle sprachen fließend schwedisch. Lang leben Afrika und seine Präsidenten! Ein afrikanischer Führer wird heute abend in der St. Pankraz-Halle zu seinen Landsleuten sprechen.
Die Welt wird leerer werden. Unter den Nimbäumen

werden grauhaarige Alte mit Pfeifen im Mund weissagen und die heutige Jugend beispielloser Sünden an den Sitten und Gebräuchen ihrer Vorväter bezichtigen.
Ein Altphilologe aus Cambridge, ein guter Herodotkenner, wird das Erziehungsproblem Afrikas durch ein Dokument lösen, das mit Zitaten von Heraklit gespickt ist und eine Einleitung in lateinischer Sprache hat.
Denn die Kindheit soll hier an diesen entrückten Gestaden enden. Durch das Opfer unserer männlichen Unschuld werden wir unseren Glauben festigen. „Denn", so sagt der Führer, „wir Afrikaner müssen mit dem Düsenflugzeug ins zwanzigste Jahrhundert fliegen." Denn diese Erde, mein Bruder, wird dich fordern. Eines Tages rufen die Jungen auf dem Fußweg: „Komm raus, du Kampfhahn, wir ziehen nach Oxford." Der große, ruhige Kodzo gehörte auch dazu. Wir marschierten nach Paddington, erwischten gerade noch den Zug um ein Uhr fünfundvierzig. Ich hätte mich fast auf die Tasche eines hellhäutigen Mädchens gesetzt. Als ich sie wegschob, griff sie danach, und ein giftiger, blonder Mann wollte sich mit mir anlegen: „Dreckige Ausländer, warum schert ihr euch nicht dahin, wo ihr hingehört?" Joe war drauf und dran, ihm einen kleinen Vortrag über unser britisches Erbe zu halten, wie unser Reichtum – materieller und menschlicher – unser Gold, unsere Diamanten und der Kakao London zu dem gemacht hat, was es heute ist – mit 230 Millionen wurden wir bei der Unabhängigkeit vergütet – und der Menschenhandel hat die hohen, rußigen Bauwerke hervorgebracht in dieser Stadt der „Gentlemen" mit ihren Melonen –

doch der gute Joe ließ es sein. Statt dessen ging er nach Kenia, arbeitete für die UNESCO und unterrichtete Englisch als zweite Sprache. Neville blieb zurück und leerte im Garten das letzte von mehreren Gläsern Teachers – es war kein großartiger Garten – , in dem die Apfelbäume in der Frühlingssonne die ersten Blätter ansetzten. Bringt den Kindern Kricket bei, es ist ein verdammt gutes Spiel für Revolutionäre. Karl Radek zieht Poesie und Selbstmord vor. Der Zug fegte durch die grüne englische Landschaft, die einst unser Vaterland war. Wir schwiegen eine Zeitlang, das Heu lag ausgebreitet und wartete auf Sonne, die, wie Kodzo meinte, in einem Land von Ungeheuern nur selten scheint. Wir afrikanischen Intellektuellen, die größten Ungeheuer der Natur, kommen aus Oxford zurück, wo es immer noch eine Kneipe gibt, wir haben unsere Exiltränen in Litern von gutem englischen Bier ertränkt.

Auf dieser Zugfahrt, Bruder, wuchsen wir, kamen dem Tode immer näher. Robert, mein Vermieter aus Kingston auf Jamaika, ein liebenswerter Mann mit zwei reizenden Kindern und einer netten Frau, protestierte: „Haut ab ihr Schurken!“, als die Polizei bei mir an der Tür klingelte. Ein guter, verläßlicher Mann, der immer noch von seiner sonnigen Insel träumte, von Calypso und blühenden Poinsettien vor den Hauseingängen, von niedrigen Mieten und genügend guter Landluft für alle. Träumen wir nicht alle in dieser großen Stadt immer wieder von unserer Heimat, vor allem wenn wir bei einer Frau liegen? Schnarchen wir nicht alle im Takt unserer Nationalhymnen? Schwenken wir nicht unsere Miniaturflaggen, wenn im Traum die Scheißelaster vorbeiklappern

in der schwarzen tropischen Nacht, bei abnehmendem Mond? Brüder, träumen wir nicht alle davon?
In Stanleyville vergewaltigten die Simbas ein ganzes Nonnenkloster und töteten einen Schäferhund. Ein Sonntagsblatt zeigte das Bild des sterbenden Hundes mit der Schlagzeile „Wiederaufleben afrikanischer Barbarei".
Nach britischem Modell der Demokratie wird die Ausrottung eines ganzen Stammes geplant. Der Grund dafür ist seine Arroganz. Der junge General wird nur Gott Rechenschaft ablegen müssen. Lang lebe die britische parlamentarische Demokratie!
Afrikanische Würdenträger spazierten mit Amuletten und Talismanen vor den Toren des Buckingham-Palastes auf und ab, einige kauten seltenes afrikanisches Holz. Neben mir stand eine Frau, mit der ich ein längeres Gespräch anknüpfte. Ihr Bruder sei im Tschad, sie selbst eine Französin und mit einem Engländer verheiratet, ob ich ein Päckchen für ihren Bruder im Tschad mitnehmen könnte, wenn ich nach Afrika zurückreiste? In einem kleinen Dorf außerhalb Warschaus waren bei einem Chopinkonzert Afrikaner zugegen. Kennen sie Chopins Werke? Spielt man in Afrika Chopin? In meiner Verzweiflung schloß ich mich der Gruppe an, die nach Oxford reiste, um Neville über die Revolution sprechen zu hören.
Man sagte uns, daß während unserer Abwesenheit unsere Totems gestürzt seien. Hier trinken wir ein Glas Teachers, und es wird März, während unsere Totems stürzen. Okigbos Totem war der Elefant. Meins war das Nilpferd vom Volta-Fluß, Kodzos war die Kakerlake. In meinem Zimmer unterhielten wir uns darüber, daß es anders werden müßte, wir waren

uns einig, daß Afrika eine seelische, psychologische und geistige Revolution brauchte. Seht euch nur das afrikanische Erziehungswesen an, die Korrumpierung unserer Politiker, seht den moralischen Verfall unseres geliebten Vaterlandes. Ja, Afrika braucht eine Revolution. Lang lebe Afrika! Dann gingen wir jeder unserer Wege, einige, um mit ihren Frauen zu schlafen, andere, um mit willigen, einsamen, unverheirateten Frauen in Ein-Zimmer-Appartements in Golders Green zu huren. Morgen werden wir weiter über Afrikas Revolution diskutieren. Es kann nur eine Revolution geben, die permanente Revolution. Das behauptete der Trotzkist in Gambia, der aus Moskau geflohen war, als die Russen in Sotschi und Taschkent Afrikaner zusammenschlugen. Und dann behaupten sie noch, es gäbe bei ihnen keine Rassendiskriminierung. Heuchler. Alle Kommunisten sind Heuchler, genau wie die kapitalistischen Hyänen. Lang lebe Afrika!

Gott gab dem Afrikaner nur Träume. Von kleinen Dingen kann er wunderbar träumen. Vor allem ist er ein fauler Nichtsnutz. Wenn man ihm den kleinen Finger reicht, wird er gleich aufmüpfig und fordert Gleichberechtigung und sogar gleiche Bezahlung. So sagte man, als Hannibal mit seinen Elefanten die Alpen überquerte. Doch sie können hart arbeiten, wenn man sie beaufsichtigt. Fragt den Heiligen des zwanzigsten Jahrhunderts, Albert Schweitzer, der sein Leben für Afrika hergab. Im übrigen sind die Kerle undankbar. Bedenkt nur, was wir alles für sie getan haben. Wir haben ihnen die Zivilisation gebracht und ihnen ihre dreckigen Tierfelle entrissen, sie anständig gekleidet, und vor allem, vor allem haben

wir sie die englische Sprache gelehrt. Aus Afrika weggehen? In die Barbarei würden sie zurückfallen! Wartet nur ab. Diese Schweine werden überall hinpinkeln, wir können sie nicht ausstehen, stimmt's? Und stinken tun sie auch wie die Pest.
Gib mir die Kraft, daß ich, wenn ich wie ein Tier gegen den Tod kämpfen werde, die Barmherzigkeit der Leidtragenden erdulde, wenn mir der Mund verschlossen ist. Laß es am Abend vorüber sein; erspare mir die Freundlichkeit der Erde und die Rücksicht der Geier, verbirg vor mir deine verständliche Liebe, und schmiede aus diesem totalen Haß, der meine Seele zerfrißt, ein flammendes Schwert der Rache.
Vater unser, der du bist im Himmel, dein Wille geschehe. Denn uns bleibt nur diese schreckliche Strafe.
Am Trafalgar Square spielt eine heimatliche Band afrikanische Weisen auf europäischen Instrumenten. Ein junger Sänger unter der Nelson-Säule eifert Sammy Cooke nach. Aus Dörfern tief in Afrika kamen sie hierher, um in der englischen Hauptstadt an Mozart und Schubert gewöhnten Ohren vorzusingen. Niemand hätte ihnen zugehört, gäbe es nicht Gammler und Pennbrüder. Ein Mann in Lumpen und mit einem monatealten Bart im Gesicht hörte zu. Tabak kauend, spuckte er auf einen Taubendreck und gab seine unabänderliche Meinung zum besten: „Schickt die Farbigen nach Hause."
Seine Lumpen flatterten im frischen Maiwind, als er auf die Untergrundbahn zusteuerte.

Kapitel 11

Die Freitagnachmittage fielen aus der Reihe, denn sie wurden von der Schulleitung verplant. An diesen Nachmittagen marschierten die Kinder nach der Pfeife zum Friedhof. Sie sollten das ganze Friedhofsgelände aufräumen, zwischen den Gräbern harken, vertrocknete Blumen von den frischen Gräbern sammeln und links in der Ecke unter dem Kokosnußbaum verbrennen.

Der Friedhof war nicht sehr groß. Es hieß, man habe die Toten übereinander begraben. Beim Ausgraben neuer Gräber stießen die Totengräber oft auf Gebeine eines geliebten Ehemannes, Bruders, Vaters, einer Schwester oder Mutter, die im Jahre soundsoviel zum Herrn gegangen waren und bis zum jüngsten Tag in Frieden ruhten. Wenn ein Lehrer dabei war, arbeiteten die Kinder zügig, waren sie aber nur unter der Aufsicht des Klassensprechers, eines der ihrigen, dann wurde nur wenig gearbeitet und viel gespielt. Sie studierten die Grabinschriften, besonders in dem Bereich, wo die ersten Missionare aus Bremen begraben lagen. Diese Männer hatten ihr Leben im Dienste des Herrn für Afrika geopfert, um die Heiden vor der ewigen Verdammung zu retten. Darunter waren schwierige deutsche Namen, die sie nicht aussprechen und nur buchstabieren konnten. Ein Junge, dessen Vater Deutsch gelernt hatte, las sie vor. Ein Grab gefiel ihnen besonders gut, der Grabstein war aus blankem, schwarzem Marmor, auf dem schöne, alte

Buchstaben eingraviert waren, die große Grabplatte wurde von Ketten gehalten. Die Jungen kannten die Geschichte der blanken Ketten. Es hieß, der Mann im Grab sei eine Art Spiritist gewesen. Als er um 1930 starb, wurde er vorschriftsmäßig noch am selben Tag begraben. Er war ein großer, kräftiger Mann gewesen, der auf einem Pferd durch die Stadt ritt, nicht direkt ein Missionar, doch hatte er etwas mit Mission zu tun. Seine Zigarre, die er rauchte, soll genauso lang wie seine Nase gewesen sein und einen unangenehm starken Geruch gehabt haben. Vom Tag der Beerdigung an behaupteten die Leute, die am Friedhof wohnten, sie hätten seine Zigarre gerochen, und zwar immer um zwölf Uhr Mitternacht mit dem Glockenschlag. Dann konnten sie eine Stunde lang die Hufe seines Pferdes auf der Straße hören. Es galoppierte von Süden heran, hielt in der Nähe des ersten Friedhofstores an und trabte – klipp klapp, klipp klapp – die Straße auf und ab, und das jede Nacht eine Stunde lang. So erzählten es die Leute, die in der Nähe des Friedhofs wohnten. Einige Mutige wagten sich hinaus, flohen jedoch, als sie Johan Wiegrabbe auf seinem Pferd erblickten, silbrig funkelnd, mit glühender Zigarre im brennenden Mund. Viele vernahmen es. Man beschwerte sich bei der Kirchenleitung. Ein alter Mann meldete sich freiwillig, er wollte dem Gespenst entgegentreten. Am nächsten Tag fand man ihn in der Nähe des Westtores mit feinem Schaum in den Mundwinkeln tot auf. Die Pferdehufe sollen seinen Kopf zermalmt haben. Die Spiritisten wurden einberufen, und nach langer Überlegung legte man das Gespenst an die Kette. Es hieß, die Kette sei von Rosenkreuzern in einer bayerischen Stadt geschmiedet worden, wo dieser Kult verbreitet ist. Seitdem hat niemand mehr Johan auf seinem Pferde reiten gesehen oder gehört. An diesem Freitag waren sie nach der Pfeife des Klassensprechers zum Friedhof marschiert. Ihr Lehrer konnte nicht kommen. Sobald sie den Friedhof erreicht hatten, löste sich auch schon die Reihe auf, und man verstreute sich zwischen den Gräbern, einige zogen ihre Hemden aus, andere legten sich erst einmal in den Schatten der Kokosnußbäume. Drei Jungen waren ans andere Ende des Friedhofs gegangen. Sie räumten einen Haufen Abfälle und trockenes Vergißmeinnichtlaub beiseite und setzten sich hin.

„Ich möchte nicht sterben", sagte jemand. Nach kurzer Pause griffen sie das Thema auf.

„Aber jeder muß sterben."

„Wenn die Menschen weiter solche Erfindungen machen wie jetzt, dann wird es später, wenn wir groß sind, eine Medizin gegen den Tod geben."

„Blödsinn. Wenn niemand stirbt, werden wir bald zu viele Menschen auf der Erde sein."

„Was soll denn an zu vielen Menschen schlecht sein?"

„Stell dir vor, alle Toten würden auferstehen, dann könntest du nirgendwo deinen Fuß aufsetzen."

„Das stimmt. Doch genauso wird es am Tage des Jüngsten Gerichts sein. Jeder, der auf der Erde gelebt hat, zurück bis zu Adam und Eva, wird auferstehen."

„Aber was passiert mit denen, die übereinander begraben sind? Manche Knochen liegen durcheinander. Was ist mit denen, die ertrunken sind und deren Körper von Haien gefressen und nie gefunden wurden? Was ist mit all denen, die auf dem Schlachtfeld gestorben sind?"

„Ich möchte nicht sterben."

„Hast du schon jemanden sterben sehen?"
„Ja, meine Kusine mütterlicherseits. Sie wohnte bei uns, weil ihre Mutter gestorben war. Eines Tages starb sie auch."
Alle waren jetzt dicht an den Jungen gerückt, der die Geschichte erzählte.
„Erzähl. Wie starb sie?"
„Oh, sie ist eines Tages einfach gestorben. Sie hatte über Bauchschmerzen geklagt; meine Mutter gab ihr ein Abführmittel. Dann ging es für eine Weile. Doch in der Nacht schrie sie und sagte, daß irgend jemand ihre Eingeweide aufessen würde. Sie phantasierte, sah eine Frau kommen, mehrere Frauen, die mit langen Stöcken an ihren Eingeweiden zerrten, sie verschlangen und an ihr Herz gingen. Sie schrie und schrie. In derselben Nacht mietete meine Mutter einen Lastwagen, und wir fuhren sie nach Hause in unser Dorf. Sie schrie fast während des ganzen Weges, und meine Mutter weinte und weinte und flehte sie an, nicht zu sterben. Auch ich flehte sie an, nicht zu sterben. Wir trafen mitten in der Nacht in unserem Heimatdorf ein. Wir legten sie aufs Bett, ein Medizinmann, ein Onkel von uns, kam herbei, er verbrannte Blätter und bereitete Kräuter zu. Doch am frühen Morgen starb sie, ganz leise."
„Dann starb sie?" fragte jemand.
„Ja. Dann kamen Leute und sie wurde zum Waschen ins Badehaus getragen. Im Vorzimmer machten sie ein Bett für sie zurecht und legten sie darauf. Da blieb sie den ganzen Tag. Ich schlief im Zimmer nebenan, weil kein anderes frei war."
„Hast du keine Angst gehabt?"
„Nein, ich hatte keine Angst."

„Hast du geweint?“
„Quatsch, ein Mann weint doch nicht. Nur Frauen weinen.“
„Was ist dann passiert?“
„Es kamen immer mehr Leute. Die Agbadza-Jungen holten ihre Trommeln. Mein Onkel hatte ihnen einen Kanister Akpeteshie gekauft. Es wurde den ganzen Tag getrommelt. Aus Aprim-Gewehren, den großen, die einen fürchterlichen Lärm machen, wurden ein paar Salven abgefeuert. Man sagt, daß mit dem Abfeuern der Salven der Geist der Toten herbeigerufen wird. Am Nachmittag zogen meine Großmutter, meine Mutter und einige andere Frauen singend durch das Dorf. An jedem Busch, hinter jedem Wäldchen riefen sie den Namen meiner Kusine und weinten, weinten und schwitzten. Ich wollte ihnen folgen, doch meine Mutter sagte: „Geh nach Hause. Es ist nichts für Kinder, wenn nach dem Geist gesucht wird.“ Ich blieb draußen und hörte, wie sie wehklagend durchs Dorf zogen. Als sie viele Stunden später zurückkehrten, sangen sie eine Klage über ein einziges Kind, ein Waisenkind, das gestorben war. Sie war ja ein Waisenkind. Ihre Mutter war gestorben. Ihr Vater, ein Goldschmied, hatte sich wegen Schulden in den Norden geflüchtet. Von ihm hörte nie wieder jemand etwas.“
„Bist du zur Beerdigung gegangen?“
„Ja. Zwei Männer trugen sie auf ihren Köpfen. Sie muß schwer gewesen sein, obwohl sie nur ein kleines Mädchen war. Man sagt, daß man schwer wird, wenn man stirbt. Sie zogen mit dem Leichnam durch die Straßen, manchmal im Laufschritt, dann wieder langsam. Die Agbadza-Jungen trommelten ununterbro-

chen. Die Frauen sangen ein Lied von einem Waisenkind, das sich an der Flußmündung verirrt hat. Bei Sonnenuntergang erreichten wir die banigla. Die Träger waren müde und legten sie neben ein frisch ausgehobenes Grab. Die Frauen fingen wieder an zu weinen. Fast hätte ich auch geweint, doch ich erinnerte mich daran, daß ein Mann nicht weinen darf. Er weint nur in Gedanken. Dann vergoß mein Onkel, der Medizinmann, das Trankopfer. Ich hörte nicht viel von dem, was er sagte, nur dies: Wenn sie von Menschen getötet worden sei, dann solle sie sich rächen, und zwar recht bald. Dann übergab er sie in die Hände der Ältesten, die schon vorher in das Land der Seelen gewandert waren. Sie wurde in die Erde gelegt und mit Erde bedeckt. Die Frauen brachen erneut in Weinen aus, riefen ihren Namen, riefen singend ihren Namen."

„Haben sie keine Kirchenlieder gesungen?"

„Nein, sie war ja nicht getauft."

„Dann wird sie nicht in den Himmel kommen."

„Sie kommt ins Fegefeuer, wo sie von ihren Sünden reingewaschen wird."

„Was?"

„So ist es. Die Agbadza-Jungen haben die ganze Nacht hindurch bis zum nächsten Morgen getrommelt. Sie schienen überhaupt nicht müde zu werden. Einige tanzten und machten Witze und unterhielten sich unbeschwert und tranken noch und noch Akpeteshie."

„Wie lange ist es her?"

„Wartet mal, 45, 46, 47 – drei Jahre."

„Glaubst du, daß sie jetzt zu Knochen zerfallen ist?"

„Schon möglich. Vielleicht."

„Wenn du die Knochen siehst, könntest du sie nicht erkennen und sagen, daß sie es ist."

„Vielleicht."

„Wie sollen diese Knochen denn am Jüngsten Tage wiederauferstehen?"

„Gott wird ihnen neue Körper geben, zumindest denen, die im Herrn ruhen."

„Was meinst du damit?"

„Christen und solche, die wie Christen gelebt haben, so heißt es, sollen im Herrn ruhen."

Vom Eingang drang Geschrei herüber. Zwei Jungen kämpften miteinander, Tokpo hatte den neuen Jungen aus Hagbanu beim Kreiselspiel mit Schneckenhäusern beschummeln wollen. Der Junge hatte ihm Sand in die Auge geworfen und ihn zu Boden geworfen. Andere eilten herbei, um ihm aufzuhelfen. Tokpo schnappte nach Luft, versuchte, den Sand aus den Augen zu wischen und murmelte, daß er es dem Jungen heimzahlen wolle. Dann rief jemand vom Tor, er hätte das Fahrrad des Lehrers vor dem Schneiderladen zwei Häuser weiter gesehen. Sie packten ihre Besen und Messer und arbeiteten wild drauflos. Nach einer Stunde schlug jemand vor, nach dem Fahrrad zu sehen. Ein Junge ging hin. Es war ein Raleigh-Fahrrad, der Lehrer hatte ein Herkules-Rad. Jeder beschimpfte den Jungen, der Fehlalarm geschlagen hatte; man zog ihn wegen seiner Kopfform auf. Sein Kopf war eckig wie ein Kerosinkanister. Manche Schlaumeier meinten, er sei ein Trapez, andere, er sei ein Rechteck. Zum Schluß meinte ein besonders gewitzter Junge, daß er wie ein Kriegsschiff aussehe. Jeder stimmte ihm johlend zu. Es war jedoch Zeit aufzubrechen. Sie suchten ihre Hemden zusammen und verschwanden im schnell dahinschwindenden Dämmerlicht.

Kapitel 11a

Diese Gestalt, gebrochen im Ausdruck des Todes, an die ausweglose Idee von Tod und Verfall des Körpers gekettet.
Das ist der einzige Weg zur Erlösung. In dieser aufgebrachten Stimmung werden Selbstverleugnung und Selbstaufgabe sich ergänzende Waffen in einem gleichen und zugleich erfolglosen Kampf. Bruder, hör nur ihr Kriegsgeschrei. Ein Hund wirft in der Öffentlichkeit Junge. Du und ich und alle, wir müssen in unserem heiligen Hain eine Versammlung einberufen, in der wir uns erneut zu unseren Göttern bekennen.
In der Kapelle unserer Schule furzt der Kunstlehrer wie ein Hund. Unser Gesang wird das unflätige Geräusch übertönen:

„Herr, der Tag, den du uns schenktest,
geht zur Neige."

Wir ziehen zum Haus neben der Bäckerei, wo wir Jungen für einen Schilling einem unanständigen kleinen Mädchen unter den Rock gucken dürfen. Dann wäre es wirklich würdig und recht, daß einer sterben würde, damit die anderen gerettet werden.
Heute morgen verkündete die Sirene in der Straße eine neue Verordnung. Dumpfer, durch Schreie unterbrochener Trommelschlag ruft alle zusammen, die an diese Küste verschlagen wurden.
Eine Prostituierte kam mit dem Schweineschlächter des Dorfes zur Polizeiwache, weil er ihr einen falschen

Sixpence gegeben hatte. Der Wachtmeister ließ seine Blicke auf und ab wandern und meinte: „Eine verrückte Anzeige."

Wirklich eine verrückte Anzeige.

Neville wird seine Lieder zum Lynchen singen und überlegen, ob Sibura zu unserer Zeit noch einmal tanzen wird. Er sah Sibura, als sie zwischen den Lilien am Fuß der Gewürzhügel tanzte.

Hinter dem Krankenhaus saß eine krächzende Eule im Baum. Die Hexen des Dorfes halten Rat. Wir sehen ihnen hilflos aus unseren Häusern zu, nachdem sie sich durch heilsame Wurzeln, die der Kräutersammler im Morgengrauen an der Straßenkreuzung zum Geisterkopf ausgegraben hat, gestärkt haben. Wir sehen ihnen zu, während nachts unsere Totems, die wir auf Aviablättern im Schatten der orangefarbenen Sonne gefangen haben, vernichtet werden.

Gott schuf mich am sechsten Tag, nach seinem unveränderlichen Bilde, damit ich ihm im Himmel diene. So hieß es im Katechismus.

> „Propitus esto. Domine, peccatis nostris, ne quando dicant gentes: Ubi est Deus eorum?"

Wer sagt, daß wir an der Reihe sind, diesen Tanz zu tanzen, der eine Angelegenheit der Hüften, nur der Hüften ist?

Mein Widerstand, als ich eingezogen werden sollte, wurde als erstes Zeichen der Ablehnung der bestehenden Ordnung ausgelegt. Sicherlich habe ich mich irgendwo geirrt, und, barmherziger Gott, ich bin bereit, den Preis dafür zu zahlen. Jene, die nie irrten, die nie an das Regime glaubten, sich aber in seinem Schatten sonnten, werden sagen können, was falsch

lief. Gelehrte werden herausfinden, wer was über den Tod des Generals gesagt hat, und es durch ungebildete Bankmanager, die entfernte Verwandte in der Regierung haben, vermitteln. So wird es doch gemacht.
Offensichtlich werden Straßen und Verkehrsmittel an der Goldküste, wo die Afrikaner im Gänsemarsch gehen, nicht gebraucht, sie könnten doch auf den Straßen umkommen. Solange sie nicht davon abzubringen sind, im Gänsemarsch zu gehen, wird es ratsam sein, daß die Regierung Seiner Majestät davon absieht, in der Kolonie Straßen zu bauen und Verkehrsmittel einzuführen. Im übrigen wäre es wichtig, an höheren Bildungsstätten englisch denken zu lernen.
Bei der Eröffnungsfeier waren viele europäisch gekleidete Afrikaner anwesend – Ärzte, Rechtsanwälte, Kaufleute, Geistliche –, die alle auf die Erfüllung ihrer Träume hofften.
Der neue Zoo wurde von Soldaten überfallen, die das Wild, die Enten und Zebras erlegten und sich die ganze Nacht daran labten. Nur Löwen und Tiger blieben verschont.
Zur Eröffnungsfeier hatte sich ein imposantes Aufgebot an Häuptlingen, Würdenträgern und ein Gefolge von Trommlern und Bläsern versammelt. Sogar *ihre* Gesichter bekundeten deutlich die Erwartung des Milleniums. An diesem Tag trommelten die Eingeborenen bis zur völligen Erschöpfung.
Zwischen diesen fremden Grabsteinen kommt die Erinnerung an meinen Tod. Wir Kinder aus dem Hause Ashiagbor gingen auf Jagd. Als wir zurückkehrten, zeigten unsere Gewehre zu Boden.

„Ich kann alles aushalten –
sogar den schrecklichen Dämon,
entsetzlicher als der Tod, das Schreckgespenst,
und wenn Wahnsinn mir die Narrenkappe
vor die Augen hielte und ich wüßte,
daß sie für mich bestimmt wäre,
werde ich dennoch meine Seele retten können.“

Kierkegaard

Denn es ist ganz einfach so, daß ich es nicht kann. Ich, der Verrücktere. In der entscheidenden Stunde, wenn sich die Geräusche vereinen, wird es ein Trankopfer von Ysop und Tränen geben. Ich werde es trinken. Mein Herr hing am Kreuz, selbst er ließ die Kalebasse nicht von sich gehen.

Es war meine Meerjungfrau, die mit meiner Kusine starb, als wir Kinder vor vielen Jahren im Schmetterlingsfeld spielten und mein gefangener Schmetterling aufflatterte und vielleicht ins Land meiner Ahnen davonflog.

Laßt die ausgenommenen Kaninchen (oder Hühner) mit ihren Gewehren durch die Straßen stolzieren. Der Tod ist einfacher.

Laßt sie in meinen Zauberfeldern wie Maos hundert Blumen aufblühen: Sie werden enthauptet werden.

In dem Jahr kamen auch die kubanischen Revolutionäre und meinten, daß es notwendig sei, ein wenig für Mutter Afrika zu sterben.

Oh, Mutterland, wir verpfänden dir unseren Tod.

„Wenn ich, was Du gesprochen hast, verstand,
ließ sich des Hochgesinnten Geist vernehmen,
hat Feigheit Deine Seele übermannt.
Die oft des Menschen Willen pflegt zu lähmen,

daß er vor gutem Handeln Hemmung hegt,
dem Tier gleich, das zur Seite scheut vor Schemen.

Damit vergeht, was Dich zur Furcht erregt,
vernimm, warum ich kam, was ich erfahren,
seit mich zum ersten Mal Dein Leid bewegt.

Ich war bei den durch Zweifel kranken Scharen,
da rief ein selig' Weib mich an, so hold,
daß ich sie bat, den Wunsch zu offenbaren.

Ihr Auge überstrahlte Sternengold,
wie Engelzungen reden, sanft und leise,
bekannte sie, was sie von mir gewollt."

Dante, Hölle, 2. Gesang

Wir humpelten häufig ins Kloster, zerschundene und verschwitzte Lausbuben mit laufenden Nasen und offenen Wunden. Die Schwestern, würdige holländische Jungfern, die in meterlangen weißen Stoff gewickelt und in seine wallende Unbeflecktheit eingehüllt waren, reinigten unsere Wunden mit Scheren und Watte, die in eine rote, beißende Lösung getaucht wurde. Sie rochen nach fernen Ländern und nach dem gelben Kaliumpermanganat, das auf unseren Wunden glitzerte. Wir freuten uns, wenn wir Bonbons aus Europa von ihnen bekamen. Wir wußten, daß wir Süßigkeiten aus Europa lutschten. Langsam wie Gespenster bewegten sie sich durch den riesigen Garten, in dem Papayas, Bananen, Lilien, Krokusse, Bougainvilleen und die ewige Friedhofsblume Jasmin – die Sorte, die wir Vergißmeinnicht nannten – nach dem Regen Ende Mai in unzähligen leuchtenden Farben wuchsen. Wenn unsere eiternden Wunden geheilt waren – in Afrika heilen Wunden bei den Kleinen sehr schnell – kamen wir wieder, um bei der Arbeit im Klostergarten der heiligen Theresia, in dem auf besonderen Plätzen Statuen von Heiligen aufgestellt waren, zu helfen.

Unsere Arbeit wurde als Dienst am Herrn ausgelegt. Der klagende Ton der Schulglocke, die das Ende unseres Schultags verkündete, war für uns das Signal, durch die Klosterpforte zu gehen und die Mutter Oberin mit dem Gruß „Gelobt sei Jesus Christus" zu grüßen, sie – eine kleine Gestalt, deren Gesicht ganz in weißen Stoff eingewickelt war und die ein Kreuz trug, das größer war als das von Christus, als er sich zur Schädelstätte hinaufmühte – erwiderte: „In Ewigkeit, Amen, meine Kinder."

Jetzt holten wir unsere Pisangbälle heraus, mit denen wir bis zum Abend Fußball spielten und dabei schwitzten und uns weitere Prellungen zuzogen.

In dem Jahr erwischte man einen Mann, der nachts einen Leichnam wieder ausgrub. Er war ein Medizinmann, der die Kieferknochen eines toten Zauberers für starke Arzneimittel brauchte. Er hatte ein Elefantenbein und schielte, so daß man nicht wußte, ob er einen entfernten Gegenstand oder einen direkt ansah. Wie wir alle, wollte auch er eine neue Medizin herstellen. Er selbst starb an einer Geschwulst, die durch eine Medizin hervorgerufen wurde, die ihm von Widersachern verabreicht worden war, die stärker waren als er. Man beerdigte ihn nachts bei Laternenlicht.

Ich sammle die Illusionen meiner Geliebten, die einzigen Geschenke, die sie als Erinnerung an jene gelben Tage in den Sonnenblumenfeldern hinterließ, als mein gefangener Schmetterling für immer davonflog.

Ein anderer, der genauso aussah, flog durch das grüne Gras am Meer, da, wo an einem schönen Maimorgen rebellische Soldaten erschossen wurden.
Der heftige Widerhall der Maschinengewehrsalven traf mit dem Echo der Meeresbrandung zusammen – weit, weit draußen am Leuchtturm und bei meinem indischen Mandelbaum. Ihr Sterben, das Soldaten sorgfältig vor der Öffentlichkeit abschirmten, und das hysterische Geschrei der Frauen in allen Sprachen des Landes machte mir meine Einsamkeit um so deutlicher bewußt. Während Soldaten am Rande des grünen Feldes, in dem es vor Schmetterlingen wimmelte, die Zelte abbauten, stapften einheimische Frauen und Kinder sowie ausländische Korrespondenten den ganzen Tag lang in den Feldern herum und suchten nach Spuren des Hinrichtungsblutes.
Das Urteil war in einer goldverzierten Halle verkündet worden, ein junger Offizier in Kampfuniform, mit roten Augen, brüllte von seinem Informationstisch die Schaulustigen an, die sich versammelt hatten, um die Rebellen zu sehen.
Im Mai tränkte ihr Blut die Felder als Vergeltung für ein anderes Blutvergießen auf dem ausgedörrten Boden unter dem Flugturm, wo das ganze Jahr hindurch Vögel, die nicht nach Europa flogen, ihre Nester bauten. Über den leeren, schimmernden Himmel schwangen sich Möwen mit unaufhörlichem, qualvollem Gekreisch; es ging kein Wind an diesem hellen, frischen Hinrichtungsmorgen.
Wenn die Jäger ohne Wild heimkommen, müssen sie hungrig einschlafen, so lautet das Gesetz.
Neville weigerte sich, sein Haus auf dem Hügel mit seinem Hund zu verlassen und schrieb weitere Lieder

über die ferne Nelkenpfefferzeit und über Schreie auf seinem kleinen, grünen Hügel, während der Wind in den gelben Sonnenblumen sang.

Wer gegen die Gesetze des Clans verstieß, erhielt damals eine von zwei Bestrafungen: Entweder wurde er als Sklave verkauft, oder er wurde hingerichtet. Wer aus einer Familie mit Wohlstand und Ansehen stammte, entkam durch den Notausgang des Gesetzes nach fernen Ländern in die Sklaverei in den Zuckerrohrfeldern. Die Armen gingen zu ihrer Hinrichtung, im Glauben, daß sie für die Ältesten eine Besorgung zu erledigen hätten – Besorgungen, bei denen der Ziegenkopf ein entsetzliches Symbol ist.

Die Ahnen – die wir jetzt wegen ihrer unendlichen Weisheit verehren – verkündeten vor langer Zeit, daß dieses Land, diese Erde, mein Bruder, einen fürchterlichen Zusammenbruch erleben wird. Und damals bekräftigten sie ihre Weisheit mit Trinksprüchen.

Das Lied von den Blumenpflückern reinigt mein Fleisch von der Begierde. Ich möchte mein Boot auf den Fluß setzen und ins Jenseits fahren. Denn unsere Klippen sind die von uns geschaffenen Unruhen. Die schallenden Lieder einer siegreichen Armee, die durch die Straßen der Stadt stürmt.

Ein mit Wunden übersäter Junge, der von der Himbeerseuche, einer tropischen Krankheit, befallen war, wurde an einem dunstigen Morgen, als die Regenzeit sich verspätet hatte, ins Kloster getragen. Seine Augen waren groß und grau, seine Rippen standen hervor. Die Mutter Oberin kam und schüttelte den Kopf. Seine Mutter, eine Frau mit einem breiten, mit Stammesnarben verziertem Gesicht, beantwortete die Fragen der Würdigen Mutter, so gut sie konnte.

„Ißt er regelmäßig?“
„Ja, Schwester.“
„Was ißt er?“
„Akara und akple.“
„Keine Eier?“
„Wie, Schwester, Eier? Nein!“
Die Eingeborenen haben natürlich keine Ahnung von gesunder Ernährung – ihre Kinder werden mit Mais ernährt, die lieben Kleinen enden als schwere Fälle von Unterernährung, verschlimmert durch entsetzliche einheimische Krankheiten.
Eine Woche darauf starb das Kind mit der Himbeerseuche. Seine Familie betrauerte es so, wie es einem Kind angemessen war, das nur vier Jahre gelebt hatte.
Und auf diesem herrlichen Kontinent schuften Diamantengräber und -wäscher, Bergarbeiter in Gold- und Kupferminen, Landarbeiter auf großen europäischen Plantagen von Sonnenaufgang bis Sonnenuntergang, damit ihre Säuglinge dann früh an Unterernährung sterben. So soll es sein. Macht Afrika zum Stadtpark der Welt!
So starb meine geliebte Kusine, die in der Stunde, als der Mond das Meer in zwei Hälften teilte, aus dem Wasser emporstieg, im Schatten meines Mandelbaumes, vor langer, ich weiß nicht mehr wie langer Zeit.
Als kleine Kinder liefen wir nackt durch das karge Land am Stacheldraht der U.A.C.-Anlagen vorbei. Dort führte der alte Lagermeister, dessen keuchender Husten sich wie das Pfeifen der Polizei auf der Jagd nach Schmugglern anhörte, mit säuberlicher Handschrift die Bücher, damit seine Vorgesetzten kommen konnten, um sich einen Überblick über ihre Besitztümer in diesen Teilen von Afrika zu verschaffen.

Ich suche mittags nach ihr in meinem Garten, denn eine Unruhe hat mich und diese Erde befallen. Ich suche nach heiligen Weisheitskräutern, die ich auf den Altären der heiligen Theresia verbrennen möchte, während die Schwestern unhörbare Gebete für Kinder, die vorzeitig ihre Augen schließen und sterben, vor sich hin flüstern.

„Lamm Gottes, das du hinwegnimmst die Sünden der Welt, erbarme dich unser." Als sie fort war, sammelten wir ihre Perlen auf einen Haufen und banden sie zu einem ordentlichen Bündel zusammen. Ich glaubte, sie sei durch das Loch im Schilfzaun geschlüpft, das gierige Ziegen dort gebohrt hatten, und verschwunden.

Es gab eine Sonnenfinsternis, ein bedeutsames Zeichen für alle Tiere, besonders die Hühner, die ihr Futter auf dem Misthaufen suchen, sich zurückzuziehen, weil Dunkelheit das Land bedeckt, während eigentlich die helle Sonne scheinen sollte. Der Tag war bleich wie der Tod, der fliehende Mond hielt die Sonne gefangen. Auf den Straßen wurde mit Büchsen und Dosen herumgeklappert: „Bitte, Mond, gib die Sonne frei, sonst wird ein Unglück über uns hereinbrechen, lieber Mond, bitte, laß die Sonne los." Früher schrieben die Dichter unter der besonderen Einwirkung von selbstgebrautem Gin. Denn wer von der Sonne singt, der singt vom Leben hier im Lande des Todes.

Manchmal erscheint sie mir in meinen Träumen mit lächelndem Mondgesicht und Korallenzähnen, die in ihrem dunklen, runden Gesicht schimmern. Dann setzt sie sich hin und erzählt eine Zeitlang; ich verstehe kein Wort, von dem, was sie sagt. Dann plötzlich greift sie nach ihrem winzigen Lendenschurz, als ob sie verärgert wäre, und geht davon. In dem Augenblick beginne ich von ganz hoch oben zu fallen, falle tief, tief hinab. Doch ich komme nie bis auf die Erde. Manchmal fliege ich über den Himmel dahin. Ich fliege durch einen blauen Himmel und ziehe an meinen Füßen Wolken hinter mir her. Wir jagen über den Himmel wie Möwen über das Meer.

Am Morgen ist sie verschwunden. Die Glocken läuten – es ist das zweite Läuten – und die Öllampe meiner Mutter wird gelöscht.

Wir saßen damals beieinander und erzählten von Afrika, denn unsere Gedanken waren beim Abschiednehmen. Wir träumten von großen, umwälzenden Ereignissen, die unsere Zukunft verändern würden, wir träumten sogar vom Geldverdienen, vom Kauf von Luxusautos und davon, mit Höchstgeschwindigkeit durch die Stadt zu fahren. Damals kehrte gerade ein Mann aus dem Dorf, der Erfolg in der Stadt gehabt hatte, auf einem braunen Pferd zurück. Es war ein kräftiger, majestätischer Hengst mit weiten Nüstern, der die störende Angewohnheit hatte, mittags nach dem Füttern seinen Penis herauszustrecken. Sein Besitzer, ein rothäutiger Herr, der die Welt über Grenzen des Dorfes hinaus kennengelernt hatte, ritt ihn an Markttagen durch die Stadt, hielt hin und wieder an, um vom Rücken des Pferdes mit den Ältesten weitschweifende, traditionelle Grußformeln auszutauschen. Jeder sagte ihm, was für eine gute Figur er auf seinem Pferde machte, jeder war zuvorkommend, denn er war offensichtlich ein wohlhabender und gebildeter Mann. Jeder hielt ihn aber auch für einen Narren. Warum kaufte er sich denn kein Auto oder zumindest ein Fahrrad? Man müßte zwar hin und wieder technische Schwierigkeiten in Kauf nehmen, aber sie hielten immerhin lange. Und mit einem Auto könnte er Geld dazuverdienen, wenn er in unserer Königsstadt die Leute zum Markt fahren würde. Eines Tages starb das Tier. Wir standen um den braunen, sterbenden Hengst herum, dem der Schaum vorm Maul stand. Sein Besitzer, der reiche Rothäutige, war fest überzeugt, daß neidische Nachbarn sein Tier verzaubert hätten. Er wollte nach Accra gehen und mit einem anderen, noch majestätischeren und prächtigeren Pferd als das, was gestorben war, wiederkommen. Eines Tages war er unter sehr mysteriösen Umständen verschwunden, und sieben Monate später wurde sein Körper zur Beisetzung nach Hause gebracht. Er war in der Hauptstadt an einer Pferdekrankheit gestorben. Wir Kinder waren sehr traurig über den Tod des Pferdes, denn damit war uns eine unserer großen Freuden genommen. Der Besitzer war uns ziemlich gleichgültig, obwohl wir unseren linken Arm dafür hergegeben hätten, einmal auf dem Rücken seines braunen Sudanpferdes reiten zu dürfen.

Lange Zeit danach, als mein Bruder starb, erinnerte ich mich an das Pferd, die Würde, die ihm seine feurigen, feuchten Nüstern gaben, die herausfordernde Miene, die es zur Schau trug. Dann wurde uns bewußt, daß alles Edle vergänglich war; ich vergaß zu erwähnen, daß die Hunde das Pferd anbellten und die Sonne, die der Mond während der Sonnenfinsternis gefangen hielt, denn sie, ich meine die Hunde, waren die einzigen Zeugen dieser beiden Vorgänge.

Meine Geliebte verschwand ins Jenseits zur Zeit der

grauen Abenddämmerung, der heftigen und trockenen Nordwinde, wenn das Wasser sehr kalt ist. In aller Unschuld flehte ich um ein Wunder, denn meine Göttin war tot, und ich konnte nicht an einen Tod ohne Zeichen glauben. „Gib uns ein Zeichen“, sagten sie. Die Antwort war, daß ihnen außer dem Zeichen von Jona im Wal kein Zeichen gegeben werden sollte. Die große Beerdigungstrommel wurde auf meinen Kopf gelegt. Während die Trommelschläge mir in die Seele drangen, hörte ich sie wieder über die Wasser rufen, ich hörte, wie sie mit jugendlicher Stimme aus ihrer Urzelle und aus ihrer letzten Ruhestätte heraus eine alte Botschaft verkündete.

Es war doch absolut richtig, daß wir unser eigenes Schafott errichteten und unsere Finger die letzte Schlinge flochten.

Doch wir können nicht, dürfen nicht, an Kassavebäumen hängen.

Kapitel 12

„Yaro! Yaro!“
Es war Alice, die Yaro rief. Seit der Party gestern abend war Yaro nicht mehr zur Arbeit erschienen. Alice war den ganzen Tag im Zimmer geblieben. Hin und wieder rief sie nach Yaro in der Hoffnung, daß er ihr, falls er kam, aus der Küche ein Glas kaltes Wasser holen könnte.
Amamu kam um die Mittagszeit nach Hause. Es war kein Essen gekocht, und Alice lag immer noch im Bett.
„Yaro ist nicht zur Arbeit gekommen“, sagte sie, ohne sich an jemanden zu wenden. Dann drehte sie sich um und las weiter in „True Romance“.
Amamu stieg wieder in sein Auto. Vielleicht war Yaro krank. Er erinnerte sich nur schwach daran, wo er wohnte; es war irgendwo in Nima, wo genau, das wußte er nicht mehr. An der Moschee würde er fragen. Er hatte ihn einmal nachts bei Regen und Sturm nach Hause gebracht, als der Ring – der kürzlich von „Nkrumah“ in „Nationale Freiheit“ umbenannt worden war – überflutet gewesen war.
Nima umkreist wie ein Geier den Westen des Stadtzentrums. Es entstand während des Zweiten Weltkriegs, als es in Cantonments einen amerikanischen Stützpunkt gab. Siedler ließen sich auf dem Gebiet nieder, eine Herde Schlachtenbummler, so entstand eine der zwangsläufigen Ansiedlungen, die sich in armen, unterentwickelten oder – besser gesagt – Ent-

wicklungsländern in der Nähe sämtlicher Armeeniederlassungen bilden. Nima wuchs wie alle Slums mit alarmierender Schnelligkeit. Für seine Bewohner war es zunächst nur als vorübergehende Bleibe gedacht. Im Falle, daß sich ihr Schicksal zum Besseren wenden würde, hofften sie wegzuziehen. Doch der Krieg war vorbei, und sie blieben.

Es bedarf immer eines Moses, um ein geknechtetes Volk in Bewegung zu setzen. Nima hatte nie einen gehabt. Es gab dort keine keusche Frau, die einen Moses gebären sollte, der in einen Korb gelegt und an den Ufern eines herrlichen Flusses im jungen Schilfrohr von einer Pharaonentochter entdeckt würde. Durch Nima läuft kein Fluß, nur ein gen Himmel stinkender breiter Abflußgraben. Die Stadt selber wuchs enorm, und gleichzeitig entwickelte sich Nima an ihrem Rande zu einem immer größer werdenden, bleibenden Abfallhaufen. Wohlbekannte Familien der Stadt, die früher Sklaven verkauft hatten, unternahmen clevere Grund- und Bodenspekulationen, erwarben Land, das sie mit mörderischen Mieten an die ständig wachsende Flüchtlingsbevölkerung von Nima vermieteten. Doch Nima wurde nie etwas Dauerhaftes und wird es auch nie werden. Eine lange, mit Schlaglöchern durchsetzte Straße – die Stadtverwaltung hatte vor endlos langer Zeit den Sandweg geteert – zieht sich mitten durch Nima. Ein auffallendes Wahrzeichen ist das Harlem-Café. Ein anderes sind die beiden verwahrlosten Toiletten, ein passendes Denkmal für Nima, diese Stadt in der Stadt, zu der Nkrumah sie einstmals hatte machen wollen. Die Toiletten sind ständig überfüllt. Eilige scheißen gleich auf den Boden. In der Nähe der verwahrlosten Toiletten sind riesige Misthaufen, die in der Sprache des Stadtrats von Accra als Müllhalden bezeichnet werden. Niemand schafft in Nima den Abfall beiseite. Die lange, namenlose Straße windet sich durch eine Ansammlung von Blechhütten und Lehmhütten hindurch, weicht hier und da einem Feigenbaum aus und macht vor dem Eingang der Moschee mit dem einfachen Minarett eine gefährliche Kurve. Von da aus führt sie an einem offenen Platz vorbei, der, wenn die Regenzeit vorbei ist, als Marktplatz dient. Hier mischen sich Geier unter die Käufer und Verkäufer, erhaschen Abfälle von den Fleischständen, jagen davon zu den „Müllhalden" oder den Dächern der öffentlichen Toiletten, um mit trauriger, stiller Miene ihre Beute zu verschlingen. Diese Straße, wenn man sie überhaupt eine Straße nennen kann, führt über Nimas höchsten Punkt, sie führt über einen Hügel, von dem zu beiden Seiten Hunderte von Trampelpfaden hinabführen, die schließlich im Tal in tiefe Abflußrinnen am Rande des großen, offenen Abwassergrabens einmünden. Die Straße läuft dann träge und melancholisch weiter bis in den hohen Norden des Landes und endet dort, als wäre es geplant, schließlich vor dem letzten Misthaufen, auf dem die Hühner und Haustiere der Gemeinde herumscharren. Hin und wieder lassen Frauen ihre lieben Kleinen da herumstolpern und auf den Misthaufen kacken. Truthähne, Hühner, Hunde und Enten fallen dann in erbittertem Kampf über die Ergebnisse her, denn dort werden wenig Abfälle weggeworfen. Die Seitenpfade fallen steil ab, an Wasserpumpen vorbei, an denen dickbäuchige Kinder, Musterbeispiele von Unterernährung, im grünen, schmutzigen Moos spielen. Barbrüstige Frauen, die, vor Ermattung keuchend, nach Wasser Schlange stehen, streiten sich, wer zuerst an der Reihe ist. Hin und wieder wird die Schlange von einem kräftigen Beifahrer, der den Wagen seines Herrn waschen möchte, durcheinander gebracht. Der stößt dann die Frauen beiseite. Wenn sie protestieren, wird er ihnen vorwerfen, daß sie stinken, und mit seinem Wassereimer von dannen ziehen, begleitet von unbekümmerten Entgegnungen der Frauen über das Hinterteil seiner Mutter. Die Hütten stehen, wenn sie überhaupt stehen, wacklig da, zusammengehauen von einem betrunkenen Erbauer. Lehm, Blech, Holzbretter, Pappe – zack: fertig. Sie neigen sich alle in der vulgären Haltung einer Frau, die sich entblößt und zum Pissen hinhockt, nach Westen zum Tal und dem Abwassergraben hin. Auf der Ostseite von Nima liegen, abgeschirmt, in großer Abgeschiedenheit die neuen Landsitze von Kanda. Hier leben Politiker, Parlamentsmitglieder, Direktoren staatlicher Firmen, Parteifunktionäre (das war früher, jetzt sind es Zivilbeamte) und eine Gruppe wohlhabender Prostituierter, die angeblich für die nationale Fluggesellschaft oder die Hotels arbeiten. Die zahlreichen Seitenpfade zweigen mit guter Absicht von der Hauptstraße ab, biegen dann hier und da irrsinnig plötzlich ab und verlieren sich zwischen den Häusern, deren Giebel sich nach Westen neigen. Nördlich von Nima, hinter dem letzten Misthaufen, liegen in weiter Ferne zartblaue Berge, nach dem Regen sehen sie klar und rauchfarben aus, sie sind weit weg. An ihren Hängen liegen mit roten Dächern die Gebäude, in denen die Universität untergebracht ist. Sie thronen dort in intellektueller Arroganz und liegen da, als habe der Herrgott sie dort hingestellt in seiner Allmacht und Weisheit, damit es ihm so eher möglich sei, den Bau seines neuen Jerusalem in Nimas grünen, freundlichen Feldern zu überwachen. Die Gebäude ziehen sich weiter landeinwärts über das weite Tal hinaus. Dort haben sich erfolgreiche Geschäftsleute weit ab von der Menge hübsche, moderne Häuser gebaut.

Wer sind nun die Bewohner dieser Stadt in der Stadt? Jeden Morgen entläßt sie Tausende von Arbeitnehmern – Gelegenheitsarbeiter, Tischler, Maurer, Fahrer der nächtlichen Latrinenlaster, Bauunternehmer, Kaufleute, Kurzwarenhändler, Fleischer, Taschendiebe, Soldaten und Prostituierte. Trotz der Zahlen des Volkszählungsbüros weiß niemand genau, wieviele Menschen in Nima wohnen. Die Zählung im Jahre 1960 erbrachte nichts. Jeder wußte, daß er steuerpflichtig werden würde, wenn er gezählt würde. Deshalb verschwanden die Einwohner während der fieberhaften Volkszählungstage auf den Seitenpfaden, schlichen zurück in ihre eingefallenen Hütten und grausigen Betten, hausten zu zwanzig in einem Raum und tauchten in den trübseligen Anfängen ihres Lebens unter. Seit Jahren strömen sie jeden Tag bei Morgengrauen zu den Arbeitsplätzen der Stadt, um ihren unsicheren Lebensunterhalt zu verdienen. Die Massen verlassen Nima auf Lastwagen, Trotros und offenen Kipplastern ausländischer Firmen, die ihre Arbeiter holen ließen, wohl wissend, daß Arbeit die Basis jeder Ausbeutung ist. Regierungen lassen ihre Arbeitskräfte nie holen. Stadtbusse konnte man kaum in Nima sehen, denn die Straße ist sehr gefährlich. Die Lastwagen holten ihre Passagiere bei Morgengrauen an der Moschee ab und brachten sie mit wahnsinniger

Schnelligkeit zu ihren Arbeitsplätzen in der Stadt. Die endlose Kolonne der Arbeiter, die sich das Fahrgeld nicht leisten konnten, wand sich wie eine Urschlange in der finsteren Geburtsstunde der Welt durch große grüne Flächen an der westlichen Ringstraße entlang, schwang sich über Abflußrinnen und Gräben, zwängte sich unter Stacheldrahtzäunen hindurch, mit denen syrische Grundbesitzer ihr Land einzäunten, und drängte durch den Verkehr, quer über den unsinnigen Verkehrskreisel, der dem Mann dienen sollte, der gestürzt worden war und jetzt der Abstraktion dessen diente, weswegen er gestürzt war.
Aus Nima kommen die Wäschejungen, die Gartenboys und die Hausdiener der Ridge-Bungalows und der anspruchsvollen Vorstadt Kaneshie, wo man sich das leisten kann. Von hier stammen die Köche, die Verwalter und Fahrer der angesehenen Stadthäuser und Nimas Frauen: die hart arbeitenden Straßenhändlerinnen, die früh morgens den Arbeitern auf Pump koko, Bohnen und gari, kenkey und Fisch verkaufen, bevor sie zu Fuß oder auf Lastwagen zu ihrer Tagesarbeit eilen. Dann gibt's die Prostituierten, Nimas Frauen der Nacht; sie arbeiten in Nachtklubs, die wie traurige Kinder an einem Misthaufen am Rande von Nima stehen, seinen Einwohnern Abwechslung bieten und angenehme Zuflucht vor ihren irdischen Sorgen versprechen. Diese Frauen mit rauhen Stimmen stammen größtenteils aus ländlichen Gegenden. Ungebildet und zänkisch verbinden sie mit der Großzügigkeit ihres Gewerbes die Eigenschaft, hart zu sein, wenn es die Umstände verlangen. Die meisten von ihnen waren früher Schönheiten und jung. Manchen gelang es, nach jahrelanger Arbeit mit

einem ansehnlichen Vermögen nach Hause zurückzukehren. Andere verpaßten die Gelegenheit und die Gunst der Stunde, vielleicht weil neue libanesische Kaufleute aus Beirut, italienische Bauarbeiter vom Volta oder japanische Matrosen aus der Hafenstadt Tema für flüchtige Abenteuer in die Stadt kamen, aber die siechen dann dahin, geplagt, verbittert und verseucht, um später krank und ausgezehrt in ihre Heimat zurückzuwanken und dort zu sterben. Andere bleiben aus Scham und sterben in stickigen Bretterbuden in ihren schmutzigen Bettüchern, werden dann von ihrer inoffiziellen Gewerkschaft abgeholt oder in schlimmeren Fällen von der städtischen Gesundheitsbehörde und auf dem Awudome-Friedhof in dem für Heiden bestimmten Teil begraben.

Amamu tappte an diesem trüben Nachmittag vorsichtig durch menschliche und tierische Fäkalien, die nicht voneinander zu unterscheiden waren, durch verwesende Nahrungsmittel und Urinpfützen, von denen ein widerlicher Gestank in die heiße Luft aufstieg. Auf der ersten Straße, gleich hinter der Moschee, glaubte er, ganz in der Nähe von Yaros Haus zu sein. Es roch nach gebratenen Bananen, Fisch und Gewürzen. Am Rande der abschüssigen Straße brieten vier Frauen tatale und Bananen, dabei schrien sie sich heiser, weil zerlumpte Straßenjungen rücksichtslos davon zu stehlen versuchten. Er hielt an und ließ sich von einem der Bengel gegen Bezahlung den Weg zeigen.

Yaros Haus stand am Rande eines großen Abwassergrabens, der wie alle anderen durch starke Regenfälle ausgehöhlt war. Noch bevor sich der Weg zwischen den Häusern hindurchschlängelte, schoß der Graben steil in die Tiefe. Es war eine Lehmhütte. Das Tor aus Seifenkistenbrettern stand halb geöffnet. Auf dem Gelände standen vier Lehmhütten bedrohlich dicht beieinander. Ein alter Muslim hockte neben einem niedrigen, geflochtenen Zaun und wusch seine Hoden mit Wasser aus einem grünen Kessel. Der kleine Junge sagte etwas in Hausa zu ihm. Der Mann drehte sich langsam um und deutete auf eine der Lehmhütten, dabei griff er weiter nach seinen unsichtbaren Hoden und setzte seine Waschung ohne Unterbrechung mit abwesendem Blick fort.

Amamus Klopfen an der Tür, auf der mit Holzkohle Zeichen gemalt waren, die ihn an das Passahfest erinnerten, wurde durch ein Grunzen von innen beantwortet. Ein kleiner, rotäugiger Junge, der im Anfangsstadium der Malaria war, öffnete die Tür. Er war nackt und sauber geschoren, in seinen Mundwinkeln klebte trockener Mangosaft.

„Wo ist dein Papa?"

„Hm. Polisseiwache."

„Welche Polizeiwache?"

„Nima."

„Was ist los?"

„Mein Onkel."

Sein Onkel war verhaftet worden. Es war Ibrahim. Yaro hatte ihn einmal in einem Wutausbruch erwähnt. Er war eines Tages von zu Hause nach Nima gekommen; ein pfiffiger Bursche von achtzehn, wenn man überhaupt sein Alter schätzen konnte. Sein Bruder gab ihn bei einem Schneider in die Lehre, der in der Nähe der ersten Müllhalde Hausa-Gewänder nähte.

Ibrahim hielt die Lehre nicht durch, sondern verdingte sich als Türsteher beim Opern-Kino, einem großen, dunklen Lichtbildtheater im Herzen der Stadt mit einer Halbstarkenkundschaft. Hier lernte er einige hartgesottene Burschen aus dem Norden von Cow Lane kennen, die Heimat sämtlicher Gauner in der Stadt. Dann begann er, spät nach Hause zu kommen, manchmal verschwand er tagelang und tauchte dann schmutzig und mit roten Augen wieder auf. Er hatte Pot geraucht. Einmal hatte er einen üblen Streit mit Yaros Frau, Aschitu, gehabt, bei dem er sie bewußtlos schlug. Damals kam er zum erstenmal mit der Polizei in Berührung. Doch Amamu holte ihn von der Polizeiwache ab und bezahlte die Krankenhauskosten der Frau. Inzwischen hatte Ibrahim seine Arbeit verloren. Er verließ aber jeden Tag das Haus und hatte abends Geschichten über eine neue Arbeit in einer Branntweinbrennerei zur Hand. Yaro wußte, daß er log. Er war auf der Hut. Bald kam ihm zu Ohren, daß sich Ibrahim einer Bande von Dieben angeschlossen hatte, die in Kanda in die Häuser einbrachen und Truthähne, Ziegen, Hühner und Schafe stahlen. Am Morgen nach der Party kam Yaro spät nach Hause. Seine Frau erzählte ihm, daß die Polizei dagewesen sei und das Haus durchsucht hätte. Sie hatten sie wegen Ibrahim verhört, seine Kiste aufgebrochen und durchsucht und eine Churchman-Zigarettendose, mit einer braunen, tabakartigen Substanz darinnen, mitgenommen. Ibrahim und vier seiner Komplizen waren in der vergangenen Nacht beim Haus Nummer 56 in Kanda überrascht worden. Sie hatten Hühner und drei Schafe erbeutet. Gerade als sie im Begriff waren, sie unter dem Stacheldraht hindurchzuschieben, sausten die Knüppel auf sie nieder. Sie steckten mit dem

Nachtwächter unter einer Decke. Eine Polizeistreife war in dieser Nacht in der Gegend unterwegs. In Nummer 55 wohnte ein Polizeiinspektor. Die fünf Burschen wurden fast buchstäblich zu Tode geprügelt und dann durch die Straßen nach Nima zur Polizeiwache gezerrt, wo sie laut schreiend in vier Sprachen ihre Unschuld beteuerten.

Um fünf Uhr morgens eilte Yaro zur Polizeiwache. In der Anmeldung hing ein Wachtmeister verschlafen hinter dem Schalter. Als er Schritte vernahm, schreckte er auf, warf Yaro einen wütenden Blick zu und fragte mürrisch: „Ja? Was gibt's?"

„Masa, entschuldige, mein Bruder hier."

„Wer sein dein Bruder?"

„Masa, sie ihn gestern gefangen. Polizei kommen zu meinem Haus in Nima."

„Was sein Name?"

„Ibrahim, Masa."

Der Wachtmeister erhob sich ärgerlich von seinem Stuhl und schlurfte zu den Zellen.

„Wer sein Ibrahim?" rief er.

„Ich, Sah."

„Komm mal raus."

Ibrahim trat an das Gitter. Sein Gesicht war blutverschmiert, wo sonst seine Augenbraue war, saß eine Beule, die sein rechtes Auge völlig verdeckte. Sein Haar klebte von Schweiß, Blut und Dreck.

„Ist er's?" fragte der Wachtmeister, ohne sich direkt an jemanden zu wenden.

„Ja, Sah, Masa", antwortete Yaro fast flüsternd. Er starrte seinen Bruder an und sandte ein stilles Gebet zu Allah. Ibrahim blickte verlegen und unsicher mit seinem linken Auge in den Morgen hinaus.

„So, was nun?“ fragte der Wachtmeister. Niemand antwortete.
„Sie ihn fangen gestern Hühner stehlen in Kanda. Er und die vier anderen da drinnen. Wir haben viel Beschwerde, jeden Tag Beschwerde. Wir, sagen sie, wir nicht können Diebe fangen. Große, große Leut machen Beschwerde. Wir versuchen, versuchen, wir nicht fangen Dieb. Gestern, bei Allah, wir fangen alle. Wir fangen alle.“
Er hielt inne und grinste. Er genoß die Situation.
„Geh wieder zurück, du Dieb, Naniama.“
Ibrahim kehrte mühsam in die Zelle zurück. Yaro blickte zu Boden. Der Wachtmeister setzte sich und schwieg wieder.
„Verzeihung Masa, was ich muß tun?“
„Du sein Bruder?“
„Ja, Sah, Masa, selber Vater, aber nicht selbe Mutter.“
„Du holst einen, der Buch kennt, bring ihn her.“
Yaro zog den ganzen Tag durch Nima, um jemanden zu finden, der „Buch kennt“. Der Briefeschreiber unter dem Feigenbaum lehnte ab, denn er hatte keine Lizenz zum Briefeschreiben. Der Ijaw-Kaufmann auf der zweiten Seitenstraße meinte, er „kenne Buch“, doch nicht sehr gut, da er in seiner Heimat nur bis zur dritten Klasse die Schule besucht hatte. Auch Koo am Schalter des Trotro-Bahnhofs wollte nichts mit der Polizei zu tun haben. In Nima will niemand etwas mit der Polizei zu tun haben. Einmal raste ein Lastwagen mit Passagieren vom P.W.D. in eine der Toilettenanlagen. Der Fahrer hatte soviel Akpeteshie getrunken, wie man normalerweise für die ganze Beerdigung eines ziemlich bedeutenden Mannes rechnet. Einigen

waren die Beine wie Streichhölzer durchgebrochen, Köpfe waren aufgeschlagen, Rippen zermalmt, die Szene war mit Blut und Schreien erfüllt. Doch noch bevor die Polizei auftauchte, um „Einzelheiten" aufzunehmen, waren alle Verletzten verschwunden. Auch der Fahrer hatte sich aus dem Staub gemacht. Er wurde in einer Hütte in der Nähe des letzten Misthaufens gefaßt, wo er dann unzusammenhängend seine Unschuld beteuerte. Ein paar anständige Schläge vom Oberwachtmeister verhalfen ihm wieder zur Nüchternheit. In rostigen Handschellen führte man ihn zur Unglücksstelle. Auf seiner Stirn klaffte eine große Wunde. In Nima will niemand etwas mit der Polizei zu tun haben. Das Gesetz ist den Gefangenen feindlich gesinnt. Es bedeutet Prügel, die von seinen wütenden Repräsentanten verabreicht werden, Geldstrafen, Handschellen, Tränen und Blut, Gefängniszellen mit Schüsseln, in die man seine Notdurft verrichten muß, lange Untersuchungshaft, Arbeitslosigkeit und Hunger für die Familie daheim.

Gegen Mittag kehrte Yaro erschöpft von der Suche nach jemandem, der „Buch kennt", zur Polizeiwache zurück. Der Wachtmeister vom Morgen war durch einen fettarschigen Oberwachtmeister abgelöst worden, der emsig in ein schwarzes Buch schrieb, während ihm die Zunge aus dem Mund hing.

„Was los, Contri?" bellte er Yaro an.

„Kann niemand finden, Masa."

„Du wen nicht finden? Du denken, wir hier machen Witze!"

„Nein, Sah, Masa. Mein Bruder Ibrahim hier."

„Ihr seid alle komplette Idioten. Warum macht ihr Leute aus Nima so viel Ärger? Diebe, das ist's, was

ihr alle seid."
Damit kehrte er zu seiner Schreiberei zurück, wobei seine heraushängende Zunge den langsamen Schriftzügen folgte.
Yaro ging in den Flur hinaus und setzte sich auf eine Bank, auf der acht andere Leute warteten. Ein einflußreich aussehender Mann in einem Manchesteranzug kaute geräuschvoll auf einem Stöckchen herum und murmelte etwas in Aschanti vor sich hin, irgend etwas von Kindern, die nicht gehorchen wollten. Drei Männer saßen totenstill nebeneinander, dann kam eine Frau aus Lagos mit einem knapp vierzehn Tage alten Baby, das kläglich wie ein verirrtes Kälbchen wimmerte. Am anderen Ende flüsterten drei Männer und eine Frau erregt in Ewe.
Yaro setzte sich gleich vorn hin und wartete, obgleich er nicht genau wußte, worauf er eigentlich warten sollte. Vielleicht würde ihm Allah den Weg weisen. Allah wird es tun. Er blickte um sich, während er auf einem alten Kolastück herumkaute. Es war ein Kommen und Gehen. Manche gingen in die Wachstube, man konnte Stimmen hören, eine Tür wurde aufgeschlossen, und einer der Häftlinge kam mit wilden, roten Augen zum Vorschein. Dieser folgte dem Mann zu einem wartenden Auto oder Taxi, das dann über die Ringstraße davonfuhr. Allah wird den Weg weisen.
Allah zeigte ihm den Weg, als Amamu auf der Polizeiwache eintraf. Yaro erhob sich von der Bank und stürzte sich auf seinen Herrn.
„Masa, Allah, Masa, bei Allah", rief er in einem fort. Dann erzählte er eine lange, verworrene Geschichte. Amamu ging zur Wachstube. Dort schrieb der Ober-

wachtmeister immer noch in sein schwarzes Buch. Als er jemanden hereinkommen hörte, blickte er auf.
„Ja, Sir. Was kann ich für Sie tun?“ fragte er.
„Ist hier ein junger Mann, namens Ibrahim?“
„Ja, ich glaube, Sir.“
„Ich möchte eine Kaution für ihn zahlen.“
„Ja?“ Der Oberwachtmeister ärgerte sich. Weil dieser Mann eine Krawatte trug, war er höflich zu ihm. Doch berechtigte ihn das noch lange nicht, so arrogant zu sprechen.
„Und Sie sein?“
„Ich bin Anwalt...“
„Oh, ja richtig, Sah. Verzeihung, Sah. In Ordnung, Sah. Einen Moment, Sah.“
Ein Anwalt kommt gleich nach Gott. Er ist derjenige, der einen in Schwierigkeiten bringt und wieder herausholt. Wenn man beim Stehlen erwischt wird, dann besorgt man sich einen Anwalt, der weiß Bescheid. Er wird dann mit „ihnen“ argumentieren und man wird freigelassen. Er kann mit dem Gesetz verhandeln, und die Polizei respektiert ihn. Er kann der Polizei etwas sagen, und sie kann ihm nichts anhaben, denn er kennt die Gesetze. Er weiß alles und kann einem sagen, welche Lügen man vorbringen soll. Deshalb legt man sie mit dem Gesicht nach unten, wenn sie sterben.
Er wartete vor der Theke, während der Oberwachtmeister seinen Chef heranrief, einen Polizeikommissar mit einem traurigen Gesicht, der offensichtlich erregt war, aber jene Haltung bewahren konnte, die für Leute, die das Gesetz in Kraft setzen, so typisch ist.
Er war kurz bevor aus dem Korle-Bu-Krankenhaus

eine Meldung kam auf der Polizeiwache eingetroffen. Ibrahim hatte gegen elf Uhr begonnen, Blut zu erbrechen. Nach dem ersten Besuch seines Bruders hatte ihn eine grüne Minna mit Polizeieskorte ins Krankenhaus gefahren. Eine Stunde später erlag er inneren Blutungen, die von schlimmen Verletzungen mit einem schweren, stumpfen Gegenstand herrührten, der seine Nieren beschädigt hatte. Der Körper lag in der Leichenhalle. Würden der Anwalt und der nächste Verwandte ins Krankenhaus gehen und seinen Körper identifizieren? Der Kommissar sprach höflich und leise.

Den restlichen Teil des Nachmittags lief Yaro wie ein Schlafwandler hinter seinem Herrn her und murmelte in seiner Muttersprache vor sich hin. In der Leichenhalle öffnete der Wärter den großen Kühlraum. Ein Arzt rieb nervös die Hände und meinte entschuldigend: „Es war zu spät, als sie ihn herbrachten, es war einfach zu spät."

Amamu kam spät abends nach Hause. Das Haus war leer; Alice war nach Cape Coast gefahren.

Er ließ sich auf einen Stuhl fallen. Dann bemerkte er, daß Yaro immer noch im Wohnzimmer stand.

„Was ist, Yaro?"

„Nichts, Sah, mein Bruder, er ist tot."

„Geh und begrab ihn."

„Ja, Sah, Masa, ich werde ihn begraben. Ja, Sah."

Behutsam ging er davon, so als ob er den Boden mit seinen Füßen nicht verletzen wollte.

Kapitel 12a

„Als die Neger die Zerstörung und totale Vernichtung ihrer heiligen Felsen und damit jede Hoffnung auf Erlösung schwinden sahen, ergriffen sie erbittert und wutentbrannt ihre Waffen und schlugen derartig auf die Arbeiter ein, daß diese, unfähig, Widerstand zu leisten, sich in ihre Boote flüchteten.“ Rui de Pina. Der Bau von Schloß Elmira (1482)

Wenn jemand im Krieg einen Feind tötet, dann enthauptet er ihn und nimmt den Kopf in einer Tasche mit nach Hause. Dadurch weiß man, wie viele Feinde erschlagen wurden. Wenn man jedoch jemanden erschießt und er, mit dem Gesicht gen Himmel gewandt, zu Boden fällt, dann soll man den Kopf nicht abschneiden, denn wer es tut, den wird der Geist des toten Feindes zu Tode quälen. Die Köpfe werden gut getrocknet, und bei besonderen Anlässen trinken tapfere Männer aus ihnen. Einige schmücken auch die großen Trommeln.

Und am nächsten Tag werden kräftige Burschen aus den Weidegebieten mit nackten Oberkörpern die Felder gegen eine Bezahlung ausschachten, die sie kaum ernähren kann. Auf Lastwagen fahren sie durch die Wiesen zu den Baustellen, für deren Besitzer sie Stein auf Stein setzen sollen.

Der Grundsatz heißt: Der Arbeiter verdient seinen Lohn, aber nicht mehr.

Von hier aus kann man eine niedrige, blaue Hügelkette erkennen, von der nach tropischem Regen Dunst aufsteigt. Die Versöhnung von Bulle und Mensch kann noch nicht stattfinden, denn es müssen noch Millionen Vergehen an den Ahnen gesühnt werden. In den Hügeln klagen die Ochsenfrösche ein zusammenhangloses, mehrstimmiges Todeslied.
Denn Tränen werden wieder das Land bedecken, und die Überlebenden werden nur Gott, dem christlichen Gott, verantwortlich sein.
Wir hören neues Wehklagen. Wurde nicht irgendwo vorher geklagt, ist wieder jemand gestorben, wird das Leichenbegräbnis verlängert?
Libanesische Kaufleute verhökern Eingeborenenland; selbst eine Regierung, die sich zum Sozialismus bekennt – eine Verwirrung von Idee, Glaube und Magie – kann darauf keine Antwort geben. Während die bevorzugte Menschheit auf den Golfplätzen von Achimota spielt, werden Kinder zu Bettlern auf den Marktplätzen. Achimota ist der beste Golfplatz im Lande.
Im Konferenzzimmer debattieren die Gelehrten des Landes über den internationalen Kommunismus und bringen neue Argumente für den Fabianismus vor, der in seinem Ursprungsland ausstarb. Es ist bezeichnend, daß sie nach Oxford gingen, so sind europäische Sozialisten, die sich für ideologische Fragen Afrikas interessieren, unglaubwürdige Propheten in ihrem eigenen Land. Den Sozialismus sollten sie in ihren eigenen Ländern praktizieren.
Das Bier ist gut. In den westlichen Provinzen gibt es zwei ausgezeichnete Brauereien, und eine weitere wird in Kürze gebaut, damit gutes Bier für das Volk produ-

ziert werden kann.
In der Zwischenzeit herrscht im Norden und im Eweland Trinkwasserknappheit.
Der internationale Dinner-Club gibt in der Stadt ein Bankett. Prominente werden Ansprachen über die besondere Bedeutung des internationalen Finanzwesens halten. Es ist Abendkleidung vorgeschrieben.
„Ich werde Nima zu einer Stadt in der Stadt machen.“ In der Zwischenzeit kaufen sich Minister dreiundzwanzig Häuser, goldene Betten und der Führer wird eine Abendansprache im Rundfunk halten.
„Jedem ein Auto“, ist ein schlechter Werbespruch!
Und sie, der ich hierher gefolgt bin, ist im Meer untergetaucht, sie, die Waise, ist im Sturm verweht.
Man kann nicht die Kraft der Logik verneinen – Hoffnung setzt sie der Magie gleich – wegen einer einzigen einfachen Grundaussage. Zorn ist nutzlos, denn der Tod ist wahrscheinlich die einzige Realität. Und vielleicht träumen. Da liegt der Haken.
In der Stammestradition spielen Träume eine wichtige Rolle, die vom europäischen Verstand nicht begriffen wird. Der Begriff Engel ist eine absolute Erfindung, denn Engel und Teufel – das Böse – sind ein und dasselbe.
Wenn der Brigadeoffizier das Nunc Dimittis zitiert, beklagt er die Sinnlosigkeit von allem.
Der Staatsdienst ist die selbstloseste Institution, die den Fortbestand einer Nation gewährleistet. Er kann eine ungetrübte Vergangenheit treuer Dienste aufweisen. In seinen Reihen befinden sich die besten Söhne des Landes.
Bei einer Moslembeerdigung werden keine Särge verwendet. Das stellt eine Gefahr für die öffentliche

Gesundheit dar, denn Ratten können bei der Verwesung die Pest übertragen und das Trinkwasser der Stadt verseuchen. Man sollte die Moslems veranlassen, bei ihren Beerdigungen Särge zu benutzen, und die Stadtverwaltung sollte dies per Gesetz verordnen. Wir werden es „Örtliche Verordnung 98/2 Paragraph 10“ nennen. Lang lebe die Parlamentarische Demokratie.

Einer der neuen Führer wollte sich bei seiner Wahl für einen Wohlfahrtsstaat einsetzen, in dem es Arbeitslosenunterstützung, ausgleichendes Steuersystem, Kindergeld, freie ärztliche Behandlung und vor allem Trinkwasser für die Landbevölkerung geben sollte.

Am Rande des Waldes fällt das Gelände steil ab, und hier gibt es zahlreiche Kiesgruben. Als die Bauarbeiter dort nach Kies gruben, stießen sie plötzlich auf die Totenkammern von früheren Königen und Herrschern, die in dem langen, kühlen, von dicken Pfählen gestützten Erdgang ihre Ruhestätte hatten. Nationale Archive sollten sich dafür einsetzen, daß diese historischen Denkmäler erhalten und als Touristenattraktion genutzt werden.

Es gibt viele wunderschöne Gegenden in unserem Land, die mit entsprechenden Prospekten und Propagandamaterial ein Anreiz für Touristen, besonders Amerikaner, die für alles zu zahlen bereit sind, sein könnten.

Hinter diesen Abwassergräben hocken die Leute und entleeren sich mit größter Sorglosigkeit.

Kirchen und Kathedralen sind die solidesten Gebäude in der Gegend – den gleichen Eindruck hat man auf Bali – sie sind aus Stein gebaut, während die Wohnhäuser, eine Ansammlung roher Lehmhütten, dazu

bestimmt sind, gerade eine Regenzeit zu überdauern und dann unter der zerstörerischen Gewalt wolkenbruchartiger Regenfälle zusammenzufallen. Doch diese armen Teufel scheint das nicht zu kümmern. Es ist unvorstellbar, wie sie in diesen Dingern leben.
Unsere Schwermut, die auf die alte Schwermut, die zur Geschichte unseres Landes gehört, zurückgeht, spottet jedem Trost. Diejenigen, die näher am Rande der Hügel leben, können weithin bis ans Meer blicken, wo der griechische Salzhändler seine Salzpfannen hat und, wie der Brigadegeneral, Nunc Dimittis singen kann.
Als ich ihnen erzählte, daß junge Afrikaner das Gymnasium mit Latein und Griechisch abschließen, hielten sie es für eine dieser phantastischen afrikanischen Lügen. Alle Afrikaner sind geborene Lügner. Man denke nur an Othello.
Wir sind alle Schlafwandler, manche wandeln nur ein bißchen schneller als andere. Wir werden in den Zeitungen dagegen protestieren, wenn die Pharmazeutische Gesellschaft an eine Firma in Illinois verkauft wird.
Unterdessen stirbt die Nation auf Knien, stirbt in ihrem eigenen Unrat.
Dann wird man mit cleveren Kapitalisten, die sich an ihre Aktenkoffer klammern, über brüderliche Liebe und internationale Verständigung sprechen.
Freddie Thompson rief auf der Rollbahn: „Zum zweitenmal werde ich als Sklave verkauft. Bei den Göttern Afrikas, sie wollen mich wieder verkaufen. Ich bin nach dreihundert Jahren heimgekehrt und, bei den Göttern Afrikas, ich werde zum zweitenmal versklavt."
Armer Freddie. Sie befreiten ihn und machten ihn

zum Abteilungsleiter einer italienischen Möbelfirma. Er ist ein sehr guter Zimmermann. Auch Christus war ein Zimmermann. Doch mit Hammer und Nägeln aus seinem eigenen Werkzeugkasten schlugen sie ihn an sein eigenes Kreuz.

Ich sah sie aus der mondbeschienenen Tür treten, die eine Welle zustieß. Ich sah sie, wie sie sich in einer fremdartigen Weise an ihre Götter klammerte. Sie verschwand an der Stelle, wo der Mond das Meer in zwei Teile zerschnitt.

Ob sie wieder zurückkehrt?

In den Gärten bei den Misthaufen halten Verliebte sich bei den Händen wie Aladuras, die durch die mitternächtlichen Straßen ziehen.

Immer wieder werden wir bei dem einfachen Bestreben des Überlebenwollens erwischt. Was für ein sinnloser Kampf.

Auf dem Hügel diskutieren emanzipierte Akademiker über Fragen der akademischen Freiheit – der Freiheit, akademisch zu denken, unbehindert intellektuell arbeiten zu können. Die Universität sollte im wahrsten Sinne des Wortes völlig autonom sein.

Ich möchte auch an etwas glauben.

Dann – als mein Hund, von einem Feuerwehrwagen überfahren, sterbend in der Gosse lag – quälte mich die Erinnerung an meine Geliebte so wie die Fliegen und Mücken, wenn zu Hause zur Weihnachtszeit der Mangobaum blüht. Die Elemente werden die Farben ihrer Perlen annehmen, das Rot des preisgekrönten Hahns, das Grün der Avia und das Blau der Handfläche des Färbers. In diesem Land muß Gift im Blut fließen, bevor aus dem allerletzten Misthaufen ein Friedhof wird.

Die Menschen ertragen dieses unvermeidliche Joch in dem irrigen Glauben, den die Bibel der Christen verkündet, daß jenseits dieser Hügel und Felder eine Ruhestätte liegt.
In dem Sommer, in dem ich auf der Suche nach ihr nach Europa floh, traf ich in Stockholm das Whisky trinkende Mädchen, das afrikanische Anthropologie studierte und Fragen über Eingeborenenbräuche und Beerdigungszeremonien beantwortet haben wollte.
Munyi meint, daß europäische Stämme noch heute Kannibalismus betreiben.
Die Nacht dehnt sich aus wie eine blutrote Flagge und verkündet, daß das Pentagon der Herrscher zurücktrete. Es trete zurück, wie einst nach einem Wüstenwind die Lagune die Fische auf der salzigen Erde zurückließ. Diese sollen aufgesammelt und den hungernden Kindern zum Essen gegeben werden.
Am Ramadanfest soll Ahmadu el Said auf dem Rasen gegenüber vom Hotel Ambassador, wo die Ungläubigen ein großes Fest mit unberührbarem Fleisch vorbereiten, Zitate aus dem heiligen Koran laut vortragen.
El Said, fett und ölig von seinen kurzen islamischen Waschungen, glaubt an eine einzige Wahrheit, an Allahs Heiligkeit, selbst in der Stunde seines Todes.
Unter den Bäumen beten Allahs fromme Jünger, indem sie ihre von Hunger und Entbehrung gezeichneten, freudlosen Gesichter wohlwollend gen Mekka wenden. Sie beten in leisem, monotonem Gemurmel und heiserem Krächzen zu Allah, dem Barmherzigen, denn das Fasten hat ihre Stimmbänder ausgetrocknet.
Meine Meerjungfrau, ich komme zum Mandelbaum, wo ich dich zum erstenmal traf. Ich werde dort sein, wenn du zur verabredeten Stunde heraufsteigst. Ich

steige von diesem Gebirge von Mist, von diesen Hügeln der Schande hinab. Ich werde den Weg der alten Kriegstrommeln beschreiten, ich werde im Takt der Husago, Atrikpui und Agbadza marschieren, am Wirbeln meiner gefalteten Tracht werdet ihr mich kommen sehen. Mein Mund wird versiegelt sein, damit ich nicht singen kann, nicht jene alten Lieder singen kann. Ich glaube dir, wenn du sagst, daß du auf dieselben Felder kommen wirst, über die ich an den ersten Gedenktagen meiner Reise vom Mutterleib mit den Gespenstern ritt. Glaube mir, jetzt ist das Land mit Blut bedeckt, und es wird noch mehr Blut fließen, damit der Bund, den wir in dem Schmetterlingsfeld und unter meinem Mandelbaum geschlossen haben, erfüllt wird. Deinetwegen verzichte ich auf Errettung durch Wahnsinn und mache mir in besonderer Hoffnung deine Hoffnung zu eigen. Du wirst in meiner Zeit, unserer Zeit, wieder dieselben Schritte tanzen, die du zu den alten Trommeln in die Erde gezeichnet hast, und dadurch die ewige Legende unserer Liebe enthüllen. Ich werde zu deinen Knien im Sand am Rande des Wassers kriechen und dann die ersten Silben meiner Rede zurückverfolgen.

Ich suche sie, wo werde ich den unter euch finden, der mir sagen kann, wo ich sie finden kann, wer von euch kann mir zeigen, wohin sie gegangen ist?

Im Gebüsch wird nach den Geistern der verstorbenen Donnerpriester gesucht. Die Angst der Trommler im Trancezustand unter den Nimbäumen läßt die Trommeln verstummen.

Nye dzi akpo dzidzo le xexeame fe numadinuwo nuti eye nye aseyetsotso ade gbefa nye sitsofe dede. Miadometo kawoe awo kale le anyigba sia dzi, aha tutu

adatsi le mo na ahosiwo maha?*
Es wird die letzte und einzigartige Tat sein, die du zu ihrem Gedächtnis ausführen wirst, die endgültige Unterwerfung soll ein einfaches Glaubensbekenntnis sein, daß ihre Wiederkehr noch vor dem zweiten Hahnenschrei im Lande verkündet werde.
Wir halten fest an dem Glauben, daß himmlische Musketen ihr Kommen ankündigen werden.
Der Ruf gehört ihr, meiner Geliebten mit den schwarzen Brustwarzen und dem vor langer, langer Zeit gezogenen Zahn, die im zwölften Jahr starb, als Hexen ihre Eingeweide zerfraßen. Ihr Untertauchen in den Wellen war ihr letztes Lebewohl. Die Schreine zerfallen jetzt, die Zäune sind von Termiten zerfressen.
Bring das Wunder zurück, bring das Wunder zurück, bring das Wunder zurück.

* Mein Herz wird sich der sinnlosen Dinge dieser Welt erfreuen, und meine deutliche Freude wird meinen Platz im Himmel verkünden. Wer von euch wird so tapfer sein in diesem Land und die Tränen von den Gesichtern der Witwen wischen?

Kapitel 13

Am Abend verspürte er erneut Kopfschmerzen, ein heftiges Hämmern, so als ob dort viele Trommeln, Gongs und Rasseln gleichzeitig spielten. Alle Dinge um ihn herum bewegten sich regelmäßig ruckartig auf und ab. Die Wände schienen in unterschiedlicher Beleuchtung zu zittern. Die Ketten nahmen verschiedene Formen an und sprangen dabei hin und wieder auf. Das Tageslicht draußen schimmerte hell. Er mußte sich hinsetzen.

Er setzte sich. Dann bewegte er sich langsam und bedächtig zur Kommode auf der rechten Seite, dort stand eine halbe Flasche Scotch. Er goß sich reichlich ein. Als er das Glas zu den Lippen führte, zitterten seine Hände. Der Whisky schmeckte herb und bitter. Nachdem er das Glas mit einem Zug geleert hatte, warf er es buchstäblich auf den Seitentisch.

Um ihn herum fing wieder alles an zu tanzen. Erst wurde der weiße Vorhang vor dem hinteren großen Fenster von einer leichten Brise erfaßt, leicht angehoben, dann im großen Bogen wie eine aufgerollte Fahne an einem fernen Mast emporgeweht und langsam streichelnd auf die Fensterbank niedergelegt. Ein leichtes Kräuseln blieb, als der Vorhang ermattet auf der Fensterbank zu ruhen versuchte. Helles Licht fiel mitten auf den Eßtisch, ein blauer Fleck, der einen Moment lang heftig funkelte. Nie zuvor hatte er solches Licht gesehen. In seinem Kopf nahmen Trommeln, Gongs und Rasseln wieder mit regelmäßigen

Synkopen ihr Spiel auf: Es erklangen Trommeltakte aus seiner Kindheit, die sich anhörten wie die Trommel eines Medizinmanns. Das Licht stieg aus der Tischmitte nach oben und begann heftig zu flimmern. Plötzlich hörte es auf. Die Trommeln schlugen einen langsamen Begräbnistakt. Schwach war eine Stimme zu hören, die ein Totenlied sang, die Stimme von jemandem, den er kannte. Aber er konnte sich nicht erinnern. Es war jemand, der ihm nahestand. Seine Mutter? Seine Großmutter? Es war eine klare, weibliche Stimme, die ein Klagelied vom Todestag sang, von verwelkten Bäumen, von Blättern, herabgefallen vom immergrünen Affenbrotbaum, von einem Wüstensturm, von Schädeln, die einen undurchdringlichen, von Regenfällen aufgeweichten Wald durchqueren. Dann sang die Stimme von dem Suchenden, der findet, der in der Wildnis den Tod findet, der ihm das Leben nehmen wird, von der Trauer der Leidtragenden, von dem Mitleid, das er für jene empfindet, die seinen Körper zu Grabe tragen werden. Das Lied verstummte. Die Trommeln, Gongs und Rasseln nahmen wieder den Takt der Medizintrommel auf. Aus dem Nichts tauchte das Licht wieder auf und tanzte diesmal vor ihm auf der Wand.

Jetzt war er in einem Klassenzimmer. Sie lasen im Lesebuch. Ata hat meinen Hut. Wiederholen, Ata hat meinen Hut. S, O, so, W, O, wo, wo ist es so? Wir fahren fort. Wiederholen, S, O, so. Medizinmänner waren auf einem Flughafen versammelt. Ein Flugzeug war startbereit. Sie unterhielten sich aufgeregt über einen Schwindler, der drei Leuten ein Stück Land verkauft hatte. Sie hielten Talismane in der Hand und führten Zaubersprüche im Mund. Fall herunter, damit ich dich auffange, fall, Kokosnuß, damit ich dich auffange. Hunde, Hunde. Ata hat meinen Hut, S, O, so, W, O, wo, wo ist es so? Wir fahren fort. Er erhob sich vom Stuhl, löste seine Schnürsenkel und seine Krawatte und trat in den Abend hinaus.

Kapitel 14

Die Suche nach ihm begann am dritten Tag. Leute, die einen Termin bei ihm hatten, warteten stundenlang draußen vor der Tür. Am Gericht tauchten Klienten auf, in der Hoffnung, seine vertraute Gestalt nachdenklich zwischen den Blumentöpfen einherschreiten zu sehen. Er war fort. Freunde im Klub wunderten sich, wo er wohl hingefahren sein mochte. Man suchte Adisa auf. Nein, sie hatte ihn nicht gesehen. Sie hatte in seinem Büro angerufen und keine Antwort erhalten.

Als er vor drei Tagen abends sein Haus verlassen hatte, schlug er zunächst den Weg zum Ring ein. Er trug keine Schuhe und war nur mit einer gestreiften Hose und einem ärmellosen Unterhemd bekleidet. Die Stadtverwaltung hatte vor einiger Zeit um den Ring einen Park angelegt. Wenn die Militärkapelle dazu aufgelegt war, spielte sie dort ab und zu vor einer halbverhungerten Menge Arbeiter ausgewählte Stücke von Glenn Miller. Es gehörte zum Konzept der Regierung, dem Volk Musik nahezubringen. Arbeit und Glück.

Als er hinzutrat, war die Kapelle gerade zu „At the Woodchopper's Board“ übergegangen. Er mischte sich unter die Menge, drängte sich zur zweiten Reihe durch und bewegte sich zur Musik der versammelten Instrumente, der Posaunen und Trompeten, die mit Hörnern und Trommeln in schrillen Synkopen klagten und pfiffen. Er bewegte seinen Kopf eine Weile hin und her und begann dann, so zu dirigieren wie es seiner Meinung nach gemacht werden sollte. Leute in seiner Nähe rückten von ihm weg. Jetzt stand er in der ersten Reihe und schwang seine Arme in wilder Taktstockakrobatik, wie er es bei einem berühmten Dirigenten in der Royal Albert Hall gesehen hatte.

Nachdem er ungefähr zwei Minuten lang dirigiert hatte, wurde es ihm langweilig. Als er weggehen wollte, stimmte die Kapelle einen schnellen Marsch an, der während des Krieges beliebt gewesen war. Er zwängte sich durch die Massen, als würde er verfolgt. Als er am Rande angelangt war, hielt er an. Unter einer Gruppe von Barbados-Pflanzen waren noch ein paar leere Bänke. Er suchte sich eine aus. Sobald er sich hingesetzt hatte, brach ihm der Schweiß aus. Es war nicht sehr heiß, doch er schwitzte außerordentlich.

Musik tönte herüber, jetzt ging sie im Lärm quietschender Reifen auf dem Ring unter. Er trug noch immer seine Socken. Kurz darauf setzte sich eine Gruppe Kinder zu ihm. Es waren sechs. Er sah, wie ein Kind ein buntes Taschentuch aus einer schmutzigen Tasche hervorholte, drei Kieselsteine aufhob und sie in das Taschentuch wickelte. Durch das grüne Gras führt ein zementierter Fußweg. Darauf warf das Kind das Taschentuchbündel, dann kamen alle wieder zurück und ließen sich neben ihm auf der Bank nieder. Er lächelte jetzt. Zuerst kam ein alter Mann vorbei, der mit dem Fuß gegen das Taschentuch stieß. Doch er zog seines Weges. Die Kinder hoben das Taschentuch auf und legten es mehr in die Mitte des Weges. Eine Frau mit einem Baby auf dem Rücken zockelte heran, sie stieß mit dem Fuß dagegen, blieb stehen, blickte auf das zusammengeknotete Taschentuch, drehte sich um und ging weiter. Dann näherte sich ein junger, kräftiger Arbeiter. Er hatte Spaß an dem Spiel mit den Kindern, grinste und blickte lächelnd auf das Taschentuch. Dann bemerkte er, daß es zusammengebunden war, hielt inne und bückte sich langsam, um es aufzuheben. Als er sich wieder aufrichtete, warf er einen Blick nach links und rechts, um zu sehen ob ihn jemand beobachtet hatte. Dann steckte er seinen Fund schnell in die Tasche und ging eiligst weiter. Die Kinder jagten johlend hinter ihm her.

„Es ist unsers, bitte, es ist unsers", riefen sie.

„Was ist euers?"

„Das Taschentuch."

Der Arbeiter holte das Taschentuch aus der Hosentasche.

„Dies hier?"

„Ja", schrien sie alle gleichzeitig und lachten jetzt unbändig.

„Was ist denn da drin?" fragte der junge Mann.

„Geld, mit dem uns unser Vater geschickt hat", sagten die Kinder.

Der junge Arbeiter knüpfte das Taschentuch auf und sah die Kieselsteine. Blitzschnell packte er eins der Kinder, ihren Anführer, und gab ihm eine Ohrfeige. Die anderen waren lachend davongelaufen. Dann ließ er ihn frei und setzte unter wildem Schimpfen der Kinder seinen Weg fort.

Amamu amüsierte sich sehr. Er lachte und lachte lange Zeit. Plötzlich kam er wieder zu sich. Er mußte weiter. Er überquerte die Nsawam-Straße, wo eine Frau Reis und Fleisch in Zementpapier verkaufte.

Eiligst zog er am Lido vorbei, hielt sich ganz dicht am Straßenrand, denn die Straßen dieser Stadt haben keine Bürgersteige. In Höhe von der Nima-Polizeiwache, auf der er mittags gewesen war, legte er einen Schritt zu. In diesem Tempo ging es bis zur Survey-Schule weiter. Dort machte er eine Pause. In dem Park in der Nähe der Schule fand gerade irgendeine Massenveranstaltung statt. Jemand schrie etwas über das Recht der Arbeiter, für gerechte Löhne zu streiken, und das Recht, ihre Arbeitsplätze zu behalten, Wirtschaftskrise oder nicht. Vollbeschäftigung müsse garantiert werden. Er schlenderte etwa zehn Minuten lang durch die Menge und setzte dann seinen Weg fort.

Die Nacht brach schnell herein. Autos rasten zum Flughafen hin. Manchmal schienen die Scheinwerfer voll in sein Gesicht. Am Legionsdorf, Heimat der Kriegsverletzten von Burma, hielt er an und pinkelte in ihre Maniokpflanzung. An der Kreuzung schwenkte er rechts in die Straße zum Flughafen, und bald schon betrat er schweißbedeckt das Flughafenhotel. Gäste, die auf der Veranda saßen, blickten zu ihm herüber.

„Kann ich eine Flasche Klub-Bier haben?“ fragte er. Man reichte ihm eine geöffnete Flasche. Er zählte das Kleingeld aus der Hosentasche auf den Tisch und wollte gehen.

„Sie müssen es hier trinken“, sagte der Kellner, als ob er zu jemandem hinter ihm spreche. Er hob die Flasche an den Mund und nahm einen langen Zug. Er verschluckte sich, als er sie vom Munde nahm. In hohem Bogen schoß der Schaum über die Theke. Er kehrte auf die Straße zurück, überquerte sehr vorsichtig einen Zebrastreifen und ging an die Rollbahneinzäunung. Flugzeuge starteten mit großem Getöse, jedesmal, wenn sie hochzogen, rief er laut: „Brumm!“ Nach einer Weile starteten keine weiteren Flugzeuge. Plötzlich machte er kehrt und ging davon. Es wurde jetzt schnell dunkel, und er mußte sich beeilen. Schließlich gegen zehn Uhr stieß er auf die Hauptstraße Accra-Denu. Er war gut in Form. Er war kräftig. Er fühlte nicht, wie die scharfen Straßensteine durch die Socken hindurch in die Fußsohle schnitten. Schweiß lief ihm über das Gesicht. Er hielt sich, so gut er konnte, am Straßenrand, manchmal lief er auf dem Gras und schritt mit zügigen Schritten voran. Autos fuhren an ihm vorüber, ein Lieferwagen hätte ihn fast überfahren. Er hörte nicht, wie der Fahrer ihn verfluchte.

Er wanderte ununterbrochen die ganze Nacht hindurch. Nur einmal hielt er an, um an der Ada-Kreuzung in ein anderes Maniokfeld zu pinkeln. Wenn er durch stille Dörfer kam, ließen seine Fußtritte gelegentlich die Hunde laut anschlagen. In Dawa stürzten aus dem ersten Haus zwei Jagdhunde ins Dorf. Als sie etwa drei Meter vor ihm waren, hielten sie leise knurrend an. Er bemerkte sie nicht einmal. Gegen Mitternacht sah er weit enfernt in der Ebene ein einsames Licht, es flackerte auf, dann erlosch es. Darauf vernahm er drei Schüsse. Das war ein Jäger.

Gegen fünf Uhr erreichte er Tefle. Lastwagen warteten auf dieser Seite des Flusses. Fahrgäste, Fahrer und ihre Beifahrer schliefen. Es war still. Er schlüpfte unter der Schranke hindurch und steuerte geradewegs auf das Wasser zu. Als seine Füße das Wasser berührten, verspürte er plötzlich einen heftigen Durst und sank auf die Knie.

Er trank ausgiebig vom Wasser, wusch sein Gesicht darin und pinkelte hinein. Er stellte fest, daß er den Fluß nicht überqueren konnte und deshalb auf die Fähre warten mußte, die um sechs Uhr losfuhr.
In der Stadt löste seine Flucht allgemeine Panik aus. Gegen sechs Uhr hatte Sammy mit der Suche begonnen. Eine quälende Vorahnung und eine Unruhe plagten ihn. Er lebt und ist in Sicherheit, dachte er. Vielleicht bei Adisa. Früh am Nachmittag war er in Amamus Haus gewesen. Er wollte nur einmal schnell auf ein Bier hereinschauen. Das Haus war leer, die Eingangstür stand offen. Er sah sich im Wohnzimmer um. Er hatte das Gefühl, daß Amamu ganz in der Nähe, nur bei einem Nachbarn, sein mußte. Vielleicht war auch jemand vorbeigekommen, und sie waren kurz einen trinken gegangen. Er schloß die Tür und ging fort.
Später am Abend versuchte er es noch einmal. Niemand war zu Hause.
Er fuhr in den Klub. Fast alle Stammgäste waren anwesend. Der alte Row saß mit einem Bierkrug in der Hand rechts in der Ecke und rülpste zufrieden nach seinem zehnten Bier. Bob gab eine schnell zusammengebraute Geschichte zum besten, über eine Frau, die 1936 in seiner Heimatstadt beim Ehebruch erwischt worden war. Und da waren noch ein oder zwei recht bedeutende höhere Beamte, von denen einer ein Gesicht wie ein abgegriffenes Pfennigstück und eine piepsende Stimme hatte. Er ging zu Richard, der auf seinem hohen Stuhl hockte und ein altes Lied von den Flüssen seiner Heimat vor sich hin summte.
„Hast du Anwalt gesehen, Richard?“
„Nein, Sir, Masa; heute er nicht kommen.“

Er wollte einen Moment dableiben und etwas trinken; doch dies war nicht seine Gesellschaft. Außerdem zählte er zu den Junioren im Dienst, er hatte nichts bei diesen Halbgöttern der Verwaltung zu suchen. Er mußte Adisa aufsuchen.

Sie war zu Hause und trug ein einfaches Kleid, auf dem einige gelbe Schmetterlinge auf einer sonnigen Wiese tanzten und auch ein paar Kinder nach den Schmetterlingen jagten. Sie saß in einem großen Lehnstuhl, der in der Gegend hergestellt war. Die Tür stand halb geöffnet. Sie rieb sich gerade sanft und tief in Gedanken Pomade in ihr Haar.

„Hallo, Sammy, grüß dich, was gibt's?"

Sie stockte. Ihr weiblicher Instinkt sagte ihr, daß irgend etwas nicht stimmte. Sie konnte es ihm ansehen. In seinen Augen flackerte nur ein kleiner Hoffnungsschimmer, ihr übliches frisches und fröhliches Strahlen war von einer kleinen dunklen Wolke überzogen. Sie drückten eine gewisse Angst aus.

„Ist was passiert? Was ist los?"

„Ich bin vorbeigefahren: Er war nicht da."

„Nun, das ist doch nicht so schlimm."

„Aber seine Eingangstür stand offen. Und Yaro war nirgends. Stunden später bin ich nochmal hingefahren. Immer noch niemand. Ich habe die Tür zugemacht."

„Wo ist seine Frau?"

„Ihr Zimmer war leer, die Vorhänge nicht mehr an den Fenstern, auch keine Bettücher auf den Betten."

„Hast du in seinen Stammlokalen nach ihm gesucht?"

„Ja, und ich ..."

„Was ist los? Bitte, sag es mir. Was ist los?"

Sie schwiegen lange. Es war wie ein tagelanges Schweigen, bei dem sich Nächte voll Zweifel und Träume mit hellen, sorglosen Stunden strahlenden Sonnenscheins – ohne Dunkelheit und Schatten – abwechselten. Dann sprach sie. Zuerst ruhig, leise und eintönig, mit einer Stimme, die Sammy nie zuvor gehört hatte. Die Stimme klang schwach und blieb nur auf einer Tonlage und wurde durch kummervolles Schluchzen unterbrochen. Sie klang wie das leise Klagen einer Henne, deren Küken ein Habicht geraubt hat, wie das klägliche Winseln einer einsamen Hündin, deren Junge mitten in der Stadt auf der Asphaltstraße von einem Lastwagen überfahren wurden.

„Ich weiß nicht, was es ist, doch ich fühle es tief in meinem Herzen, ein Schmerz, ein Schmerz, etwas ..."

Sie fuhr fort mit dieser monotonen Stimme, die ohne Tränen, ohne eine einzige Träne war. Als sie geendet hatte, fuhr sie sich flüchtig mit der rechten Hand über die Augen, so als ob sie ein eingebildetes Spinnengewebe entfernen wollte.

Sie ging zu ihrem Plastikkleiderschrank und holte ein Kleid hervor. Sie zog sich sehr sorgfältig, langsam und bedächtig an. Sammy beobachtete jede ihrer Bewegungen. Als sie fertig war, drehte sie sich um.

„Laß uns gehen."

Sie besprachen nicht miteinander, wohin sie gehen wollten. Draußen war es dunkel, in der Stadt wird es früh dunkel, nur die flackernden Öllampen der Schweinefleisch-Verkaufsbuden warfen etwas Licht. Sammy wollte zur Universität, zum Konferenzraum fahren, wo Amamu oft mit Schulfreunden herumhing, die inzwischen angesehene Akademiker geworden waren und eindrucksvolle Phrasen aus Büchern von sich gaben. Zögernd näherten sie sich diesem

Zentrum der Bildung. Vom Hof her erschollen die Stimmen der Gelehrten des Landes, die trinkend um einen großen, mondbeschienenen Tisch saßen und verzwickte akademische Probleme erörterten.
Sammy näherte sich einem Kahlköpfigen mit schmutzigen Nasenlöchern. Er war ihm einmal an einem heiteren, windigen Sonnabendnachmittag mit Amamu begegnet.
„Nein, ich habe ihn nicht gesehen. Hast du's beim Tiptoe probiert? Jeder weiß, daß das sein zweites Zuhause ist."
Dies wurde unter schallendem Gelächter aufgenommen.
Er fuhr blindlings durch schlechtbeleuchtete Straßen zu den Häusern von einigen seiner Freunde, zu Nachtklubs, Bars, die in verlassenen Teilen der Stadt, wo es keine Straßen mehr gab, unter Bäumen versteckt lagen. Er fuhr durch Bananenhaine zu Nachtklubs, von deren Existenz er vorher nichts gewußt hatte, zu den großen Hotels, auf deren Terrassen Europäer beim Trinken saßen und wo alle Afrikaner, die man dort sah, nur Dienstboten waren. Er fuhr zu Motels außerhalb der Stadt, die ausschließlich außerehelichen Liebesaffären dienten, und dann nach Nima, um Yaro aufzusuchen.
Er kannte jedoch Yaros Haus nicht. Adisa erinnerte sich nur schwach daran, weil sie damals, als Amamu Yaro wegen des Regens nach Hause gebracht hatte, nicht aus dem Auto gestiegen war.
Bei der Moschee zeigte ihnen ein kleiner Junge das Haus – ein kleiner Junge mit getrocknetem Mangosaft in den Mundwinkeln und auf seinem vor Unterernährung verhängnisvoll großen Bauch. Auf Yaros

Hof hatte sich eine kleine Gruppe versammelt, die gerade vom Friedhof zurückgekehrt war. Sie schwiegen. Jeder blickte starr die Neuankömmlinge an und zog sich schnell in seine Trauer zurück. Hinten im Zimmer sang eine Frauenstimme eine Totenklage aus dem Norden.

Man wies ihnen Stühle zu. Plötzlich fing Adisa an zu weinen. Niemand wußte warum. Vielleicht glaubten sie, daß sie Ibrahim gekannt hatte und sein Tod sie nun überwältigte. Eine Frau klagte mit monotoner, schmerzverzerrter Stimme: „Erst gestern morgen habe ich ihm koko und akara verkauft. Hu, hu, er kam zu mir und sagte, Mama, ich möchte koko und akara kaufen. Mit meinen eigenen Händen habe ich koko in eine Kalebasse gefüllt, es war eine der neuen Kalebassen, die meine Schwester aus Gambaga geschickt hat. Ich wickelte ihm vier Stück akara in eine alte Zeitung, er bezahlte mit Kupferstücken, sechs Kupferstücke legte er in meine verwelkte Hand und zog sich in den Schatten des Feigenbaumes an der Moschee zurück. Und heute ist er nicht mehr da. Wir haben ihn gepflanzt; er ist die Saat, die wir in den Boden legten; die Saat wird nicht aufgehen. Wir kommen von weit her zu diesem Ort. Oh, Väter, wir kommen von so weit her.“ Damit brach sie in hemmungsloses Schluchzen aus.

Adisa weinte immer noch, sie weinte jetzt lautlos. Tränen flossen ihr über die Wangen, verwischten das so sorgfältig aufgetragene Rouge, rannen in kleinen Bächlein die Wangen bis zum Kinn hinunter und tropften auf ihre Kaba.

Yaro kam von irgendwoher aus dem Dunkel hervor. Er hockte sich mit leerem Blick neben Sammy. Er spürte jetzt keinen Kummer mehr, keine Besorgnis, keinen Schmerz. Alles war von ihm gewichen. Eine ängstliche Ruhe hatte sich seiner bemächtigt. Er sah plötzlich alt aus; zum erstenmal war sein Alter unbestimmbar, ein Alter, das keiner Zeit angehörte, ein Alter von Hügeln und Flüssen. Die wirkliche Persönlichkeit dieses Bauern, der zu einem Siedler auf dem Misthaufen des modernen Afrika geworden war, drückte eine Zerschlagenheit aus, die jeglicher Beschreibung spottete. Sie flüsterten.

„Yaro, hast du heute deinen Herrn gesehen?“

„Ja, ich habe ihn gesehen.“

„Wann hast du ihn gesehen?“

„Gegen drei. Ich und er ins Krankenhaus gehen, nehmen mein Bruder aus Leichenhaus. Ja, war gegen drei Uhr, wenn ich nicht lüge, ich nicht lebe mit Zeit. Was los, Masa?“

„Nichts. Wir suchen ihn nur.“

„Irgendwas passiert, Masa?“ Sein Gesicht belebte sich etwas. Plötzlich war er wieder der alte Diener, der um seinen Herrn besorgt ist. Die Verantwortung, die er für Amamu trug, war für ihn fast etwas Heiliges, etwas, für das er Allah später einmal Rechenschaft ablegen mußte. Er fühlte mit jenem unfehlbaren Instinkt, der selbst Blutsbande überschreitet, daß irgend etwas Furchtbares geschehen war, ein Unheil, eine Katastrophe, ein totaler Zusammenbruch aller Dinge, seiner Welt, von allem. Eine Katastrophe, von der die Saat, die sie am Nachmittag im Moslemteil des Awudome-Friedhofs in die Erde gelegt hatten, nur der Anfang war.

Sammy geleitete Adisa zu dem wackligen Tor zurück, das durch Drähte von Kisten zusammengehalten

wurde und dessen Latten Armeen herumirrender Ziegen und Schafe eingetreten hatten.
Die Nacht war finster. Adisa weinte leise beim Fahren. Für sie war dies das Ende. Der Weg heraus aus der Erniedrigung war beendet. Seine großartige Schlichtheit war die Basis seiner Liebe zu ihr gewesen. Irgenwie spürte sie, daß die Quelle dieser Liebe versiegt war. Sie würde ihn nie wiedersehen. Irgendwo in der Ferne, jenseits ihrer Erinnerungen an Kindheit und Heimat, vernahm sie eine Stimme, die sie nach Hause rief, sie aufforderte heimzukommen, nach Hause zu eilen, jetzt nachdem es Abend geworden war. Ihre Liebe war fast göttlich, von ruhiger wortloser Kraft. Seine Einsamkeit und Ruhelosigkeit wurden Teil ihrer heiligen Verantwortung, für die sie Rituale der Verehrung, der Verherrlichung und des Opfers ersann. Diese Liebe war jenseits von gesellschaftlicher Verwirrung, die täglich an seine Tür hämmerte, ohne Schwüre, wortlos. Das Leben selbst war ein zu niedriger Preis für diesen Bund. Sie schluchzte laut.
In ihrem Gefühl von Verlust und Einsamkeit fuhren sie in die Nacht hinaus. In dieser dunklen tropischen Nacht war die Welt zum Stillstand gekommen.

*D*ie Dämmerung war einem strahlenden Morgen über dem schimmernden Volta-Fluß gewichen. Passagiere, Fahrer und Beifahrer waren aufgewacht. Die

Leute rannten lärmend und durcheinander zum Fluß, um sich das Gesicht zu waschen und sich für die Weiterfahrt fertigzumachen. Manche fuhren bis Lagos, andere nach Cotonou, Lome, Niamey, wieder andere fuhren nach Keta und die umliegenden Dörfer.
Er saß am Flußufer. Der Morgenwind hatte seinen Schweiß getrocknet. Sein Mund war ausgedörrt. Dann vernahm er, wie die Lastwagen ihre Motoren anließen. Die Schranke wurde geöffnet. Die Fähre, die am anderen Ufer gelegen hatte, kam allmählich herüber. Es dauerte eine Ewigkeit, bis sie eintraf. Er stieg als erster auf. Ein Mann in schwarzem Rock, dem Rest seiner Uniform, reichte ihm einen Fahrschein. Nachdem er das Bier im Flughafen bezahlt hatte, war ihm kein Geld mehr übriggeblieben.
„Wohin wollen Sie?"
Schweigen.
„Haben Sie keine Ohren?"
Er starrte ihn an.
„Machen Sie schon weiter, los, mit Leuten wie Ihnen will ich am frühen Morgen nichts zu tun haben, sogar um einen Penny wollen sie einen betrügen."
Tuck, tuck, tuck, kämpfte sich das Boot schwerfällig durch das Wasser und wurde dabei von Kabeln geleitet. Der Wasserstand war niedrig und das Anlegen schwierig. Es gelang erst nach mehreren Versuchen, unter Rufen und Schreien des Steuermanns und der Mannschaft am Holzsteg des anderen Ufers anzulegen. Er taumelte nach vorn und sprang auf die Planken. Eine neue Kraft schien ihn erfaßt zu haben und trieb ihn jetzt zum Laufschritt an, unter der Straßensperre hindurch auf die gerade Straße zu, die zwischen

vereinzelten Kokosnußbäumen und entfernten Dörfern verlief.
An der Dabala-Kreuzung ging er zu einem gemäßigteren Tempo über. Er warf den Kopf zurück und zog die Luft ein, die nach verbranntem Gras und Lagunenwasser roch. Bald fuhren Lastwagen an ihm vorüber. Einige hupten, um zu sehen, ob er für einen Schilling mitfahren wollte. Doch er bemerkte sie nicht und schritt stetig voran. Seine Füße waren jetzt wund, denn die rauhe Straße hatte seine Socken durchgescheuert. Doch er spürte den Schmerz nicht. Er war nicht müde, sein Gang war jetzt munterer als zu Beginn. Jetzt begegneten ihm Bauern auf ihrem Wege zum Feld und Frauen, die ihre Waren auf dem Kopf zum Markt nach Monenu trugen. Alle blickten ihn flüchtig an und gingen beiseite, um ihn durchzulassen. Doch er bemerkte sie nicht.
Gegen elf Uhr erreichte er Denu. Schnurstracks ging er zum Strand und setzte seine Wanderung an der Küste fort und zwängte sich unter Fischernetzen hindurch, die zum Meer hinunter gespannt waren.
Seine Hosenaufschläge waren jetzt naß und voll Sand. Fischer warfen ihm einen Gruß zu, doch er hörte nichts. Ein- oder zweimal blieb er stehen und besah sich den Fang – Makrelennetze, Fischgeruch vermischte sich mit dem Schweißgeruch der Fischer.
Doch er zog weiter. Der Sand erschwerte das Vorankommen, denn er war lange nicht mehr im Sand gewandert, war lange nicht mehr barfuß über den Strand gelaufen. Seine nassen Socken hatte er ausgezogen. Seine blasenbedeckten Füße versanken im gelben Sand, und seine Fußspuren wurden vom Heraus- und Hereinströmen der atlantischen Brandung verwischt.

Als die Glocke der Missionskirche zwölf Uhr läutete, hatte er sein Ziel erreicht.
Er ging auf den Mandelbaum zu. Der war jetzt alt und knorrig geworden, trug jedoch immer noch Blätter. Die hereinkommende See hatte seine Wurzeln, die im Sand verankert waren, freigewaschen. Doch er stand immer noch oberhalb der Sandgrube, wo er nach Goldstaub zu suchen pflegte.
Am Fuße des Baumes ließ Amamu sich nieder und blickte auf das Meer. Eine plötzliche Ruhe hatte sich über ihn gelegt.
Als er acht Jahre alt war, beschloß sein Vater, daß er von nun an bei Leuten aus dem Landesinnern in einer Stadt an der Küste leben sollte. Seine Schwester war knapp vier, ein mageres, dürres Geschöpf mit traurigem Gesicht, das er zwar liebte aber recht oft schlug. Es kam der Tag, an dem er sich vom Busen seiner geliebten Mutter losreißen mußte. Sie war damit nicht einverstanden, mußte sich jedoch fügen. Ein Tischler, Freund seines Vaters, hatte ihm aus Sardinenkisten einen rohen Holzkoffer gefertigt. Da hinein legte er unter Weinen und Schluchzen säuberlich seine wenigen Kleidungsstücke. Auf der Reise trug er ein gelbes Hemd aus Kunstseide. Den Stoff hatte er von dem Erlös von Schnecken gekauft, die er an Lagosfrauen, und geschälten Palmnüssen, die er an den asthmatischen, schielenden U.A.C.-Händler verkauft hatte. Das Hemd trug er über einer kurzen weißen Drillichhose, die ihm seine Mutter letzte Ostern genäht hatte, als sie von der Beerdigung des Großvaters zurückgekommen waren. Erst als er sechzehn war, trug er Schuhe, jetzt lief er barfuß. Plötzlich brach er in Tränen aus, drückte ein Sechs-Penny-Zuckerbrot fest an

sich und ließ sich von den Kindern der Familie an den Lastwagen geleiten, der ihn fortbringen sollte. Seine Mutter und alle fingen an zu weinen. Sie schluchzte krampfartig, der Vater hob ihn dann, verärgert über das Wehklagen, fluchend auf den Lastwagen, der ihn durch den Staub in seine Zukunft davontrug.

Endlich war er zu Hause angekommen. Die Meeresbrandung dröhnte durch die Erinnerung der Jahre; Seemöwen schwangen sich über der Brandung empor und stürzten herunter in den Sand wie Irre bei Aufgang des Neumonds. Der Aufruhr war das Signal für die verheißene Ruhe, die Legende endgültigen Friedens.

Dann sah er seine Meerjungfrau, seine geliebte Kusine aus diesen weit zurückliegenden Jahren, allmählich dem Meer entsteigen. Sie erhob sich langsam. Erst sah er den Kopf, der mit Saphiren, Korallen und alten Perlen geschmückt war, die ihre Mutter für ihre Initiationsriten hinterlassen hatte. Langsam stieg sie aus dem Traummeer empor. Das Meer war Wirklichkeit: Grausam und unbarmherzig brannte die Sonne herab. Es schien wie eine Szene aus einem Fiebertraum. Es schien plötzlich, als ob die Jahrhunderte und Jahre des Leidens, deren Erbe er war, und der Kummer, den zu tragen und für den Opfer zu bringen er bestimmt war, durch ihr Auftauchen entrückten, ja verwischten. Hier endlich, so fühlte er in gewisser jugendlicher Freude, war die Stunde seiner Erlösung gekommen. Jetzt erhob sie sich über den Wellen, barbrüstig, die Brustwarzen schwärzer denn je, ein leichtes Lächeln auf dem Gesicht. Die strahlende Sonne erinnerte ihn an den hellen Sonnenschein der Schmetterlingsfelder, in denen er als Kind herumjagte, und an ihr erstes

Erscheinen. Abgesehen vom ewigen Donner der unentwegten Brandung, dem Echo ihrer Beerdigungssalven, lag über Erde und Meer ein unheimliches Schweigen. Von einem einsamen, herrlichen Stern begleitet, stieg sie herauf. Mit ausgestreckten Armen, sanft schwingenden Brüsten, lächelnd, schritt sie ihm auf dem Sand entgegen, und er bewegte sich von seiner Insel der Einsamkeit und Freude, äußerster unbeschreiblicher Freude, auf sie zu. Da stand sie nun vor ihm. Er sank auf die Knie und ließ sich herzlich von ihr umfangen. Sie duftete nach Kaneel und wilden Blumen, alten Gerüchen von Schätzen, die für die Kinder der Zukunft aufbewahrt sind.

Man fand ihn kniend im Sand, mit leerem Blick, einem Lächeln und einer Freude im Gesicht. Und die Wellen umspülten seinen Körper und schlugen ihr ewiges Lied an die Küste.

Der alte Mann traf am Mittag des nächsten Tages in der Stadt ein. Ja, er hatte das Telegramm erhalten. Sammy und Adisa empfingen ihn am Lastwagenparkplatz.

Er ist nicht aufzufinden? Wie kann ein ausgewachsener Mann verloren gehen? Zuerst müßten sie Anzeige bei der Polizei erstatten, Ja, sie kannten ihn. War er nicht der große Anwalt, der in Kaneshie wohnte? Er würde schon wieder auftauchen. Sie sollten alle nach Hause gehen. Er würde sicher verärgert sein, wenn er wüßte, daß man seinetwegen eine Verlustanzeige aufgegeben habe. Er wäre sicher sehr aufgebracht. War das nicht der Anwalt, von dem sie sprachen? Er würde sich schon wieder einfinden. Jeder solle doch nach Hause gehen und sich zur Ruhe legen.

Spielende Kinder am Strand fanden ihn unter dem

indischen Mandelbaum. Familienangehörige kamen herbei. Das war am dritten Tag. Als der alte Mann aus der Stadt zurückkehrte, kam er auch dahin, um ihn zu sehen. Er schlief jetzt nicht. Seine glänzenden Augen blickten mit einem entrückten Lächeln aufs Meer hinaus. Er schien niemanden zu bemerken, nahm niemanden wahr.

Kapitel 15

Das Taxi hielt vor dem Eingang des Christlichen Vereins Junger Männer. Der alte Mann kaute stumm an seinem Zahnfleisch herum, ein Zeichen dafür, daß er an irgend etwas litt. Kein körperliches Leiden. Wenn ihn ein Tod so tief bewegte, daß er keine Worte dafür fand, dann kaute er an seinem Zahnfleisch. Die alte Frau, verbraucht durch Jahre des Leidens und der harten Arbeit, blickte schweigend auf die Gebäude. Sie spricht niemals, und ihr Mund hängt schlaff herunter, beherrscht von einer unerträglichen stummen Verbissenheit.

Vor ein paar Stunden hatte es geregnet. Der Boden war naß, bedeckt mit herabgefallenen Nimblättern. Von der Erde stieg dieser kränkliche Nimgeruch nach Fieberinfusionen auf. Etwas weiter weg roch es nach gebratenem Fisch. Eine Frau sang: „Kauft Fische! Kauft Fische!“ Im Hof des CVJM übte eine Gruppe Kirchenlieder ein. Während es regnete, hatte sie wohl im Haus Unterschlupf gefunden. Jetzt stand sie in der hellen Nachmittagssonne im Hof, um aller Welt zu verkünden:

„Laßt den Tapferen zu uns kommen.“

Das Lied schwebte still dahin und wurde hin und wieder vom Echo zurückgeworfen. Eben noch kam es aus der großen Grube, in der ein Krokodil leben soll, jetzt hallt es vom Tal jenseits des Gebäudes durch den Nimwald über das tiefe Tal bis nach Nima:

„Keine Entmutigung
wird ihn je abbringen
von seiner einmal gefaßten Absicht,
ein Pilger zu sein.“

Die Gruppe bestand nur aus Männern. Christliche Jugend sang mit einer Inbrunst, die sich mit der strahlend untergehenden Sonne vereinte. Das Taxi wendete, und der alte Mann und die alte Frau gingen zu Fuß weiter. Die Straße auf der sie sich befanden, endete in einem kleinen, kümmerlichen Platz, dessen Erbauer wohl vergessen hatte, zu wessen Gedächtnis er ihn geplant hatte. Weiter auf der rechten Seite lag die Heilige Dreifaltigkeitskirche, deren bunte Fenster von Jesu Gang nach Golgatha, von einem anderen Leid, erzählten. Durch die Nimbäume hindurch konnte man schwach eine Orgel hören, die ein Kirchenlied spielte. Vor der Kirche ging ein Priester auf und ab, er trug ein Kreuz, größer als das von Christus auf dem Weg nach Golgatha.

Am Eingang blieben sie stehen. Ein Mann im Khakianzug trat auf sie zu und führte sie nach kurzer Begrüßung hinein. Flüsternd traten sie auf einen leeren Hof, der vom Regen reingewaschen war und auf dem ein großes Gebäude sich nach allen Seiten hin ausstreckte. An den Seiten unter der Mauer kletterten in wildem Durcheinander tropische Blumen hoch. Auf der rechten Seite des Hofes befand sich eine von hohen Eisengittern abgezäunte Fläche von der Größe eines Tennisplatzes. Dies war der Frauenteil, und hier lagen ein paar Frauen nackt ausgestreckt auf dem Zementboden, ihre Augen gen Himmel gerichtet. Andere standen in ihrer Nacktheit da und blickten mit

stummen Gebeten in den Augen auf die Vorübergehenden. Wieder andere jagten sich wie Kinder im Blindekuhspiel. Manche saßen herum und unterhielten sich in vielen Sprachen. Eine hockte dicht am Tor, bis auf ein Tuch, das ihre Lenden bedeckte, war sie nackt. Sie war jung, ungefähr achtzehn, und sehr schön. Mit beiden Händen zwischen den Beinen bedeckte sie ihr Geschlecht. Durch ihre Finger drängte sich der üppige Schopf ihrer Schamhaare. Sie blickte starr auf den alten Mann und die Frau, dann stieß sie einen Schrei aus, einen langgezogenen Schrei aus einem vergessenen Alptraum. Zwei Wärter eilten herbei, um sie wegzuführen. Ihre Stimme erhob sich zu einer hysterischen Höhe.
Das alte Paar zog eiligst weiter und schritt durch ein anderes Tor, das auf einen Flur führte, an dem seitlich Eisenstangen angebracht waren. Hier war die Männerstation. Einige der Männer waren angekettet und stöhnten, andere saßen herum und sangen irgendwelche Lieder, die einem sonderbar bekannt vorkamen.
Ein Wärter führte sie in ein kleines, einfach eingerichtetes Zimmer mit zwei Sesseln und einem Tisch in der Mitte, auf dem eine leere Blumenvase stand. Die Alten blieben stehen. Nach einiger Zeit kehrte der Wärter mit einen kleinen Mann zurück, dessen Augen verschwommen freundlich durch randlose Brillengläser schimmerten.
Der alte Mann hielt seinen Strohhut fest in beiden Händen und setzte sich. Dann sprach er leise. Seine Stimme klang wie das Klagen von Gespenstern nachts an der Küste, wenn man bei Sturm, Regen und Wind als Kind zitternd im Bette lag und an den kalten

feuchten Friedhof dachte, von dem an stürmischen Nächten Gespenster hinaus aufs Meer zum Fischen ziehen.

Der kleine Mann war der Arzt. Er ging kurz hinaus und kehrte mit einem Stapel Papiere, mit Kleidungsstücken und einem schwarzen Notizbuch zurück: „Hier sind seine Sachen. Es tut mir alles wirklich furchtbar leid. Wärter, sagen Sie ihnen, daß ich ihn persönlich kannte, er war ein vortrefflicher Anwalt, doch diese Dinge passieren. Meistens können wir es nicht begreifen."

Der Wärter wiederholte die Worte des Arztes in der Sprache des alten Mannes und der alten Frau, die schweigend zuhörten. Dann schüttelte der alte Mann dem Arzt die Hand, bedankte sich und murmelte etwas vor sich hin, daß nur Gott es wisse. Der Arzt, der zu oft dem Tod begegnet war, um sich aus der Fassung bringen zu lassen, erwies diesem alten Paar ein unerwartetes Mitgefühl. Die alte Frau schüttelte ihm nicht die Hand. Der Krankenwärter packte die Kleidung zu einem kleinen Bündel zusammen und wickelte Zeitungspapier darum. Das Notizbuch überreichte er dem alten Mann, das Bündel der alten Dame. Darauf erhoben sie sich und gingen durch die Tore des grauen Gebäudes hinaus. In der Kirche spielte die Orgel immer noch das gleiche Kirchenlied, und der Chor des CVJM sang:

„Keine Entmutigung
wird ihn je abbringen
von seiner einmal gefaßten Absicht,
ein Pilger zu sein."

Nachwort

In der afrikanischen Literatur lassen sich fünf Themengruppen unterscheiden: das Thema der Konfrontation von Stadt und Land, bei der die Landbevölkerung in Kontakt tritt mit der Stadt, die von der Kultur des weißen Mannes geprägt ist; der Gegensatz von Ahnenkult und Christentum, hier wird deutlich, wie das Christentum traditionelle Dorfstrukturen verändert; Beschreibung des traditionellen Afrika „so, wie es früher war"; der Freiheitskampf gegen weiße Herrschaft und das Thema des „Heimkehrers", welches besonders in Kofi Awoonors „Schreckliche Heimkehr nach Ghana" angesprochen wird: Heimkehr des Afrikaners von Übersee, der nach seinem Studium in England, Frankreich oder Amerika Schwierigkeiten bei der Eingewöhnung in seine afrikanische Heimat hat und Entfremdung und das Gefühl der Verlorenheit verspürt.

Sicher sind einige dieser Themen in verschiedenen Ländern verschieden vordringlich behandelt. So zum Beispiel ist die Literatur Südafrikas und die Kenias der Mau-Mau-Zeit vom Freiheitskampf gezeichnet, während die Literatur Ghanas und Nigerias häufig den Einfluß des Christentums, Stadtproletariat, Modernisierung und die Entfremdung des „Heimkehrers" zum Inhalt hat.

Einige dieser „Heimkehrer" können sich in die politische Realität ihrer Heimatländer eingliedern, steigen aufgrund ihrer Ausbildung an westlichen Universitäten zu Funktionären des Systems auf, füllen sich die Taschen auf Kosten der verarmten Bevölkerung und werden Teil der neuen schwarzen Elite, die in Lederjacke und Pullover unter der heißen Sonne Afrikas schwitzt. Ein solches parasitäres Leben führen Alex, der selbstbewußte Staatssekretär des Landwirtschaftsministeriums mit Universitätsbildung, den 25 Jahre im Staatsdienst beharrlich nach oben gebracht haben; Bob, mißglückter Wissenschaftler, jetzt Bankier; Row, Polizist in Zivil, permanent betrunken, der nach langem Kolonialdienst gleich welcher Regierung zu dienen bereit ist, so lange sie ihm eine gesicherte Altersrente verspricht; libanesische Geldmacher, jetzt naturalisierte Bürger Schwarzafrikas, die sich angeregt in ihren großen amerikanischen Limousinen unterhalten; der Direktor für Normierung, an einer renommierten Universität ausgebildet, der nur vom Ansehen seines Berufes lebt, ohne wirkliche Verantwortungen zu übernehmen; strohköpfige Offizierssnobs, die unbarmherzig „nach unten treten und nach oben buckeln". Zivilisten sind verächtliche Figuren, angeführt vom Präsidenten der Nation, der in seiner kugelsicheren Limousine zum Präsidentenpalast fährt, durch dessen Tunnel früher Sklaven ins Meer hinausgeschleust wurden.

Awoonor spart nicht mit Ironie, wenn es um Staatspräsident Nkrumah geht, den „Wohlwollenden", der 1966 durch einen Armeeputsch gestürzt wurde. Ein Führungswechsel dickbäuchiger Zivilisten durch Soldaten in gebügelten Uniformhosen und blitzsauberen Stiefeln hat kaum Einfluß auf das Leben des einfaches Mannes: Er wird jetzt nicht mehr von einer weißen, sondern von einer schwarzen Elite beherrscht. Das politische Prinzip der Ausbeutung bleibt erhalten. Nur derjenige der „Buch kennt" hat Privilegien und das Recht auf seiner Seite: Die Armen und Analphabeten sind rechtlos. Amamu, der Held in Kofi Awoonors „Schreckliche Heimkehr nach Ghana“, wird als talentierter Rechtsanwalt bewundert. In London ausgebildet, genießt er alle Vorteile seiner Position, sei es bei einem Verkehrsdelikt oder im Nachtklub, wo ihm als Rechtsanwalt der beste Service zuteil wird. Sein berufliches Etikett ist das „Sesam, öffne dich“ für alle anfallenden Probleme. Der Leser ist in Versuchung zu glauben, daß Amamu seine Stellung voll ausnützt und ein integrierter Teil des Systems ist. Selbstsicher, kühl, ein „Heimkehrer“ mit Talent, der seine privilegierte soziale Stellung soweit ausnützt, wie es ihm gelegen ist. Im Klub fällt er allerdings als Außenseiter auf, der sich plötzlich von den Kollegen zurückzieht oder abwegige Themen wie Philosophie diskutieren will. Seine Freunde flüstern bereits hinter seinem Rücken, daß er „verrückt“ sei. Andere Hinweise deuten darauf hin, daß Amamu doch nicht ganz „dazugehört“; er flieht die Realität, betrinkt sich häufig, in seinem Tagebuch erfahren wir von Selbstkritik, Zynismus und Pessimismus. Seine Brutalität ist oft Ausdruck seiner Hilflosigkeit und Unfähigkeit, etwas Konkretes zu tun, um die Situation zu ändern. Außenseiter sind Feinde der Gesellschaft, die man mit Steinen bewirft, sie werden ausgemerzt. Wer vorankommen will, muß sich anpassen und seine Augen verschließen.

Schon als kleiner Junge hatte Amamu Partei ergriffen für den Außenseiter. Er ist der kleine Junge, der in der Gruppe steht, die Abotsi zu seiner letzten Ruhestätte begleitet, und er ist es auch, der in der Jagd auf Pastor Dumenyo seinen Stein wieder fallen läßt. Noch bevor er nach England geht, erkennt er bei seiner

Tätigkeit als Reporter, daß man von ihm eine nationalistische Berichterstattung erwartet, die die Interessen der Regierung vertritt. Jemand, der für die Schwachen spricht, muß wahnsinnig sein. Deswegen bleibt Amamu auch kein anderer Ausweg als der Wahnsinn, er kann eben nicht unkritisch zusehen, wie sein Land vor die Hunde geht. Er muß wahnsinnig werden.

Amamus Biographie ist eine afrikanische Leidensgeschichte. In Schmerzen geboren, im Dunkeln der Geburtswehen von roten Geistern bedroht, von der Mutter allein gelassen, wächst er auf zwischen heiligen Hainen, in denen nachts der schreckliche Gott Sakpana, von Hunden gefolgt, sein Unwesen treibt, und der Missionsschule, wo ihm die Sitten einer fremden Macht mit Rohrstock und stumpfem Drill vermittelt werden. In der Geschichte seines Bruders und Freundes Jesus Christus nur kann er einen Sinn im Leiden entdecken. Die Enttäuschungen des von Kolonialschulen gedemütigten Mannes über Korruption, Brutalität und Menschenverachtung im neuen Afrika treiben ihn immer mehr dem Wahnsinn zu. Ein Leben lang hat Amamu, der Sohn Afrikas, auf das verheißene ewige Leben gewartet und die Auferstehung des freien Afrika erhofft, das eines Tages wie eine Meerjungfrau dem Ozean entsteigen und unter dem indischen Mandelbaum seine Geliebte werden wird. Doch vor der Erlösung steht der Tod, der Opfertod eines Unschuldigen. Um seine Seele, das heißt auch die Seele Afrikas, zu retten, begibt er sich schließlich in die Arme des Schreckgespenstes Wahnsinn. In schrecklicher Umnachtung kehrt er heim an den Strand, wo die Spuren von Fischerkindern zu schim-

mernden Sandbänken führen und der Wal sich träge aus dem Meer hebt.
Kofi Awoonor, der bisher hauptsächlich durch Gedichte bekannt geworden ist, verbindet die politische Geschichte Afrikas, die Biographie des Rechtsanwalts Amamu und die Leidensgeschichte Jesu Christi zu einer dichten Allegorie des erwachenden Afrika. Wenngleich auch viele Bilder den europäischen Leser fremd und fremdartig anmuten werden, wird er sich kaum der Kraft und Faszination dieser Geschichte entziehen können.

Ulrike Goertz

Worterklärungen

abolo	gebackenes Maisgericht
Agbadza	Trommler bei der Totenwache
agbekor	Kriegstanz
akara	Maismehl
Akpeteshie	selbstgebrauter Schnaps, manchmal sehr hochprozentig und wegen rostiger Destillationsgeräte oft gesundheitsgefährdend
akple	aus Mais bereitetes Gericht
Atrikpui	alte Kriegstrommel
Avakpata	Fest, bei dem die Trommeln und Schnitzarbeiten vorgeführt werden
avia	eine Pflanze, die an geheiligten Plätzen angepflanzt wird
banigla	Friedhof
beturi (Hausa)	weißer Mann
Contri	Kurzform für „Countryman“
dufozi	Schnitzarbeiten, die auf dem Marktplatz vor Beginn der Trommeln zur Schau gestellt werden. Wörtlich: „Das Dorf ist versammelt.“
dzara (Hausa)	das Extrastück, das man beim Fleisch- oder Fischkauf dazubekommt
dzemkple	aus Mais bereitetes Gericht

fufu	ghanaische Nationalspeise: gestampfte Yam (rohes Kartoffelpüree), dazu gehört eine stark gepfefferte Fleischsauce
Gari (Yoruba, Hausa)	Mehl
Husago	alte Kriegstrommel
Kalebasse	aus Flaschenkürbis gefertigtes Gefäß
kenkey	Maismehl
koko	Maisgericht
ntosuo	Extrastück, das man beim Fleisch- oder Fischkauf dazubekommt
Okra	Samen einer Hibiskuspflanze
Pachanga	Tanz
simbas	Guerillakämpfer aus dem südl. Zaire. Wörtlich: „Löwen!“
tatale	Bananengericht

Abkürzungen

B.A.	Bachelor of Arts
B.W.A.	British World Airways
COP	Commissioner of Police
E.O.	Executive Officer
M.A.	Master of Arts
M.I.T.	Massachusetts Institute of Technology
O.B.E., D.C.	Officer of the British Empire, District Commissioner
O.M.D.	Order of Mary Divine (Missionsorden)
P.W.D.	Public Works Department
R.A.F.	Royal Air Force
S.E.O.	Senior Executive Officer

Übersetzungen der Dante-Gesänge:

Karl Vossler, Atlantis Verlag, Zürich; Hermann Moge, Verlag Dr. Hans v. Chamier, Essen-Freiburg